郑州大学政治学丛书

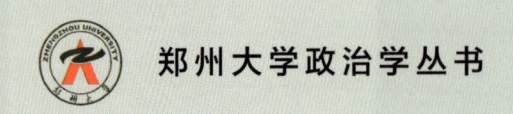

河南省重点学科政治学资助项目

袁世凯帝制复辟的
政治学阐释

基于合法性与有效性的视角

马润凡 ◎ 著

社会科学文献出版社
SOCIAL SCIENCES ACADEMIC PRESS (CHINA)

总序一

李慎明[*]

2016年5月16日，习近平总书记在哲学社会科学工作座谈会上的重要讲话中呼吁包括政治学在内的哲学社会科学创新，这对充分体现新时代中国特色、中国风格、中国气派的政治学的发展，提出了新的更高的要求。

什么是政治学？在弄清什么是政治学之前，需要先弄清什么是政治。早在1940年，毛泽东在《新民主主义论》中就指出："一定的文化（当作观念形态的文化）是一定社会的政治和经济的反映，又给予伟大影响和作用于一定社会的政治和经济；而经济是基础，政治则是经济的集中的表现。这是我们对于文化和政治、经济的关系及政治和经济的关系的基本观点。那末，一定形态的政治和经济是首先决定那一定形态的文化的；然后，那一定形态的文化又才给予影响和作用于一定形态的政治和经济。"[①] 毛泽东这段著名论述告诉我们，一个大社会，是由经济、政治、文化三个部分组成。经济是基础，经

---

[*] 李慎明，中国政治学会会长，中国社会科学院原副院长、党组副书记，第十二届全国人大内务司法委员会副主任委员，郑州大学公共管理学院名誉院长及政治学学科首席教授。

[①] 《毛泽东选集》第2卷，人民出版社，1991，第663~664页。

济基础决定上层建筑，不仅决定政治的上层建筑，而且进一步决定文化的上层建筑。但政治是经济的集中表现，在一定条件下，上层建筑对经济基础又起着决定性的反作用。一定形态的政治又与一定形态的经济一道首先决定一定形态的文化。所以，一定的政治在一定的社会形态中，占有十分重要的不可替代的作用。

为了进一步弄清什么是政治学，让我们进一步从习近平总书记"5·17"讲话中寻找答案。习近平总书记指出："马克思主义理论体系和知识体系博大精深"，"涉及历史、经济、政治、文化、社会、生态、科技、军事、党建等各个方面"；"中国特色哲学社会科学"应该"体现系统性、专业性。中国特色哲学社会科学应该涵盖历史、经济、政治、文化、社会、生态、军事、党建等各领域，囊括传统学科、新兴学科、前沿学科、交叉学科、冷门学科等诸多学科，不断推进学科体系、学术体系、话语体系建设和创新，努力构建一个全方位、全领域、全要素的哲学社会科学体系"。[①] 在列举的所有学科中，习近平总书记没有直接讲到法学，这决不是总书记的疏漏。法学本身不是一个领域，它仅是渗透到社会各个领域的一个工具，是阶级斗争的工具，是阶级意志的体现。法学也十分重要。但在总书记的讲话中，法学在哪，我个人理解，法学在政治学的涵盖之下。

无论是毛泽东的论述，还是习近平的论述，都说明我们不能把政治学的内涵理解得过于狭窄甚至偏颇。政治学的研究领域十分广阔，其研究对象应该是经济、政治和文化这三者组成中的"政治"，也可以称之为"大政治"，应是与历史、经济、文化、社会、生态、军

---

① 习近平：《在哲学社会科学工作座谈会上的讲话》，人民出版社，2016，第11、22页。

事、党建等各个领域相并列的政治领域,而不是仅仅限定于公共政策、公共管理、人事管理、社会调查与社会统计等方面的"小政治"。具体而言,政治学就是研究群众、阶级、领袖、政党、国家、政府、军队、法律以及统一战线、战略策略等方方面面发展变化着活动及其联系并上升到规律和本质的学问。仅仅研究公共政策、公共管理、人事管理、社会调查与社会统计等方面的"小政治"学,既不能有效地为坚持和发展中国特色社会主义服务,又不利于中国特色、中国风格、中国气派政治学的创新发展。

政治学作为治国理政的学问,其研究应当顺应历史趋势、围绕时代主题、坚持问题导向、满足人民期待。新时代中国政治学的创新需要适应新形势新任务的要求,紧随时代步伐,站在历史高度,坚持正确的政治方向、理论方向和学术方向,从理论与实践的结合上总结和提升马克思主义中国化的经验,在与政治建设和政治发展的互动中繁荣发展中国特色、中国风格、中国气派的政治学。

中国政治学研究的根本任务是为坚持和发展中国特色社会主义政治制度服务,把马克思主义的基本原理与当今世情、国情、党情相结合,不断解决坚持中国特色社会主义政治制度和依法治国中的重大理论问题和实践问题。在经济全球化、政治多极化、文化多样化、社会信息化的当今世界,在改革开放和中国特色社会主义现代化建设的关键时刻,政治学研究者应该进一步增强责任感和使命感,坚定马克思主义信仰、坚定正确的政治立场、坚持理论与实践相结合,把政治学放到世界和中国发展大历史中去创新,着力建构中国特色社会主义的政治学。

郑州大学政治学团队正是立足"大政治学"的研究视野,服务国家和区域经济社会发展,着力研究"互联网国际政治学""政治安全学""文化政治学",并取得了阶段性的丰硕成果。其中,余丽教授经过多年潜心研究出版了一部开创性学术著作《互联网国际政治学》,并入选2016年度"国家哲学社会科学成果文库",这在一定程度上填补了业界空白,对我国国际政治学科的建设和发展都具有较为重要的作用。在郑州大学政治学学科荣获河南省重点学科之际,郑州大学政治学学科团队出版"郑州大学政治学丛书",必将助力郑州大学"双一流"建设。

2018年7月于北京

总序二

王浦劬[*]

政治学是研究社会政治关系及其发展规律的学问，改革开放四十年来，在党和政府领导下，在前辈学者开拓和建设的基础上，在政治学界同仁的共同努力下，政治学已经成为我国哲学社会科学领域的重要学科，成为我国国家治理现代化建设的支撑学科，培养了一大批治国理政和政治学学术人才。

在习近平新时代中国特色社会主义思想指引下，构建具有科学性、民族性、原创性、时代性和专业性的中国特色社会主义政治学学科体系，建设具有中国特色、世界水平的一流政治学学科，是新时代政治学学科发展和建设的目标之所在。

同时，我们清醒认识到，我国政治学学科发展和建设面临的任务相当艰巨，所涉及的内容和范围也十分广泛。从宏观来看，按照社会科学发展的基本规律，任何一门社会科学学科的发展，首先集中在学科基本理论的发展和突破、研究方法的更新和扩展、重要研究领域的选择和深化这三个方面。按照这一基本规定性，可以认为，我国政治

---

[*] 王浦劬，教育部"长江学者"特聘教授，北京大学政府管理学院教授，北京大学国家治理研究院院长，教育部高等学校政治学类专业教学指导委员会主任委员。

学的学科发展,应该把着眼点放在基础理论的深化发展、研究视角和方法的拓展以及具有重大现实和实践价值的领域确定和研究方面。这就要求我们,首先,基于时代的发展和政治实践的进步,深入研究政治学的基本理论问题,以期在政治学基本理论研究方面取得突破性进展,进而形成相对成熟和科学的政治学基本理论。其次,在马克思主义政治理论和方法指导下,围绕政治学基本理论问题,结合时代和实践,针对新时代中国特色社会主义现代化和改革开放事业发展提出的重大实践问题,展开深入研究,力求获得重大突破。最后,需要对中国特色社会主义政治实践形成的经验加以总结提炼,上升为政治学的理论形态。

政治学本质上是经世致用之学。政治学的生命力不仅在于其学术价值和理论价值,更在于其实际应用价值,这是政治学研究保持强大生命力的源动力。其中,尤为重要的是,我国政治学研究应该特别关注中国社会和政治发展的独特性。中国作为具有五千年文化传统的东方文明古国,作为中国共产党领导人民在殖民地、半殖民地基础上建设起来的社会主义国家,作为从传统计划经济转向社会主义市场经济的国家,它的社会、政治、经济、文化诸方面都具有自身的特殊属性,其发展和变革在人类社会文明发展史上亦具有独特之处,其在发展和变革过程中面临的许多问题,更是史无前例。这些独特之处,既是我国政治学学科发展和建设的巨大挑战,又为政治学学科的发展和建设带来了独特机遇。

中国特色社会主义发展的新时代,为我国政治学人提供了前所未有的广阔舞台,也呼唤着政治学研究者的新探索、新理论、新创造和新贡献。作为中国共产党指导新时代中国特色社会主义事业发展的纲领性文件,十九大报告具有鲜明的政治特性,集中展现了中国共产党人新时代锐意开拓进取的中国立场、中国气派、中国风格和中国智慧，周详阐述了新时代中国特色社会主义政治建设和发展的目标任务、总体布局、战略布局、发展方向、方式动力和实际步骤，是新时代中国政治学发展前行的航标和指南针，确立了中国政治学研究的历史方位、根本依据、指导思想、人民属性、主要命题、总体目标、核心精髓以及重大使命。

在新时代的历史方位下，我国政治学人应该坚持辩证唯物主义和历史唯物主义，以人类社会历史发展为宏远视野，以习近平新时代中国特色社会主义思想为指导，根据中国社会主义经济政治社会的历史发展变化，深入研究共产党执政规律、社会主义社会政治建设规律和人类社会政治发展规律，紧紧把握"新时代治理什么样的国家和怎样治理这样的国家"这一重大时代和实践课题，从政治意义上分析和定性新时期、新阶段和新时代的各种矛盾，推进人民民主与国家治理的有机结合，为深入研究中国特色社会主义新时代的治理模式和深入探索中国特色社会主义政治发展道路贡献智慧和力量。

郑州大学政治学团队坚持本土化与国际化相结合，扎根中国的深厚土壤，以中国的实际问题为首要关切，着力研究"互联网国际政治学""政治安全学""文化政治学"，已经取得了阶段性成果。其中尤其值得一提的是，本学科带头人余丽教授的专著《互联网国际政治学》入选2016年度"国家哲学社会科学成果文库"，对学术前沿问题互联网国际政治学、网络空间政治安全管理进行了探索性、战略性、前瞻性的基础理论研究和应用研究，研究报告多次被中共中央和国务院相关部门采纳。

在郑州大学政治学学科荣获河南省重点学科之际，郑州大学政治学学科团队出版"郑州大学政治学丛书",相信必将助力郑州大学的"双一流"建设,必将助力我国政治学学科的发展和建设。为此,特联系我国政治学学科发展的时代和实践使命,以序致贺,并且与全国政治学界同仁共勉!

2018 年 8 月于北京

丛书序言

余 丽[*]

政治学学科是哲学社会科学的重要组成部分，是推动人类历史发展和社会进步的重要力量，是衡量一个国家综合国力的重要体现。建构中国特色、中国风格、中国气派的政治学，是我国政治学研究者共同努力的目标，更是郑州大学政治学团队推进学科发展和着力创新的大方向。

思接千载，胸怀天下。西方政治学理论的创立基于西方的文化土壤，同样，中国特色政治学理论范式的建构也应该基于中国五千年的文化底蕴。中原是华夏文明的发祥地，先秦时期的中原更是彼时华夏族政治、经济、文化和人口的中心，并持续三千余年，中原文化在中华文明中长期发挥着根源性、基础性和原创性的作用。进入新时代，在习近平同志"坚持和发展中国特色社会主义必须高度重视哲学社会科学"思想的指引下，在坚持历史性与时代性、理论性与实践性、科学性与人文性相统一的基础上，基于中原深厚的传统文化积淀和中国特色社会主义政治学学科发展的时代要求，探索性提出具有"中原学派"研究特色的，具有主体性、原创性的理论观点，出版"郑

---

[*] 余丽，国家"四个一批"理论人才，国家"万人计划"国家级教学名师，河南省国际政治研究会会长，郑州大学公共管理学院教授。

州大学政治学丛书",无疑具有一定的理论价值和实践意义。

人类在发展,时代在前进。在业界前辈和同仁的帮助和支持下,郑州大学政治学团队成员多年来同舟共济、携手并肩,立足自身优势,服务国家和区域经济社会发展,着力研究"互联网国际政治学""政治安全学""文化政治学",取得了一系列重大理论成果。2010年,政治学学科助力公共管理学获批一级学科博士学位授权点;2017年,在诸位前辈的指导和所在团队的合作努力下,由本人作为第一学科带头人的郑州大学政治学学科获批河南省重点学科;同年,政治学学科在全国第四轮学科评估中成绩位居河南高校之首。

展望未来,立足中原,特色发展,力争一流。在推进郑州大学政治学学科发展中,我们要坚持以马克思主义为指导,坚持为社会主义服务的方向和百花齐放、百家争鸣的方针,探究和回答中国发展面临的诸多理论和实践问题。坚持历史性与时代性、理论性与实践性、科学性与人文性、本土化与国际化四个方面的有机统一。历史性与时代性相结合,要求我们要有大历史的视野和格局,深入追溯和挖掘中外各个历史时期政治学家的智慧结晶并探讨其当代价值。坚持理论性与实践性相结合,就是驱动我们将马克思主义政治学基本理论研究与应用研究有机结合,寻找有效的政治理论和政治实践的基本框架,积极服务于改革开放以来中国特色社会主义现代化建设的大局,在观察和提炼政治实践的基础上进一步发展具有中国特色的政治学理论。坚持本土化与国际化相结合,就是扎根于中国的土壤之中,以中国的实际问题为重要关切,同时借鉴和学习世界各国政治学研究的优秀成果,汲取全人类的政治智慧,在立足于中国的基础上走向国际化。坚持科学性与人文性相统一,就是依靠科学的思想、科学的方法和科学的精神去探讨和研究政治学领域的各种问题和经验,同时进一步挖掘和拓展政治学学科发展和科学研究的人文意义和人文价值。与此同时,我们要以河南省重点学科建设要求和郑州大学的总体发展规划为蓝图，以学术创新为动力，以郑州大学政治学团队的研究成果为载体，助力推进郑州大学的"双一流"建设。

在"郑州大学政治学丛书"出版之际，由衷感谢李慎明、王浦劬等业界前辈和同仁多年来的诸多指导和帮助，感谢社会科学文献出版社编辑的多日辛劳。感谢感恩，铭刻于心。

尽管得到诸多专家的帮助，但由于我们水平有限，书中难免存在疏漏和错误之处，敬请读者批评指正。

坐而论道，起而行之。

2018年9月于郑州

目 录

前　言 …………………………………………………………… 1

导　论 …………………………………………………………… 1
 一　问题的提出与研究意义 ………………………………… 1
 二　国内外研究概况 ………………………………………… 7
 三　研究视域与理论假设 ………………………………… 16
 四　基本思路与研究方法 ………………………………… 21
 五　研究资料、创新与不足 ……………………………… 25

第一章　帝制复辟与中央权威的构建 …………………… 26
 第一节　"复辟"概念之剖解 ……………………………… 26
  一　儒家视野下的"革命"与古代语境下的"复辟" …… 27
  二　近代意义上的"革命"与近代语境下的"复辟" …… 31
  三　辛亥革命之"革命"性格与民国初年的帝制复辟 …… 37

第二节　中央权威的构建：转型期政权建设的基本要求 ……… 40
　　一　转型期构建中央权威的紧迫性 …………………………… 40
　　二　合法性与有效性：中央权威赖以存在的两个支点 …… 42
　　三　合法性与有效性的张力：近代转型中构建中央权威的
　　　　困境 ……………………………………………………… 47
　　四　合法性与有效性的张力：近代中国构建中央权威的
　　　　困境 ……………………………………………………… 50
小　结 ……………………………………………………………… 67

第二章　有效性的设计：袁世凯权威合法性重建的政治思考及
　　　　理想诉求 ………………………………………………… 69
第一节　二元与冲突：袁世凯权威合法性重建的结构环境 …… 69
　　一　二元的经济结构 ………………………………………… 70
　　二　二元的政治结构 ………………………………………… 71
　　三　二元的文化结构 ………………………………………… 72
　　四　二元的社会结构 ………………………………………… 75
第二节　"共和"与"国情"的传统注解：袁世凯权威合法性
　　　　重建的政治思考 ………………………………………… 78
　　一　西学东渐语义下的"共和" …………………………… 78
　　二　袁世凯对"共和"和"民主"的传统注解 ………… 79
　　三　袁世凯对"国情"或"国本"的传统注解 ………… 85
第三节　"大一统"的集权模式：袁世凯权威合法性重建的
　　　　理想诉求 ………………………………………………… 88
　　一　"大一统"的政治理想："过渡人"袁世凯的秩序
　　　　情结 ……………………………………………………… 89

二　一元集权：袁世凯政治理想的范式特征及资源诉求 … 94
　小　结 …………………………………………………………… 96

第三章　有效性的危机：袁世凯权威合法性重建的政治困境及帝制复辟的缘起 …… 99

　第一节　有效性的期求：袁世凯得以当权的微弱的合法性基础 …………………………………………………… 100
　第二节　有效性的桎梏：《临时约法》时期的制度设计与袁世凯的政治困境 ………………………………… 103
　　一　权力与体制的冲突：袁世凯临时总统地位的尴尬 …… 104
　　二　地方分权的异化：袁世凯临时政府中心地位的下降 … 115
　第三节　有效性的危机：《中华民国约法》时期袁世凯权威合法性重建的政治困境 ………………………… 124
　　一　有效性流失的加剧：体制外对抗精英的增加 ………… 125
　　二　有效性的困厄：军阀地主集团对抗势力的生成 ……… 134
　第四节　有效性危机的加剧：帝制复辟的缘起 …………… 141
　　一　行政控制的弱化与中央贯彻能力的危机 ……………… 142
　　二　军事控制的弱化与中央强制能力的危机 ……………… 144
　　三　财政控制的弱化与中央汲取能力的危机 ……………… 146
　　四　摆脱有效性危机的诉求：帝制复辟的缘起 …………… 150
　小　结 …………………………………………………………… 151

第四章　有效性的企求：复辟帝制的合法性运作 …………… 153

　第一节　有效性的企求：复辟帝制的政治诉求 …………… 153
　第二节　有效性企求的现代通道："民主"程序的借用 …… 156

一　尊重"民意"：袁世凯论证国体变更的思考路径 …… 157
　　二　运用"民意"：袁世凯变更国体的实践路径 …… 160
　　三　借助"立法"：袁世凯固化国体的程序路径 …… 161
第三节　有效性企求的传统通道：差序格局秩序的重建 …… 164
　　一　制度机制的传统建构：垂直体制对平行体制的置换 … 165
　　二　政治符号的传统建构：等级关系对平等关系的置换 … 170
　　三　意识形态的传统建构：儒家思想对民主思想的置换 … 174
第四节　"工具化"取向：帝制复辟过程的特质 …… 177
　　一　获取合法性的"功能性存在"：袁世凯"御用"立宪精英之动机 …… 178
　　二　推进现代化的"功能性存在"：立宪精英"利用"袁世凯之取向 …… 180
第五节　君权专制：洪宪帝国的政权结构与性质 …… 185
小　结 …… 188

第五章　有效性的崩溃：洪宪帝制合法性的终结 …… 191
　第一节　反叛精英的多元化与中央政治整合能力的丧失 …… 191
　　一　目标的裂变与利益的张力：徒党由"疏离"到"背离" …… 191
　　二　共和政体的夭折：国民党由"政治化"到"军事化" … 201
　　三　秩序诉求的幻灭：进步党由"渐进"到"激进" …… 204
　第二节　社会力量的反抗与中央财政汲取能力的丧失 …… 207
　　一　扩张与紧缩：帝制政府财政汲取能力的丧失 …… 207
　　二　求安与抗争：民众对帝制政府有效性的否定 …… 209
　第三节　帝制终结与中央政治权威的碎裂化 …… 217

一　"国体"战争对帝制政权的终结 …………………………… 217
　　二　中央政治权威的碎裂化 ………………………………… 219
　小　结 ……………………………………………………………… 220

第六章　虚幻的有效性：洪宪帝制合法性终结的政治思考 ……… 222
　第一节　权威有效性的缺失：近代转型中政治重心构建的
　　　　　困境 …………………………………………………… 222
　　一　国家生存"呼吁"有效的中央权威 …………………… 222
　　二　有效性缺失"过滤"构建的政治重心 ………………… 224
　　三　有效性危机"消解"军阀独裁政权的合法性 ………… 226
　第二节　洪宪帝制：袁世凯追求有效性的范式选择 ………… 228
　　一　君主专制：袁世凯制度集合中的唯一选项 …………… 228
　　二　代表"未来"：袁世凯制度选择的自我认知 ………… 229
　第三节　虚幻的有效性：洪宪帝国的软肋 …………………… 231
　　一　"君主主权"对政治改制限度的突破 ………………… 231
　　二　"权力私化"对集团利益限度的突破 ………………… 233
　　三　"危机转嫁"对社会支撑限度的突破 ………………… 234
　小　结 ……………………………………………………………… 236

第七章　合法性与有效性张力下的近代中西复辟现象比较 ……… 238
　第一节　制度复辟与王朝复辟：近代政治复辟类型之比较 … 239
　　一　制度复辟与王朝复辟的不同点 ………………………… 239
　　二　制度复辟与王朝复辟的相同点 ………………………… 247
　第二节　清王朝、斯图亚特王朝、波旁王朝：王朝复辟之
　　　　　比较 …………………………………………………… 252

一　王朝复辟相同点之分析……………………………………… 252

　　二　王朝复辟不同点之分析……………………………………… 263

第三节　洪宪帝制与拿破仑帝国：制度复辟之比较……………… 275

　　一　制度复辟相同点之分析……………………………………… 275

　　二　制度复辟不同点之分析……………………………………… 293

结语　合法性与有效性的张力：复辟政权终结的症结………… 300

参考文献………………………………………………………………… 312

后　记…………………………………………………………………… 347

前　言

　　政治革命作为推动"朝代国家"向"民主国家"转型的主要手段，以急速、暴烈的方式摧毁了旧的社会秩序以及旧的政治制度体系。由于新旧政治结构、政治价值以及新旧权威转换的"时间差"的存在，资产阶级革命之后往往伴随着集权政治现象的发生，其中传统权威结构的复辟就是一个突出的政治现象。这种复辟是一种逆政治发展的反动现象，但这一政治现象毕竟就在那个政治转型的时代发生了，它的发生不仅折射出近代世界现代化进程的曲折性，更凸显了革命后国家政权建设的困境。因此，对复辟现象本身的系统分析就成为民主巩固问题的有机组成部分，而深入探究其背后蕴含的客观逻辑更是开展早期现代化研究的一个重要课题。

　　辛亥革命后的中国也面临国家政权建设的困境。外部生存空间急剧缩小和内部分崩离析的民国，急需一个强大的中央权威，来挽救民族危亡和实现国家政治社会秩序的重构。笔者认为，洪宪帝制就是袁世凯面对近代中国政治转型的客观情势而做出的一种政治选择，即试图通过重构一个以君权为中心的一元化、整体性权能结构来重建国家政治秩序。它不仅展现了近代中国社会剧烈变革中政治结构的解体与重组，而且彰显了近代中国政治转型中政治权威现实构建中的矛盾冲突。那么，执政者袁世凯何以做出这样的政治选择？他是如何实现这一政治选择的,实现的程度如何?这一政治选择产生了怎样的结果和影响?本书试图以政治转型期中央政权建设为研究视角,对复辟政治现象的发生、进行与终结及其影响展开系统的研究,通过揭示主导复辟现象演展的逻辑依据来寻找上述问题的答案,进而探求制约近代中国政治转型的瓶颈。

由此,本研究的理论基点是:任何现代化的变革都必须保证一定的政治权威尤其是中央权威的生存和维系,内忧外患下的近代中国使中央权威获得的意义比其他国家更为重要。有效性与合法性是中央权威赖以存在的两个支点:合法性关注的是中央政权统治的资格和权利,有效性关注的则是中央政权生存的能力;合法性提供政治秩序的存在形态和核心组织原则,有效性则提供现存形态和原则的可行程度。二者之间的矛盾互动关系直接决定着政权及其代表者存在和延续的可能空间。

按照这一分析视角,除了导言和结语外,本书共分为七章,每章的主要内容如下。

第一章首先以不同的"革命"为分析支点对复辟及其类型进行了简单的界定和区分,并在比较分析中使本书的研究对象更加凸显。其次,本章通过进一步剖析中央权威构建的不同层面厘清了本研究的理论基点及分析向度。最后,通过对晚清政权及革命政权的生存困境的考察,发现有效性的缺失不但销蚀了中央政权的合法性,而且也否定了当权集团整合中心地位及其建构权威的政治设计。而构建一个能够进行有效统治的中央权威,以改变国家权力控制的无力状态,仍是作为中央政权掌握者的袁世凯必须面对的客观情势。

第二章主要以探究袁世凯对客观情势的政治思考为切入点,来探究袁世凯进行权威重建的理想诉求。本章首先指出,在"二元与冲突"的政治社会结构下,对建设新国家负有直接责任的执政者和各主要政党,都以自己的"国情"观和"共和"观为出发点开始了理想模式的设计,而且各自理想模式设计的目的都是力求自己在政治博弈中获取最大的政治权力。接着,通过对新旧精英的"国情"观、"共和"观的比较分析以及对其知识背景和价值取向的考量,揭示出国家元首的一元集权是袁世凯建构中央权威的理想诉求。但当袁世凯依凭自己所控制的官僚政治资源、军事资源和外国人的"好感"等政治资源,进行建构强有力的中央权威的实践时,却发现其面临政治资源流失的困境。

第三章在全面考察和深入分析袁世凯权威重建中政治困境的基础上,探究了袁世凯复辟帝制的原因。首先分析了《临时约法》时期袁世凯的政治困境。为了重新获得全国的统治权,国民党通过《临时约法》构建了一种"总统的表面特权"(尊严)与"内阁总理的实际权力"(效率)并存的二元体系,并通过倡导地方分权来虚化和限制袁世凯的权力。接着,分析了在《中华民国约法》时期,北洋将领们这一股与中央分权的强劲政治势力,如何使袁世凯进行国家整合的努力在向社会延伸的过程中遭遇了更大的对抗性阻力。在中央对地方的控制与地方的反控制中,袁世凯军政独裁政权陷入"软政权"的境地。在路径依赖的惯性制约下,困境中的袁世凯诉诸传统的君主制度体系,妄图借用这一制度符号所曾具有的提升统治正当性的政治功能,来摆脱中央权威有效性危机的困厄。于是,袁世凯开始了将其独裁式的集权体系与帝制政权进行结合的政治行动。

第四章探讨了袁世凯重建帝制的政治运作及特质。首先,分析了袁世凯建构帝制的"现代"和"传统"双重通道。袁世凯通过对"民主"程序的借用来粉饰"民国"到"帝国"的连续性,以获得应然的"天下独占"权位,并试图通过恢复传统的制度和文化的框架来重塑等级差序格局,以实现和维护这种应然的权力独操、地位独尊的绝对地位。其次,通过考察袁世凯与立宪精英的关系,指出本想"利用"袁世凯的力量实现各自救国理想的康有为和杨度,却被袁世凯"御用"了,而被袁世凯过滤掉"立宪"前提的"孔教救国"和"君主救国"主张,推动了袁世凯帝制自为的政治运作,因而"工具化"取向构成了复辟政治运作过程的特质。最后,通过分析洪宪帝国的主权归属以及政权利益的向度,揭示了其君权专制的实质。

第五章通过探讨民主派、北洋军阀以及民众否定洪宪帝制的内在逻辑,指出袁世凯追求有效性的传统选择突破了其得以"合法"当政的三重限度。由此,袁世凯诉诸传统方式的集权,不但没有消除晚清以来的地方割据,建立中央集权国家,以完成地理上的统一国家的大业,反而导致了政治权力的弥散化趋势加剧。地方势力公开"分赃"国家的活动,则彻底剥夺了袁世凯再次成为政治整合中心的可能空间。

第六章在总结前文的基础上得出了研究的基本结论:(1)在秩序和民主两大发展目标引发的强大的"交叉压力"下,建立一个强有力的中央权威是民国当时政治、经济及各方面状况综合而形成的合乎逻辑的要求,而合法性与有效性之间的矛盾紧张关系又左右着政权的更迭。为了追求政权的稳定和延续,各方势力都在寻求能把合法性与有效性有机结合起来的政治体制。(2)洪宪帝制就是袁世凯试图借用帝制权威的传统合法性来自动生成其在近代社会的有效性,以求换来政权稳定和延续的体制选择。这一体制选择由于突破了近代社会"合法性"的限度,完全丧失了构建政治社会秩序的价值和能力,因而合法性与有效性的张力同样成了袁世凯帝制政权终结的催命符。

（3）帝制政权终结后所出现的政治权力的弥散化直接导致国人继续不断追求集权的权威政府，但一定是"非帝制"权威的政府，这是辛亥革命后的政治基调。

第七章及结语通过对发生在近代中国、英国、法国的两种类型的复辟现象的比较分析，再次揭示了合法性与有效性的张力是制约近代世界由专制政治向民主政治转型的瓶颈。在此张力之下，无论是制度复辟政权还是王朝复辟政权都难以达到保持稳定和延续的最基本要求。而袁世凯的洪宪帝制为近代中国留下的更为扭曲的国家结构更是直接导致近代中国陷入国家主导力量缺失的政治困境。

导　论

一　问题的提出与研究意义

在近代历史进程中，为了实现从君主专制政治向民主政治的转型，政治革命成了各国进行政治转型的首要选择。政治革命是一种以暴力推翻或者夺取政权，改变现存的政治秩序，并建立新的国家制度的方式。在近代，这种革命则意味着推翻王朝，实现共和。然而，在近代革命之后，人们经常看到的是新型政权维系困境的产生、封建复辟现象的发生及再革命的进行，如英国革命后斯图亚特王朝复辟、法国大革命后的两次波旁王朝复辟、法国拿破仑新王朝帝国的建立、中国辛亥革命后的洪宪帝制和清室复辟。近代西方国家政治的转型是这样，近代中国政治的转型同样如此。复辟成为近代世界政治转型中较为普遍的政治现象。由此可见，在整个近代时期，一直存在着民主与专制的斗争，而政治复辟现象的发生恰恰构成了民主与专制斗争的重要内容。这种政治现象的发生不仅反映了近代世界现代化进程的曲折性，更凸显了近代世界从封建君主专制向资产阶级民主政体转型中政治建设的困境。

民国初期中国现代化的失败，是世界主要国家现代化历史中一个极重要，也极有意义的问题。民国初期是中国早期现代化发生曲折、中断的重要时期。在这一时期，中国在共和制政体与帝国及王朝复辟中徘徊交替，"不停地从一个政治危机卷入另一个政治危机"①，多党竞争、内阁更迭，中央政府一直处于结构性矛盾冲突之中。纵观中国专制政治向民主政治转型的历程，我们发现在各种政治力量围绕统治权的较量中，以帝国、王朝复辟为形式的专制集权政体与民主的、不稳定的民主共和制政体相互排斥并交替出现。这就是所谓的政治复辟现象。政治复辟现象恰恰是中国早期政治发展曲折、中断的突出现象和表征，虽然这一政治现象的发生和存在是非常短暂的，但对民初政局影响甚巨。袁世凯的洪宪帝制不仅是民国的一大危机，且为北洋军阀盛衰的关键，正因为洪宪帝制的发生，中国陷入几十年的军阀混战，民主共和政体出现危机甚至一度中断。洪宪帝制引发了近代中国政治转型的危机，造成了中国早期现代化进程的中断和逆转。历史学家张玉法把复辟政治看作中国政治发展史上的一种政治形态。② 民国初年的政治复辟是近代中国政治转型中的一个突出的政治现象，也是中国政治现代化过程中的反动现象之一。

存在的并非都是合理的，只是已经存在或已经发生的历史事实必定有其发生的内在依据和原因。袁世凯的帝制自为不仅是他个人的悲剧，也是中华民国的悲剧。关于洪宪帝制短暂的成功以及失败的理由，大多学者归咎于传统文化、中央政界的权力斗争以及商人阶层的保守等。如果仅从政治文化入手，我们的研究很容易在个人品质道德

---

① 〔美〕劳伦斯·迈耶等：《比较政治学——变化世界中的国家和理论》，胡泳浩等译，华夏出版社，2001，第160页。
② 张玉法先生认为中国政治发展史有七大政治形态：君主立宪政治（1895～1912）、政党政治（1912～1913和1916～1924）、复辟政治（1914～1917）、军阀政治（1916～1928）、训政政治（1929～1947）、宪政政治（1932～1988）、派系政治（1929～1988）。详见其著作《中国现代政治史论》（台北东华书局股份有限公司，1988）。

上打转，并会陷入围绕"皇帝梦"做文章的窠臼，从而得出袁世凯的复辟仅仅是为了过把"皇帝瘾"的结论。同时，在普世价值决定论的支配下，我们往往对此现象做出如下论断：因为它是违背历史潮流的、是倒退的，所以不应该发生；因为辛亥革命使得民主共和深入人心，所以复辟注定要失败；等等。这样的研究仅仅是做出了价值判断，即在给袁世凯、张勋等描绘上丑角的脸谱之后将其钉在历史的耻辱柱上，而不再窥探其背后蕴含的客观逻辑。况且，处于新旧交替、天翻地覆时代的袁世凯，是民国第一任正式大总统，也是中国数千年来第一位正式大总统，"论意义之重大，古往今来，除了始传家天下的大禹和统一中国的秦始皇还无有能出其右者。为何抛开古今第一等荣耀，去追随尸居余气的帝王遗教？"① 再者，古今中外，凡是一个国家大的政治举措和制度变革，背后必有当局者对客观情势的考量，主观因素往往只起次要的作用。

辛亥革命之后，帝制复辟思潮以及由此演化而成的洪宪帝制、更加短命的张勋复辟，是中国历史上的"怪胎"，是一场逆历史潮流而动的"丑剧"，更是中华民国的悲剧。深究洪宪帝制短暂的成功以及失败的理由，便不能不看到这一行为并不仅仅是某些人的异想天开或一厢情愿，而在某种程度上具有历史发展的"必然意味"。② 这一"必然意味"又内在地蕴含在近代中国政治转型的特殊逻辑所造成的客观历史情势中。在近代中国的政治转型中，为了摆脱民族危机与实现强国梦想，中国政治精英与知识精英在思想与精神生活方面，面临前所未有的矛盾、问题和困境。而由于国内国际条件以及政治、历史、经济与价值因素的制约，由于新旧制度与文化的交织、新旧规则

---

① 夏双刃：《乱世掌国——评议民国大总统》，九州出版社，2006，第2页。
② 马勇：《1894~1915：梦想与困惑》，云南人民出版社，2001，第160~167页。

的冲突，近代中国各精英阶层做出了不同的思想解释与相应的政治选择，进而选取了不同的政治载体，种种选择又与社会变迁中出现的种种不同的利益动机复杂地交织在一起。

民国初年的政治复辟就是复辟主体面对近代中国政治转型的客观情势做出的一种政治选择。这一政治选择内在蕴含着复辟主体对此客观情势的思想解释。那么，复辟主体面对的客观情势及其困境是什么？他（他们）对这一客观情势和困境做出了怎样的理解，这一理解与同时代的其他精英有何不同？复辟主体是如何实现这一政治选择的？这一政治选择的结果和影响如何？这一系列的追问，激发了笔者对这一政治现象进行系统研究的冲动。这一系列的追问决定了本研究的任务不是对复辟现象的历史描述和材料梳理，而是突破道德评判和史学分析的惯性框架，以政权建设为视角，以合法性与有效性的关系为切入点，形成一个系统的对复辟政治现象的政治学解释。这一解释视角旨在通过对复辟政治现象的类型划分、异同比较、发生原因、运作过程、终结节点以及结果影响等维度的系统分析，拓展和建构对复辟政治现象的理解空间。

民国初期的复辟政治现象不仅展现了近代中国社会剧烈变革中政治结构的解体与重组、政治力量的此消彼长过程，而且从不同侧面——一个是从中央的角度（如洪宪帝制），一个从地方的角度（如张勋复辟）——凸显了近代中国政治转型中政治权威现实构建过程中的矛盾冲突及政治权威有效性危机的加剧，尤其凸显了中央政治权威的式微状态。而且，这一政治选择彰显了近代中国政治转型中政治权威的合法性与有效性的张力，正是这种张力造成了政治权威生存的危机和政体选择的紧张，形成了"共同体悖论"，即以维系现存共同体的生存为旨归的合法性和有效性，反而消解了共同体生存的合理性。由此，政治权威的有效性危机，成了近代中国难以回避的政治瓶颈，并构成了近代中国国家政权建设的政治困境。因此，对民国初年复辟现象的系统分析不仅成为民主巩固问题的有机组成部分，而且是深刻理解中国近代政治发展中断及逆转的关键所在。我们将它作为近代中国政治转型过程中的一个重要问题，并对此问题进行深入的考察研究，从中窥见中国政治转型中的困境。

迄今为止，就笔者所见似乎还没有关于民国初期复辟政治现象的专门论著出版，相关研究也仅仅在个别人物研究中有所涉及，且多从历史的角度进行阐释。不可否认，历史研究在记忆构建上发挥重要作用，历史学者在这一领域中的贡献，实已大大增进了人们对于这一巨变时代的了解，使我们更清楚地接近历史事实的真相。尽管这一现象属于政治历史的范畴，然而它却并不局限于此，由于这一现象发生的特殊时代背景及它对现代化进程的影响，同样可以求助于历史学、社会学和政治学等多种学科领域的理解。目前，对洪宪帝制的政治学视域的系统探讨，还不多见。虽然对政治复辟也有些专文探讨，但多是对某个复辟事件研究，缺乏对不同类型复辟行为的系统比较分析。本书就不揣浅陋，试图在上述研究成果基础上，通过对洪宪帝制的系统研究及其与张勋复辟，以及与近代英国、法国政治转型中的复辟现象的比较分析，深入挖掘制约近代政治社会转型的主导因素。这也是本研究的第二个动机。

毫无疑问，这是一个容易引起是非的题目。在此必须声明的是，本项研究不应该导致为复辟派，尤其是袁世凯在民初的专制独裁和复辟言行厘清辩白，更不应该导致为复辟者翻案。历史早已盖棺定论，民国初年的政治复辟是中国政治现代化进程中的反动事件，然而，问题的另一面是这一政治现象毕竟就在那个政治转型的时代发生了。笔者认为历史的动向是相对的，有正反两面，二者互为消长，关系密切，中国政治现代化的研究不能仅注意其正面主流的动向，而忽略其反面逆流，有时从逆流着手，反而更能理解近代中国政治转型的艰辛。

因此，本书不是对民国初年复辟这一政治事件进行具体的描述，更不是对袁世凯进行个人人物的研究，而是把袁世凯作为民国初期国家政权的代表进行研究的，这就决定此项研究更多的是从政权本身存在的客观逻辑以及民初政权存在的困境来审视不同复辟形态的发生和终结，因为袁世凯代表的政权毕竟是民初时期的政权之一，必然要面临和应对中国政治转型中存在的客观情势。因此，笔者并不认为，袁世凯在排斥了国民党这一重要的制衡力量之后，就能够得心应手，为所欲为，大肆变更政治体制以实现个人的政治野心。本书认为在总统皇帝式的共和体制下，袁世凯仍无力扭转晚清以来的中央权威有效性的危机，相反独裁政权面临着更加严重的有效性危机，张勋策划的清室复辟就更清楚地暴露了北京中央政权权威危机的急剧恶化。于是，本书提出，从中国近代民族国家和中国现代化发展的历程来看，无论是1914～1916年的袁世凯帝制复辟还是1917年的清室复辟，它们都是在作为一个代表中华民族的国家形态而存在的北京中央政权下发生并存在的两种不同封建复辟政治形态，前者可被描述为制度复辟，后者可被描述为王朝复辟。在这两种不同形态的封建复辟中，1914～1917年袁世凯的帝制复辟是由民国中央政权掌权者以"合法"的身份复辟皇帝专制制度，而1917年的清室复辟则是由地方实力派以"政变"的形式复辟清王室的政权，但它们从不同的侧面展示了民初政权的代表人物面对复杂的历史情势各自做出的政治抉择。

由是，本书研究目的有以下两个：第一，透过纷繁复杂的现象，对复辟政治现象本身作一个系统的政治学解释；第二，通过对帝制复辟现象的分析，试图揭示出制约近代中国政治转型的政治瓶颈。

在权威危机、失范综合征和政治选择两极化相互交织的驱动下，中国早期现代化进程的断裂出现,并内在构成早期现代化研究不可忽视的一个重要课题。本书将复辟现象作为近代中国早期现代化进程中的一个重要问题进行系统研究,对于挖掘制约中国现代化的关键因素具有重要意义。具体地讲,通过对民国初年的复辟政治现象的系统研究,引导人们在既有认识的基础上对此类政治社会现象进行深层次的理论思考,加深对民主化进程复杂性的认识;研究视域和分析向度的选取,有助于我们更深入地理解近代中国社会政治转型的基本状况及近代国家政权建设的政治困境,理解一个强有力的中央权威的存在,对保持中国社会稳定性和连续性的重要意义;通过观察复辟时期国家权力的运行逻辑,获得对近代中国出现的个人政治行为和制度整体行为的理解;通过对复辟政治现象的纵深挖掘,揭示合法性与有效性的张力影响和制约近代权威重建的内在机理,进而提出二者良性互动对建构有效政治秩序、推进社会政治转型的根本要义。

二 国内外研究概况

(一) 国外的研究

Paul Seaward 于 1911 年出版的 *The Restoration* 可以说是一部对复辟现象进行研究的力作,本书主要从冲突角度论述了英国斯图亚特王朝复辟政治的特征和革命后英国不稳定的原因。这一研究仅侧重于对复辟时期事件的描述,对复辟原因、复辟过程等方面缺少深入分析。有的研究虽提及复辟发生的原因,但也只是散落于对革命现象的论述或对民主巩固问题的探讨中。法国历史学家亚历克西·德·托克维尔(Alexis de Tocqueville)在其名著《旧制度与大革命》中,通过分析旧制度与大革命的内在联系,揭露了大革命的深刻根源。其中,托克维尔从自由观念与革命和复辟之关系入手来分析复辟发生的原因,他提出,由于社会革命形成了权力关系的真空,那些已经将自由具体投入行动筹划之中的人,便切身感到自由出现了偏差,精神失去了常态,转而对自由产生了从未有过的怀疑,这为旧制度的复辟留下了可乘之机。① 美国政治学家塞缪尔·P. 亨廷顿更关注政治民主化问题的研究。在《第三波——20 世纪后期民主化浪潮》一书中,亨廷顿提出了民主化进程的波浪式特点,认为造成威权主义复辟的因素主要有:民主价值在主要的精英团体和一般的公众中十分薄弱;保守的中上层集团决意把群众性的左翼运动和中下层的团体排除在政治权力之外;恐怖主义或叛乱导致秩序和法律的崩溃;其他国家民主体制垮台或被推翻的示范所产生的滚雪球效应。② 其名著《变化社会中的政治秩序》对复辟终结的原因也有分析,他认为导致袁世凯帝制复辟终结的有三个原因③:(1) 政治动员深入,使得整个城市中的中产阶级力量已充分发展,足以支持自 19 世纪 90 年代以来的民族主义运动;(2) 知识分子在中国政治中起着关键的作用;(3) 袁世凯未能对日本 1915 年的"二十一条"做出强有力的反应。那么复辟帝制使他在中产阶级民族主义集团当中完全处于孤立地位,丧失了制衡军阀割据势力的必要权威。

美国历史学家费正清的《中国:传统与变迁》《美国与中国》《伟大的中国革命》等论著都多少论及了复辟现象。费正清认为,袁世凯复辟的发生是因为当时意识形态领域的真空状态,中国社会缺乏一种明确的政治信念;国民党人用选举活动和分散权力的活动对袁世凯权力的威胁,使袁世凯觉察到近乎遭谋害似的不忠诚;袁世凯复辟

---

① 〔法〕托克维尔:《旧制度与大革命》,冯棠等译,商务印书馆,1992,第 182 页。
② 〔美〕塞缪尔·P. 亨廷顿:《第三波——20 世纪后期民主化浪潮》,刘军宁译,上海三联书店,1998,第 354 页。
③ 〔美〕塞缪尔·P. 亨廷顿:《变化社会中的政治秩序》,王冠华等译,生活·读书·新知三联书店,1989,第 246 页。

导　论

失败是将士离心和日本政府的反对以及其他意识形态和地缘政治力量也协同起来反对帝制观念的结果①。

最值得一提的是加拿大学者陈志让（Jerome Ch'en）有关洪宪帝制的研究。其《乱世奸雄袁世凯》② 一书是第一部对袁世凯一生做较深入与完整研究的英文著作。此书的精彩之处是将袁世凯的兴起与衰微纳入时代背景加以分析讨论，开辟了袁世凯研究的新思路，即不再完全局限于道德判断之内，指责其失败是由于其心术不正、没有德行、自私贪婪等，从而得出异于前人的精辟见解：袁世凯面对财政困境及部属的离心，试图通过建立新的王朝来进一步强化中央政府。在《洪宪帝制的一些问题》一文中，陈志让提出理解洪宪帝制首先应该厘清概念问题。他指出洪宪帝国是官吏君主制国家，洪宪帝国的失败，是个人至上主义的官吏君主制失败了③。密歇根大学历史学教授欧内斯特·P. 扬在《袁世凯的总统职位》④ 一书中，试图从民初的政治思潮和社会背景的角度分别来讨论袁世凯在民初的种种政策，认为袁世凯的政权与整个社会脱了节，不知道运用下层民众的力量，尤其是忽略了社会士绅的权力，因而社会基础的缺乏导致其最终失败。这些独到精辟的见解给了我很大的启发，但是此分析没有准确把握住近代中国政治转型的政治困境。

---

① 参见〔美〕费正清《中国：传统与变迁》，张沛译，世界知识出版社，2002；《美国与中国》，张理京译，世界知识出版社，2003；《伟大的中国革命》，刘尊棋译，世界知识出版社，2003。
② 〔加〕陈志让：《乱世奸雄袁世凯》，傅志明、鲜于浩译，湖南人民出版社，1988。
③ 〔加〕陈志让：《洪宪帝制的一些问题》，见中央研究院近代史研究所编《中华民国初期历史研讨会论文集》（1912～1927）上册，1985。
④ Ernest P. Young, *The Presidency of Yuan Shih-K'ai: Liberalism and Dictatorship in Early Republican China*, The University of Michigan Press, 1977.

（二）国内的研究

袁世凯的洪宪帝制不仅造成了民国的危机，而且是北洋军阀盛衰的关键，对后来的政局具有极大的影响。然而，在国内学术界对北洋军阀及国民革命的研究日渐重视而且有许多专著先后问世的情况下，仍缺乏对袁世凯帝制复辟的专门性研究，更无相关专著出版。胡平生的《复辟运动史料》《民国初期的复辟派》和刘望龄的《辛亥革命后帝制复辟和反复辟斗争》是对复辟现象进行专门研究的三部著作。前者主要是对各复辟派的活动及张勋复辟运动进行具体的描述，后者虽然涉及对袁世凯帝制复辟过程的描述，但主要着眼于对其倒转历史车轮的反革命行径的定性和对人民斗争的颂扬。

对袁世凯帝制复辟现象的探讨大多散落于近代史、革命史、军阀史、民国史等研究中。由于研究视域及研究侧重的差异，阐释思路和结论亦各有不同。不过，总的来说，有关此现象的研究经历了从宏观描述到微观分析、从主观评价到客观分析的转变。

就研究取向来看，有关袁世凯帝制复辟的宏观研究可以分为以下方面：（1）革命史视域的研究。长期以来，由于受到以民国革命运动为历史主流的影响，对袁世凯帝制复辟，国内基本上将其视为革命史或民国史中的一个插曲或片段，而且多是从反革命的角度来论述复辟的。其中，代表性成果有李新、李宗一主编的《中华民国史》，章开沅、林增平主编的《辛亥革命史》，金冲及、胡绳主编的《辛亥革命史稿》。三者的侧重点虽然各有所不同，但都是围绕着辛亥革命是一场真正的资产阶级民主革命这一主题，通过论述孙中山和同盟会的领导作用，肯定南京临时政府的历史功绩和剖析辛亥革命彻底失败的主客观原因来揭露袁世凯窃国、复辟的反动行径。（2）政治史方面的研究。这方面代表性成果主要有，李剑农的《中国近百年政治史》（1840—1926年）》《戊戌以后三十年中国政治史》，徐宗勉、张亦工的《近代中国对民主的追求》，陈旭麓的《近代中国八十年》，骆惠敏的《清末民初政情内幕》等。这些论著的共同特点是首尾完整、资料丰富，叙述详细，且又条理清晰。这类研究多以政治民主化的追求为主线，对中国政治形态的发展、更迭作了比较全面的描述，以袁世凯帝制政权的建立与覆灭来凸显中国政治民主化进程的艰难曲折性。（3）现代化视角的研究。20世纪80年代以后，对中国近代历史的研究视角发生了转向，主要运用现代化理论与方法审视中国的近代史。研究视角的转换使对复辟现象的研究趋于理性化、客观化。如章开沅等主编的《比较中的审视：中国早期现代化研究》一书，主要从官商关系的发展变化对中国政治的影响来论说袁世凯政权的成功与失败[①]；赵剑英在《百年追求——中国现代化方略的发展》一书中提出，复辟旧有的政治秩序是对中国的意义世界从总体上瓦解之后的本能反应[②]；陈勤、李刚、齐佩芳的《中国现代化史纲——无法告别的革命》一书，则是以社会现代化理论重新观照、认识中国现代化进程的社会革命，以回应"告别革命"的观点[③]。更值得一提的是许纪霖、陈达凯主编的《中国现代化史》。这部力作指出，袁世凯政权几乎是完全建立在强权政治的基础上的，不可能利用选举这种形式为自己的政权有效地寻找合法性的基础，因而袁世凯就想恢复传统的权威基础及象征的方式来解决他所面临的权威危机；帝制发生的客观原因是"二十一条"引发的政治危机，主观原因则是袁克定的假信息、古德诺和贺长熊的论证、西方列强的支持和袁世凯的判断失误[④]。孙

[①] 章开沅、罗福惠主编《比较中的审视：中国早期现代化研究》，浙江人民出版社，1993。

[②] 赵剑英：《百年追求——中国现代化方略的发展》，云南人民出版社，2001。

[③] 陈勤等：《中国现代化史纲——无法告别的革命》，广西人民出版社，1998。

[④] 许纪霖、陈达凯主编《中国现代化史》，上海三联书店，1995。

继辉从政治整合的角度指出，袁世凯对政治的整合活动本身就是对领袖行政权的一种追求，但在责任内阁政体下，受法理质疑的袁世凯渴望总统制之下的国家元首地位，最终走向了君主制①。袁伟时提出，在关乎中国宪政前途的较量中，制度设计错误、思想变革不彻底、民主政治的生长需要时日，是导致民主宪政最终崩溃的根本原因所在②。上述研究提出了许多发人深省的有价值的观点。

还有一些论文对袁世凯统治时期的阶级关系、社会意识等方面作了全面考察。如徐宗勉的《关于资产阶级从拥袁走向反袁的历史考察》一文指出，民国初年资产阶级对作为民国大总统的北洋军阀头目袁世凯有一个由支持到反对的过程，从而反映了在中国政治变革时期阶级关系的复杂变化③。又如张静如等的《北洋军阀统治时期的社会和革命》一文，通过对当时中国社会政治结构、经济结构、思想文化领域变化的轮廓性描述和分析，从新的生产力引起社会革命这一角度探究了复辟的终结及北洋军阀衰亡的原因④。纪能文的《从共和总统到洪宪皇帝——袁世凯洪宪复辟的历史透视》一文，通过对民初袁世凯逐步走向集权专制以及促成洪宪复辟的社会原因和社会条件的探讨，强调了在批判袁世凯个人践踏民主、专制独裁的种种行径时，必须对促成这一事实的主客观环境予以足够的重视⑤。张华腾提

---

① 孙继辉：《从内阁制到总统制——从行政权的归属看袁世凯在民初对政治的整合》，《唐山师范学院学报》2006年第6期。
② 袁伟时：《民初宪政格局崩毁再审视——以袁世凯和国民党为中心的考察》，《徐州师范大学学报》（哲学社会科学版）2011年第4期。
③ 徐宗勉：《关于资产阶级从拥袁走向反袁的历史考察》，《社会科学研究》1986年第5期。
④ 张静如等：《北洋军阀统治时期的社会和革命》，《教学与研究》1986年第6期。
⑤ 纪能文：《从共和总统到洪宪皇帝——袁世凯洪宪复辟的历史透视》，《天津师大学报》1996年第4期。

出北洋集团分裂，袁段矛盾是袁世凯帝制失败的重要原因之一①。马勇认为，在中国从帝制走向共和的转型时期，袁世凯确实起到了重要作用，但由于传统帝王观念、权威主义、英雄主义的深刻影响，由于错综复杂的现实环境，袁世凯走上了帝制自为的不归路②。

从社会经济条件角度揭示帝制运动产生的深刻的历史和社会原因，这一分析路径看上去无疑是可以接受的，但有赖于深入的事实说明和分析，这就需要微观专题的研究不断深入。微观研究的主要成果比较集中地体现在事件与人物的研究上。如就袁世凯与日本勾结签订"二十一条"问题，许毅主编的《北洋政府外债与封建复辟》从北洋政府时期的外债与当时政治的关系着手，说明它是日本向袁世凯索取的支持帝制的交换条件③。李宗一的《袁世凯传》是出版最早的一本袁氏传记，其中称袁世凯是"近代中国历史上大地主大买办阶级的一个极其重要的代表人物，一个伪装维新的封建专制主义者"④。其后，又有胡柏立的《袁世凯称帝及其灭亡》、候宜杰的《袁世凯一生》、谢本书的《袁世凯与北洋军阀》等书先后问世，它们都对民国创立、民初政争政情和有关人物，进行了深入而又各有特点的论述。此外，这方面的论文也日益增多。如马勇的《袁世凯帝制自为的心路历程》一文，提出袁世凯是一个有限的共和主义者，但袁世凯一味加强个人独裁的种种做法以及其内心深处的帝王意识，使他最终经不起称王的诱惑，当各方面的压力潮水般涌来的时候，他放弃了对民主共和的庄严承诺，而走上了帝制自为的道路⑤。又如王毅在《洪宪

---

① 张华腾：《袁段矛盾与洪宪帝制的败亡》，《殷都学刊》2006年第2期。
② 马勇：《袁世凯复辟帝制前后》，《理论视野》2014年第9期。
③ 参见许毅主编《北洋政府外债与封建复辟》，经济科学出版社，2000。
④ 参见李宗一《袁世凯传》，中华书局，1980。
⑤ 马勇：《袁世凯帝制自为的心路历程》，《学术界》2004年第2期。

复辟与民初社会心理》一文中，通过对民初社会心理的分析研究，探讨了洪宪复辟这一历史丑剧产生的原因①。而邓亦武的《论袁世凯部属反对洪宪帝制》一文则认为内部分裂和反对是洪宪帝制走向灭亡的关键因素②。张艳国的《尊孔与袁世凯复辟》一文，则从文化与政治的互动，论述了尊孔与袁世凯称帝的内在联系③。

关于帝国主义对帝制复辟的影响问题，邓亦武的《论列强对洪宪帝制的态度及影响》一文，提出以日为首的列强出尔反尔是袁世凯走向灭亡的关键性因素之一。张国平、吴佩林在《重论中日"二十一条"交涉与袁世凯帝制野心的关系》一文中，通过考察袁世凯对日本让步的时代背景，指出该条约是日本政府经过长期策划而形成的，是日本政府侵华政策发展的必然结果，因而袁世凯对日让步是袁世凯在痛苦的两难选择中做出的理性抉择，与袁世凯的帝制野心无关④。张北根在梳理英国外交部档案的基础上，系统考察了英国对待帝制的态度，揭示了在帝制运动的开始、快速发展及取消帝制等不同阶段，英国态度的变化过程及其影响⑤。还有研究者指出了袁世凯与德国关系的变化的影响⑥。

遗憾的是，从政治学角度研究洪宪帝制的著作则比较少。有关的

---

① 王毅：《洪宪复辟与民初社会心理》，《喀什师范学院学报》（社会科学版）2000年第3期。
② 邓亦武：《论袁世凯部属反对洪宪帝制》，《燕山大学学报》（哲学社会科学版）2001年第4期。
③ 张艳国：《尊孔与袁世凯复辟》，《湖北大学学报》（哲学社会科学版）2002年第1期。
④ 张国平、吴佩林：《重论中日"二十一条"交涉与袁世凯帝制野心的关系》，《长春师范学院学报》2003年第2期。
⑤ 张北根：《英国对待袁世凯称帝的态度》，《安徽史学》2009年第4期。
⑥ 王琦、刘国辉：《袁世凯"帝制自为"时期与德国关系述略》，《经济研究导刊》2012年第3期。

研究也是散落于有关中国政治发展的研究中，如李景鹏的《中国政治发展的理论研究纲要》[①]、张涛的《中国的政治发展》[②]。前者多强调中国政治发展的社会经济背景；后者则从政治现代化的角度提出袁世凯复辟的原因，认为袁世凯是想通过恢复君主这一传统的权威身份，来解决所面临的权威危机问题，而其失败的直接原因则是政治体系中的绝大多数原参与者的不支持。

综观以往有关袁世凯帝制复辟的研究，可以发现如下几个特点。(1) 从宏观研究扩展到微观的研究，拓宽了研究视野和研究领域，使历史呈现从单一的政治史孤立状态，朝着富有立体感的方向发展。过去那种简单地以阶级斗争区分革命与反革命、正确与错误、进步与反动的思维定式，已经逐步为实事求是的具体分析所取代，增添了历史研究的新活力，但在分析中有割裂宏观分析与微观分析的倾向。(2) 研究队伍主要是历史学者，研究的方法上重视史料的发掘和对历史事实的钩沉和叙述。其长处是能够大体按照事实再现外部面貌，短处是缺乏一个更高的视点，即缺乏严整的理论框架和广阔的研究视野，因而缺乏研究的深度。(3) 对民初政治的研究，大多偏重于革命派一方，以研究革命政治事件和革命历史人物为主，而对于逆转了中国社会发展航向的袁世凯帝制复辟现象，缺乏更为深入和系统的研究，这不利于客观把握民初政治的发展规律及更好总结历史的经验教训。

可见，在关于洪宪帝制的已有研究中，大都注重外在因素，如突出强调社会经济历史条件对于帝制复辟的制约性；或走入另一个极端即过于强调个人的决定作用，把复辟的发生归因于袁世凯个人野心；还有的研究则着重从革命、现代化、民主等角度来界定帝制复辟的反

---

① 李景鹏:《中国政治发展的理论研究纲要》，黑龙江人民出版社，2003。
② 参见张涛《中国的政治发展》，经济日报出版社，1994。

动性，这种研究由于往往止于简单的价值评判，因而忽略对帝制复辟的客观分析。而且，对帝制复辟的系统阐释比较少见，缺乏综合性的研究，而且更多偏倚于历史学视角，尽管这些学科的探究不无意义，但毕竟近代中国社会的剧烈变革的主题是围绕政治核心而展开的。一连串的政治变迁构成了近代中国政治转型的主旋律，而袁世凯帝制复辟就是其中之一，因而有对该现象进行政治学分析的必要。即使有一些深入的分析看到了解决权威危机是复辟发生的动因，但缺乏从政权建设角度对权威危机本身的依据和来源的论证和说明，将权威危机看成是无须更多追问的前提和原点，这在某种意义上也是国内研究中的薄弱环节。

对前人研究范式及其研究成果的反思，不应导致对这些研究范式效用的否定，而应充分认识到：任何研究范式都不是万能的，都有可能因为过于关注某些因素而忽视了另外的因素，过于强调了某一方面的问题而遮蔽了另一方面的问题。本书试图在前人成果基础上作进一步追问和探究，增进对这复杂政治现象的客观理解。要想真实地认识历史，客观地评价历史，既要研究那些被认为是代表先进潮流或"政治正确"的伟大事件，也需要研究那些所谓的反动或落后的现象，这样才能更全面地看清历史，更准确地把握当时社会转型的特质。

三 研究视域与理论假设

（一）研究视域

如果说历史事件不过是可供解剖的历史材料，历史人物则是一些历史符号。在对袁世凯践踏民主的专制独裁行径进行批判和揭露的时候，我们更应该探寻这一历史符号背后蕴含的逻辑。从中国近代现代化的发展历程来看，1914~1916年的袁世凯帝制复辟和1917年的清室复辟，是不同形态的复辟政治现象，前者属于封建制度复辟类型，后者体现为封建王朝复辟范畴。1914~1916年袁世凯的帝制复辟,是由民国初期的中央政权掌权者以"合法"的身份发动的废共和、恢复旧制的运动,并没有更换政权的掌权者;而1917年的清室复辟则是由拥戴清王室的地方实力派以"政变"的形式发起的,既恢复了君主制度又复辟了清王朝。虽然二者存在差异,但是它们从不同侧面凸显了民国初期中央政权建设举步维艰,揭示了一个严重制约近代中国转型的中央权威危机问题。因此,我们不能仅仅由于复辟的反现代性而简单地、脸谱式地把其作为对立面打倒,而应将其作为中国早期现代化进程中的客观存在,客观揭示复辟如何成为一种政治选择,尽管这种选择已被证明是逆历史潮流的因而也是短暂的。

过往所发生大事的症结,往往是后来掀起波澜的机缘,其间因果关系,恰为历史研究的重点。每一个时代的人们总是企图从新的角度来重新认识过去被人们研究过的历史,并力求发现过去所没有发现的意义。正是基于这一考虑,我们可以从近代变革历史的具体研究中,来分析近代中国现代化进程面临的两难困境及由此产生的种种危机,并以这些因素彼此复杂的相互作用为基础,来分析不同精英是如何做出其应对危机的范式选择的。

从政治发展的观点来看,发展中国家所面临的最大问题是如何维持政治体系的生存,因此所谓的政治发展就是培植政治系统生存能力的过程。[①] 近代中国也同样面临着这样的问题,且因近代中国政治转型的特殊性而变得更加紧迫。在清末民初的社会转型中,各个政权都进行了争夺正统、维护国家生存的各种努力。在内忧外患、社会失序背景下建立的中央政权,既要对内恢复秩序、摆脱经济政治困境,又

---

① Karl Von Vorys, *Use and Misuse of Development Theory*, James C. Charles-worth (ed.) *Contemporary Political Analysis*, N.Y.: The Free Press, 1967, pp. 350 - 383.

要对外抵御列强，同样也致力于争夺和维护自己的正统地位。客观地讲，袁世凯走向专制和恢复帝制并非像人们认定的那样，仅仅是一种蓄谋已久、前后连贯的个人图谋，而是当时复杂历史背景下各种因素共同作用的综合结果。同样，面对着中央政治权威危机这一历史情势，以张勋为首的地方实力派政权也在争取着自己的正统，以期在清王朝的龙旗下重建中央政权。

这就提出了进一步拓宽民国初期复辟政治现象的研究视域和从新的视角重新审视这一现象的必要性。一些遵循历史主义方法的学者将注意力放在了国际环境变动、社会经济状况等要素的分析之上。本书则试图以大历史的眼光来分析研究这一政治历史现象。所谓"大历史的观点，即从技术的角度看历史，不是从道德的角度检讨历史"。[①] 这种大历史观提醒我们"世界上无一种全然相同的事物在历史上发生两次。每一事物都有它独特之基点，所以在提出因果关系时，我们也应当将历史事迹前后连贯看去，而不应因时一事偶尔相似即下定论"[②]。更重要的是，大历史观有助于引导人们进一步挖掘近代中国何以试验共和制，接受过独裁制，但又有帝制复辟和王室复辟，复辟不已，再来一次革命的症结。因为"从宏观历史的角度来讲，此中情结并无神秘之处。国家不定的情势引起很多不同的解决问题的方案，一般都有各走极端的趋向"，只有"从这国家内部与时代的不合的情形看来，才可见得问题之大"。所以"我们必须注意问题症结在这个国家组织，不仅是权力的分配或执政者的个性"。[③] 这种分析法最能揭示近代中国的发展逻辑，从而避免仅仅从抽象的道德观念出发而形成的对复辟政治现象的一套诸如"革命与反革命""进步与倒

---

① 黄仁宇：《万里十五年》，生活·读书·新知三联书店，1997，中文版自序。
② 黄仁宇：《中国大历史》，生活·读书·新知三联书店，1997，第294页。
③ 黄仁宇：《中国大历史》，生活·读书·新知三联书店，1997，第287~288页。

退"等特定政治评判的局限。当然,道德评判视角的探究不无意义,但是这种政治评判的倾向多是侧重对复辟主体专制独裁及践踏民主的种种行径的批判和揭露,忽略对当时客观历史情势的关注。这种研究重心的设定很容易夸大个人在客观历史中的决定作用,缺乏对复辟政治现象内在机理的揭示。

基于此,社会转型是近代中国政治形态生成变化的基本变量,是客观理解复辟政治现象的重要视域,同时也构成了本研究的基本语境。在政治社会转型中,维护国家的集中统一,是一个国家生存发展的基本前提和条件。就中国而言,后发型现代化的特殊历史条件和超大规模的社会状况使得政治权威获得的意义比其他国家更为重要;中国早期现代化的外源性和被动性,决定了必须有一个具有现代化导向的、强有力的权威政权来推动从传统社会向现代社会的转变。历史昭示:一个强有力的中央权威,是社会转型过程中保持社会稳定性、连续性、统一性、前进性的基石,在处于双重分裂状态的民国时期更是如此。然而,民国初期的历史事实表明,任何一个势力集团都不拥有压倒一切的力量优势,因而在政治上难以形成一个能进行有效统治的中央权威。民国初期各方势力建立强有力政权的努力均宣告失败,而中央政治权威的危机是其失败的共同症结。由于中国近代转型的特殊性,转型中政治权威危机问题的焦点是有效性危机,从单个政权来看,权威危机具有很强的敏感性,从多个政权来看,则具有普遍性。因此,自近代以来,中央政权根本无法对社会进行有效的调控,"……除了一个各自为政的地区性的集合之外,几乎没有什么'中国政府'可言"。[①] 直到中华人民共和国成立后,才真正建立和稳固了

[①] 〔美〕吉尔伯特·罗兹曼主编《中国的现代化》,国家社会科学基金"比较现代化"课题组译,江苏人民出版社,1988,第328页。

能够统摄中央和地方的政权系统,终于结束了旧中国中央政府权威衰微的状况。由此,在政治社会转型的基本语境下,政治权威的合法性与有效性构成了本书的基本研究范畴和理论基点。通过这一理论基点,本书力求在整体把握近代中国政治权威更替嬗变轨迹的基础上,深入分析民初政权现实构建中遭遇的困境和压力,进而揭示近代中国政治转型中中央权威危机生成变化的内在逻辑。

(二) 理论基点

作为民初时期的政权之一,袁世凯政权也必然要面临和应对中国政治转型的客观情势。因此,以政权建设尤其是中央政权建设为主线,以合法性与有效性的关系为具体切入点,将会提供一个阐释近代中国政治转型中复辟现象发生和终结的独特视角。

本书的理论基点是:(1)任何现代化变革都必须保证一定的政治权威尤其是中央权威的生存和维系,内忧外患下的近代中国使中央权威获得的意义更为重要,强有力中央权威的构建是近代国家政权建设的核心。(2)有效性与合法性是中央权威赖以存在的两个支点:合法性关注的是政权统治的资格和权利,提供政治秩序的存在形态和核心组织原则;有效性关注的则是政权生存的能力,提供现存形态和原则的可行程度;政治合法性关乎政治体系的长远稳定,有效性则直接关乎统治者的权力更迭。(3)合法性与有效性的矛盾互动关系直接决定着政权及其代表者存在和延续的可能空间:如果一个政权的高合法性,会为其实际统治的有效性提供深厚支持,而该政权实际统治的有效性反过来会巩固和强化其合法性,那就会形成良性循环;一个政权如果长期缺乏应有的有效性,该政权的合法性就会削弱甚或失去执政地位。(4)在近代政治转型中,合法性与有效性之间呈现出的特殊现象更是不可忽略:一个合法性存在而有效性不足的政权会为一个原本合法性不足但拥有相对有效性的政权,提供得以建立和维持的"负面合法性";但是,如果这一政权不能长期维护或强化其相对的有效性,那么其本就不足的合法性必将消失殆尽。

在传统社会向现代社会的转型中,合法性的二元状态容易弱化包括政治精英在内的大多民众的国家认同。国家认同的薄弱决定了广大民众不可能对统治者有较深刻的合法性认同,这使统治者对有效性的追求更为迫切。社会转型与权威的有效性是一对不可分割的矛盾统一体。作为政治变革、社会转型的主要指导者和驱动者的中央政府,如果没有强有力的财政汲取能力、政策执行能力、秩序维持能力、社会整合能力、合法化能力,那么其重建秩序和规范的目标就难以实现。但是,一旦统治者追求有效性的模式选择突破合法性所设定的限度,当权者就会被剥夺再次成为政治重心的可能资格,其构建政治秩序的制度原则也将在人们的否定声中化为乌有。

对于面临主权危机、国家严重分裂危机的近代中国而言,建立一个强有力的中央权威来实现国家统一,进而为中国现代化进程的启动和推进注入强大的政治动力,更具有重要性和紧迫性。然而,纵观19世纪末20世纪初的中国,政权的合法性与有效性普遍出现了不同程度的张力。在此张力之下,无论何种类型的政权,都难以成功构建一个能进行有效统治的中央权威,而中央权威的难产又直接导致近代中国陷入国家主导力量缺失的政治困境。

四 基本思路与研究方法

(一) 基本思路

依据以上理论基点,本研究将袁世凯的帝制复辟置于近代中国政治转型的历史进程中,通过对清末民初政权建设状况的具体考察和比较分析,深入考察袁世凯政权建设的两难处境和由此产生的种种危机,以及袁世凯的应对方式和应对结果。具体研究思路如下。

首先,本书指出,近代化进程中复辟与近代革命的消极性和新政权的建设能力密切相关,复辟政治现象的发生彰显了革命后新生政权权威建设能力的不足,合法性与有效性是强有力的中央权威赖以存在的两个支点,二者之间的良性互动是中央权威维系的基础。通过考察和比较分析晚清政权和革命政权维系的困境,揭示了清末民初政权的合法性与有效性的张力态势,以及这种张力瓦解统治者及其制度选择的合法性的实然逻辑。

其次,本书着重分析了袁世凯建构中央权威的政治思考及其理想诉求。由于多重权威竞争挑战的接连出现,袁世凯不但没有建立起强有力的政治权威,反而陷入更加严重的权威危机中。共和制的框架下无力保证合法性与有效性低度结合的袁世凯,在路径依赖思维的趋势下,开始了将其独裁式的集权体系与帝制政权进行结合的政治行动,企图通过传统统治模式的复归来构建强有力的中央权威。然而,帝国制度的重建不但没有扭转袁世凯政权的统治危机,反而彻底剥夺了袁世凯政权的统治资格。

再次,在系统阐释民主政权失败和袁世凯帝制政权终结根源的基础上,再次提出合法性与有效性的张力是制约近代转型的"瓶颈"因素,其直接导致近代中国陷入国家主导力量缺失的政治困境。

最后,通过对近代世界政治转型中的中国、英国、法国出现的复辟政治现象的比较分析,进一步凸显袁世凯帝制复辟必然终结的客观逻辑:关于相同点的分析,有效阐释了复辟政治现象发生和终结的根源,而且揭示了制约近代世界由专制政治向民主政治转型的瓶颈;对差异点的探究,集中揭示了不同国家的客观情势影响和形塑"朝代国家"向"民主国家"转型差异的内在逻辑。由此形成一个对复辟政治现象的类型划分、异同比较、发生原因、运作过程、终结节点以及结果影响等维度的政治学解释，拓展和建构理解复辟政治现象的空间。

（二）研究方法

在辩证唯物主义和历史唯物主义指导下，本研究具体采用以下主要方法。

1. 历史政治学分析法

这是本书采用的一个基本研究方法。历史政治学不是对过去政治事件的描述，而是一种关心政治形态的流动与兴替，并对政治事件如此展开的动因给予科学解释的研究方法。这一研究方法试图实现范式与事实的结合，使我们能够在历史的运动中审视逻辑的生命力，力图克服历史学与政治学之间的断裂与隔膜问题。如果把政权结构转化为某种范式的对应物，而把丰富的历史过程排除在它的视野之外，就会割裂现在与过去的相似性和差异性，从而导致政治学陷入致命的"解释危机"之中。历史政治学的研究方法突破了政治学之"范式主义"的教条影响，实现政治学研究的"历史学转向"，引导人们把历史从目的论的意识形态化的占有中解放出来，通过返回历史过程本身，寻找主导历史演展的逻辑依据；同时又把历史从客观论的碎片化肢解中解放出来，不掉入考据陷阱，克服考据史学之逻辑缺失的弊端，力图从长波段的历史运动中展现理论范式的解释力量。①

2. 宏观-微观政治分析法

如果说历史政治学关注的是政治形态的流动与兴替，那么宏观政治分析与微观政治分析相结合的方法，关注的就是政治形态流动与兴

---

① 刘建军：《中国现代政治的成长》，天津人民出版社，2003，第66~67页。

替的宏观社会背景与具体的历史情境。本研究以政权建设尤其是中央政权的建设为主线，以民初复辟政治现象为对象，把宏观的结构性分析和微观的主体行动分析结合起来：宏观分析突出的是社会、经济、历史条件对于政治转型的客观制约以及提供给政治行动者的历史契机；微观分析则突出强调了政治行动者的行动方式（策略选择）与目标取向（偏好）对于政治转型的主观制约性。这一方法将使我们对复辟政治现象的分析更加客观。

3. 结构-功能分析方法

结构功能理论强调社会是一个整体，社会中各个部分、各个单位都是互相联系互相作用的，任何一个单位都不是孤立地发挥自己的作用，而是与其他部门或单位互相配合，并由此实现了社会整合。① 这一理论最重要的两个概念是结构和功能。功能是指政治体系中的各个部分所发挥的作用，或所产生的结果，这些作用或结果可以对体系的生存、稳定以及延续的时间产生重要的影响；而结构则是产生这些作用和效果的单位。通过对民国初期政权结构及其相互关系分析，来探究不同政治精英和知识精英选择政权建设模式的强烈"效能"倾向，以及这种制度选择的"效能"倾向对民国初期政治体制结构与功能关系的异化影响。

4. 比较分析方法

比较分析法旨在分析事物发展变化的个性特点和共同特征，揭示事物发展的一般规律及其在特定条件下的表现和变异。借助这一研究方法，本书归纳了复辟政治的类型及其异同之处，在挖掘不同类型复辟现象的共同特性的基础上，限定了本研究的具体对象和分析基点。

---

① 孙立平：《传统与变迁——国外现代化及中国现代化问题研究》，黑龙江人民出版社，1992，第12、13页。

五 研究资料、创新与不足

本研究所使用的资料主要包括以下几类：（1）各种史料汇编和文献典籍。史料是我们了解过去、掌握历史知识的媒介，它为我们对历史的理解提供了证据。文献典籍则提供了思想家们对时政的思考，为我们准确把握历史趋向提供了依据。对这些资料的研读，可以使我们窥知民国时期政事变换的大致状况及其脉络。（2）各种评论性和纪念性文字（包括书信、传记、回忆录等）。这些文字尤其是传记，不仅详细记录了如出身背景、思想、性格等个人因素对重大事件决策与行动的影响，而且比较全面地反映行动主体所处时代的客观情势。通过对这些资料的挖掘，我们可以了解民初的政治精英们所遭遇的问题及其应对方式。（3）民国政治档案和统计数据。通过分析这些资料，可以了解民初政权更迭和政治社会状况。（4）近代报纸杂志（如《民报》《万国公报》《申报》《时报》《政府公报》《民立报》《东方杂志》《庸言》《民国丛报》等）。这类资料为我们提供了此时期有关复辟事件的舆论形态。分析上述各类文本资料，目的不在于对政治活动过程作历史叙述，而是揭示主导洪宪帝制发起、构建和终结的客观逻辑以及这一客观逻辑对近代中国政治时局的影响。

本研究的不足也很明显。首先，由于受研究阶段和研究对象复杂性的限制，不能穷尽相关的第一手资料，无法做到历史学要求的"完全"，使复辟政治具体运作过程的分析受到限制。其次，由于关于复辟现象的研究论著和资料缺乏，加上复辟现象不是一个容易研究的对象，在准确把握和驾驭"复辟"内涵及其类分标准的能力方面存在不足，致使本书对复辟现象的分类解释不够充分。

第一章
帝制复辟与中央权威的构建

第一节 "复辟"概念之剖解

"复辟"一词常常用来表示"恢复""回复"之意,用来描述某一种事物或情形的恢复或重新出现。这种认识在人们头脑中已成一种定势。在此认知定势下,人们习惯将一切含有"恢复"特性的事物或状态都称为"复辟",而对复辟一词的缘起、基本内涵、指涉范围、基本特点等问题的追问似乎变得不再必要。这容易导致我们对"复辟"意指对象认知的模糊。

为了准确把握和限定研究对象,本书尝试对"复辟"本身的缘起、基本内涵、指涉范围及类型意义等进行追问和分析。而这一切又必须首先从复辟的"文本"意义谈起。"复辟"一词,出自《尚书》。《尚书》《咸有一德》篇有云:"伊尹既复政厥辟"①,是指太甲无道,伊尹将其放逐于桐宫,三年后,太甲悔过,复归于亳,伊尹于是还政太甲,故后人称已废之君得复其位为复辟。从辞源学上讲,"复"即"恢复"之意,"辟"则是指"君主";所谓"复辟",就是

---

① 《尚书》(孔传,四部丛刊初编经部)卷四,《咸有一德》第八。

指下台的君主重新复位；泛指被推翻的统治者重新掌权或被推翻的制度复活。① 分析"复辟"的文本语义，我们可以发现，"复辟"是一个动宾结构的动词短语，具有约定俗成的政治含义，具体指"下台的君主重新复位"，后来泛指被推翻的统治者重新掌握政权或被推翻的制度复活。

基于这一约定俗成的含义，可以将"复辟"分为两种类型：君主（王朝）的复辟和制度的复辟。而君主有宪政体制下的君主和封建体制下的君主之分，制度又有具体政治制度和根本政治制度之别，所以对这两种复辟类型的理解必须明确区分各自的语境：是古代语境下的"复辟"，还是近代语境下的"复辟"。对"革命"不同含义的区分又恰恰是分析不同语境下"复辟"的最好支点，因为不同含义的"革命"所变革或推翻的内容和领域不同，决定了复辟的内容和领域也不同。

一 儒家视野下的"革命"与古代语境下的"复辟"

据考证，"革命"一词，最早见于《易经》。《易·革》云："天地革，而四时成。汤武革命，顺乎天而应乎人，革之时大矣哉！"其后，《晋书·王敦传》又云："昔汉祖以神武革命，开建帝业，继以文帝之贤，纂承洪绪。"可见，中国古代"革命"一词的原意是变革以顺应天命，古代认为帝王受命于天，就把朝代更替称为"革命"。儒家视野下的"革命"，又称王朝的革命，是指依靠暴力完成对现政权的颠覆，根据行动主体的不同，王朝革命可以分为政变、起义或造反。儒家视野下的"革命"不是现代政治学意义上的社会革命、政

---

① 参见《辞源》，商务印书馆，1983；冷玉龙等主编《中华字海》，中华书局、中国友谊出版公司，1994；倪文杰等主编《现代汉语辞海》，人民中国出版社，1994；翟文明等编《现代汉语辞海》，光明日报出版社，2002。

治革命，它特指符合天意、道义的改朝换代，是王朝、君主、名号、正朔及若干政策的变换、统治者的激烈更替。而且，儒家视野下的"革命"往往与儒家的"天命"观相生相伴，并构成了一个完整的解释体系，二者共同构成了古代革命论的内在结构："天命"强调专制君权的神圣性、绝对性，"告诉人们在位之君的权力是神圣的，它来自天命而非人力所能决定"；革命告诉人们"天命、人心决定着君主的去留，君主无德则天命弃之、人叛之"[①]。可见，古代"革命"着重解释和论证的是王朝更替的必然性、合理性及新兴王朝占据最高权位的合法性。那么，在这一解释体系下，"革命"的各种构成要素有了一系列的严格规限：革命发生的原因是现政权失去了道义上的合法性，天命发生了转移；革命的主体必须是受天命者即获得天命的圣人，这种对革命主体的严格限定强调"革命"的领导人必须是"王者"；革命的对象是失去天命的暴君；革命的动力则是王者重新受命于天；革命的目标仅仅是推翻皇帝，使有德者居于王位；革命的结果是王权再造或重建王权；革命的实质是新君代替旧君。[②]

这种对革命构成要素的严格限制，彰显了儒家视野下的"革命"的政治功能。王朝革命强调的是帝王权位只属于"历数在躬者"，帝王权位既不能由常人随意觊觎，又不永远属于一家一姓，君主享有天命、维护道义则为正统。这使古代"革命"具有较强的规范功能、批判功能和调整功能，它论证了一家一姓王朝的相对性、暂时性的同时，更强调君主制度的绝对性、永恒性。分析古代"革命"对原因、结果、目标的限定，我们可以发现，儒家视野下

[①] 刘泽华主编《中国传统政治哲学与社会整合》，中国社会科学出版社，2000，第345页。

[②] 刘泽华主编《中国传统政治哲学与社会整合》，中国社会科学出版社，2000，第341~345页。

的"革命"通过对旧朝制度的否定和新朝制度的重新崇拜，构建了仅仅规约王权的政治规范。对于人君的限制不是在法律上而只是在道义上，"所望者只是多出圣主贤君，君主能够自己好，倘若人君不好，也只能说'革命'一件事是合乎道德的，却不能说革命一件事是合乎法律的，并且革命之后，也只是从一个君主换到另外一个君主"[①]。因而，与王朝革命伴随的既不是社会性质、社会结构和价值观念的根本改变，也不是政治制度的重大变更，而只是领导权的激烈更替和政策的有限调整。

可见，儒家视野下的"革命"引发的只是政治体系的调适性变迁。所谓调适性变迁是指"政治制度中的具体角色的确定、参与其中的各个群体的结构，以及在某种程度上，政治制度的某些具体规范和设置的变迁"[②]。王朝革命未能导致政治秩序的基本象征和制度的根本性转型。与王朝革命伴随的常常有三种情形的变化：一是统治者具体目标的明显变化，二是不同阶层权力地位的相对变化，三是具体行政机构的增减变动。而这三种变化从未突破既存的制度框架。就古代中国而言，起义和王朝革命"都引起了中华帝国的制度和地域结构的大量细节的变动，并且联系着不同群体或不同地域相对权力地位的许多重要变化，然而，它们并没有改变政治秩序的基本结构，没有改变政治制度与社会其他主要制度领域的基本关系的性质"。[③] 因此，金耀基先生认为："古典中国行的是君主制，任何政治的变迁都只限于人事的变更，而非政治秩序的更迭。在中国历史只有人民忍无可忍

---

① 金耀基：《从传统到现代》，中国人民大学出版社，1999，第19~20页。
② 〔美〕S.N. 艾森斯塔得：《帝国的政治体系》，阎步克译，贵州人民出版社，1992，第317页。
③ 〔美〕S.N. 艾森斯塔得：《帝国的政治体系》，阎步克译，贵州人民出版社，1992，第332页。

的时候来反抗暴君，而非反抗政治的原则。"①梅笃斯（T. T. Meadows）也把反抗暴君道德称为叛乱，把反抗政治现行原则称为"革命"②。儒家视野下的"革命"反抗的正是暴君的道德，而固守的恰恰是现行的政治原则，这使中国古代长期呈现"一言兴邦，一言丧邦""一治一乱，一乱一治"的历史循环，并由此形成了一种"有道"与"无道"的王朝循环逻辑。

在此逻辑下，改朝换代的"革命"一次次地给政治带来转机，成为王朝政治化解社会矛盾、进行自我调节的主要手段，却不突破君主制度的框架。所以，台湾学者彭怀恩在评价儒家视野下的"革命"时指出："中国传统社会有着相当稳定的循环往复性。一个旧王朝灭亡了，新王朝又按照固定模式重演一遍，历史舞台上伴随帝王将相的角色不断改姓换人，弹唱的总是旧谱老调。一般而言，中国历代政权的更迭，并非革命，只是'改朝换代'。原有政权的崩溃并非意味着造反者希望变更体制的运作规则，而是对效忠对象的改变。"③可见，古代"革命"只是社会系统内部的一种变迁过程，并不改变社会系统的性质，其显性功能是打倒了当权者，而其隐性功能则恰恰维系了社会系统的生命，所以它可以被看作社会系统消解内部紧张的一种适应机制。

综上分析，儒家视野下的"革命"意指实施社会变革以应天命，促进了政治体系内容两个层面的变革：一是人事上的变更。王朝革命实现了当权者的激烈更替，使新君主代替旧君主，新朝替换旧朝，同时，在"一朝天子一朝臣"逻辑的驱使下，新君更换朝臣，重构新

---

① 金耀基：《从传统到现代》，中国人民大学出版社，1999，第19~20页。
② Meadows, Thomas Taylor, *The Chinese and Their Rebellions*, London: Smith, Elder, 1856, p. 25.
③ 彭怀恩：《民国初年的政党政治》，洞察出版社，1989，第17页。

的君威。第二个层面是具体规范和制度上的有限调整。在朝代更换中，新朝只限于调整封建政治秩序的具体规范和符号象征，并不改变封建政权建制的根本原则。所以，古代"革命"之后，政治体系的统治模式、统治关系并没有实质性的改变。儒家视野下的"革命"所变革的这个层面决定了此时期复辟的类型和性质：人事上的变更决定了王朝复辟的目的不是改变政治权力本身，而是改变政治权力的掌握者；具体制度的有限调整决定了制度复辟的内容只是某些具体规范的恢复。

可见，古代"革命"的发生是一种周期性的政治震荡，这种周期性的政治震荡强调的是重建正统和法统的根本。而封建时代所发生的王朝复辟现象，揭示的恰恰是王朝更替中的非正统现象，即复辟的发生往往彰显了当朝政权的非正统性，如王莽建立的新朝和武则天建立的周朝，都是不合正统的王朝，紧随这两个王朝之后的是前朝的"复兴"，而前朝"复辟"的合理性和正统性是以新莽王朝和武周王朝存在的"不合理性"为前提的。因此，封建语境下的复辟固守和追求的仍然是君主制度的绝对性，这样，王朝复辟同儒家视野下的"革命"一样，具有了对王朝更替中君位继承是否正统的评判功能，而这恰恰维系了原有社会系统的生命。

二 近代意义上的"革命"与近代语境下的"复辟"

对古代语境下的复辟性质和内容的分析，为本书分析近代语境下的"复辟"排解了不必要的困扰。

近代意义上的"革命"剔除了"周而复始"之意，而被赋予获取理想秩序途径的含义，具有自身独特的内涵，并具体表现为两种形态：政治革命与社会革命。本书所言的近代"革命"主要指政治革命。关于政治革命的内涵，马克思主义者从革命发生的社会根源和社会形态的根本变革的意义上进行了阐释。如列宁曾指出："从马克思主义观点来看，革命究竟是什么意思呢？这就是用暴力打碎陈旧的政治上层建筑，即打碎那种由于同新的生产关系发生矛盾而到一定的时候就要瓦解的上层建筑。"① 毛泽东也曾强调："革命是暴动，是一个阶级推翻一个阶级的暴烈的行动。"② 从马克思主义对革命的阐述来看，政治革命就是以阶级为政治主体的旨在推翻另一阶级的政治统治的暴力行动，是实现政权迅速变更、用一种政治体系取代另一种政治体系的激烈的变革。③

美国学者亨廷顿从政治参与的角度来界定政治革命，他认为所谓革命就是指"对一个社会据主导地位的价值观念和神话，及其政治制度、社会结构、领导体系、政治活动和政策，进行一场急速的、根本性的、暴烈的国内变革"。④ 而"一场全面的革命包括摧毁旧的政治制度以及旧的正统模式，动员新的集团进入，重新界定政治共同体，接受新的政治价值观和新的政治合法性概念，由一批新的、更有生气的政治精英人物取得政权，创立新的、更强有力的政治制度"。⑤ 同时，亨廷顿特别强调了近代革命的时空特性，他认为革命是"现代化的一个方面。它不是在任何类型的社会中或在其历史上的任何阶段上都可以发生的。它不属于一个普遍的范畴，而只是一种有限的历史现象"。⑥ 台湾学者彭怀恩表达了类似的观点，并把政治革命划分

---

① 《列宁选集》（第1卷），人民出版社，1995，第631页。
② 《毛泽东选集》（第1卷），人民出版社，1991，第17页。
③ 王浦劬主编《政治学基础》，北京大学出版社，2005，第379页。
④ 〔美〕塞缪尔·P.亨廷顿：《变化社会中的政治秩序》，王冠华等译，生活·读书·新知三联书店，1989，第241页。
⑤ 〔美〕塞缪尔·P.亨廷顿：《变化社会中的政治秩序》，王冠华等译，生活·读书·新知三联书店，1989，第282页。
⑥ 〔美〕塞缪尔·P.亨廷顿：《变化社会中的政治秩序》，王冠华等译，生活·读书·新知三联书店，1989，第242页。

为三个阶段:"(1) 对于现存政治制度的急速破坏;(2) 将新的团体动员到政治圈;(3) 建立新的政治制度。"①

尽管他们界定政治革命的角度不同,但都认为政治革命不仅意味着政治统治权的激烈更替,而且还意味着政治制度及其政治理念的根本变革。近代意义上的"革命"与古代语境下的"革命"的内涵截然不同,它脱离了周而复始的含义,强调"打破旧阶级的支配,用新支配阶级的势力,改造法度,所以这个时候的改造,不但是量的改造,而且是质的改造"②。可见,近代革命的发生中断了王朝循环的逻辑,其构成要素也不同于古代"革命":革命的主体是体制外的群体;革命目标不只是实现统治权的更替,而是根本改变统治关系和基本政治原则,建立新的政治秩序;革命发生的原因是革命者不认同旧政权的政治原则,并以一套新的文化义理作为合法性的依据,对旧政权的基本价值和政治建制加以质疑和挑战;近代政治革命的结果是变更国体和政体,改变政治系统的基本结构与基本规范,建立新的政治制度。

近代意义上的"革命"所引发的是政治体系的整体性变迁,即国体与政体的根本转型。整体性变迁"就是指政体转型的变迁",这是一种"政治制度的'整体性的'或'不可调适性的变迁'",其特点"不仅在于不同角色和群体的变迁,而且也在于政治体系的基本规范、象征和价值取向的变迁"。③ 在这种类型的变迁中,政治象征和意识形态的连续性被打破,既存政治体系的基本规范被新的政治规范、框架和象征所代替。可见,近代意义上的"革命"突破了既

---

① 彭怀恩:《民国初年的政党政治》,洞察出版社,1989,第31页。
② 萨孟武:《三民主义政治学》,新生命书局,1931,第125~126页。
③ 〔美〕S. N. 艾森斯塔得:《帝国的政治体系》,阎步克译,贵州人民出版社,1992,第317页。

有制度框架，不仅改变了政治秩序的基本结构和基本象征，而且改变了政治制度与社会其他主要制度领域的基本关系性质，进而引发了政治制度的根本性转型，即国体和政体的改变。由是，近代"革命"变革政治体系的内容有两个层面：一是统治权激烈更替且政权性质发生根本变化，君主专制政体的象征皇帝或国王被打倒，王朝政权被推翻，法理权威代替了君主权威；二是国体和政体发生变更，资产阶级共和政体代替封建君主专制政体。与此对应，近代语境下的"复辟"也有两种形态：王朝的复辟和制度的复辟。王朝复辟即旧统治者的复辟，是君主专制政体及旧王朝的复辟；制度复辟即传统权威结构的复辟，是君主专制政体的制度运行机制的复辟。当然，王朝复辟中也出现了一些封建制度的恢复，制度复辟也存在着新王朝权威的构建。为了分析方便，本书依据复辟目标的主要指向进行类型划分。

近代化进程中复辟与近代革命的消极性和新政权的政治建设能力密切相关。作为一种暴力性的政治行动，近代意义上的"革命"不是一个普遍的范畴，而是在早期现代化进程中发生的，具有明显的时空特性。同时，革命是传统社会现代化的一种重要手段，更是政治发展的一种非常规方式。一般来说，"革命的政治历史功能是更新和加强权力"[1]，以强大的政府代替软弱的政府，这种强大的政府是"政治体制中权力集中以及更具重大意义的权力扩大这两者的产物"[2]。但是，近代意义上的"革命"以急速的、暴烈的方式完全摧毁旧的社会秩序以及旧的政治制度体系后，由于新旧政治结构、政治价值以及新旧权威转换的"时间差"的存在，革命后的政治社会往往呈现出一种文化失范、权力真空、权威危机甚至是权威断裂的状态。革命

---

[1] Bertrand de Jouvenel, *On Power*, Boston Beacon Press, 1962, p.218.
[2] 〔美〕塞缪尔·P.亨廷顿：《变化社会中的政治秩序》，王冠华等译，生活·读书·新知三联书店，1989，第286页。

第一章　帝制复辟与中央权威的构建

后的这一断裂状态和裂变式的社会分化逐渐使共同体的生存更大程度上依赖政治,其中政治意识形态和政治制度在维系共同体生存上的地位和作用变得至关重要,对这种秩序危机的缓解和解决的程度如何直接关系新政权的前途命运。可见,培植政治系统生存能力,有效维持政治体系生存,成为革命后社会政治发展的首要问题。

然而,革命后的新政权往往由于政权建设能力的不足,无力克服和解决革命后的秩序危机,这使新型政治体系的生存能力危机产生,并面临着维系的政治困境。在近代革命实现传统社会向现代社会转型的过程中,以下几种情形交替出现:一是传统权威结构的复辟;二是军事独裁和武力政治;三是创立新的权威结构,以便反映权力在革命造就的政治体制中的分布和总量方面的基本变化①。本书主要分析传统权威机构的复辟。根据本研究对复辟内涵的界定和类分,传统权威结构复辟具体可以分为两类:传统统治者的复辟和传统权力机制的复辟,即王朝的复辟和专制制度的复辟。其中,英国的斯图亚特王朝复辟(1660)、法国的两次波旁王朝复辟(1810、1814)和中国的清王朝复辟(1917)代表了传统统治者的复辟;拿破仑建立的新朝帝国和袁世凯的洪宪帝国则属于专制制度的复辟。但拿破仑的新朝帝国与袁世凯的洪宪帝国有根本不同。虽然,拿破仑从共和制倒退到君主制度,颠覆了资产阶级政权的政治外壳,是历史的倒退,从这个意义上说,拿破仑是反动的;但是,拿破仑响应了资产阶级希望恢复秩序、稳定政局的要求,制定《拿破仑法典》,把资产阶级革命后刚刚诞生的现代化社会的经济生活条件制度化,并且把资产阶级社会革命的成果又推向前进,因此,可以说拿破仑只是复辟了旧的政体,却保存甚

---

① 〔美〕塞缪尔·P. 亨廷顿:《变化社会中的政治秩序》,王冠华等译,生活·读书·新知三联书店,1989,第286页。

至发展了新的国体，因而拿破仑又是进步的。正如马克思所说，拿破仑所做的一切都是为了奠定现代国家的基础，即保障"资产阶级社会无阻碍的发展"，完全符合那个时代的客观要求，因而拿破仑帝国"是法国革命的最后阶段"。袁世凯的洪宪帝制则是民国的一个危机，因为袁世凯在重新恢复和重新构建传统君主专制统治中，几乎摧毁了资产阶级革命的所有成果。洪宪帝制的发生导致了民主共和政治的危机，逆转了中国政治发展的方向，并使中国早期现代化的进程一度出现在共和制政体与帝国及王朝复辟中徘徊交替即"不停地从一个政治危机卷入另一个政治危机"。[①]

相比而言，古代语境下的"革命"和"复辟"都不会改变既有政治体系的基本规范和根本政治原则，它们的发生符合当时的主流价值，因而只存在正统与否的价值评判。而近代语境下的"复辟"则是一个不易研究的对象，因为复辟的本质在于其处于世界史上重大社会政治变革发生的转折点上，而这种重大变革即是以近代革命为主要手段的传统君主专制政体向民主政体的转型。从某种程度上说，由于新旧制度转换的"时间差"的存在，资产阶级革命之后往往伴随着集权政治现象的发生，这种集权政治有的是共和制外壳下实行的军人独裁，有的则干脆抛弃共和而复辟君主专制。近代革命追求的是民主、共和、宪政等"普世价值"，而封建复辟运动所诉诸的是君主、专制、人治等传统的价值，恢复的是旧专制原则和专制秩序，这是对近代主流价值的颠覆和对新型政治秩序的反动。因此，在近代革命语境下的"复辟"是一种反现代化的行为。就广义的复辟而言，复辟现象的确在某种程度上存在于一切国家的某一历史阶段，如封建时代

---

① 〔美〕劳伦斯·迈耶等：《比较政治学——变化世界中的国家和理论》，胡泳浩、冯涛译，华夏出版社，2001，第160页。

的复辟、近代革命后的封建复辟以及一战和二战后民主化朝非民主化回潮的现象。可是，近代语境下的复辟政治，却只发生在一个由封建者的专制政治向资产阶级的民主政治过渡的阶段。在那个过渡阶段，封建官僚与资产阶级互相争夺着对国家社会的支配权，因而都在伸张自己掌权的合法性和有效性，复辟现象是在新旧精英的博弈中发生的，彰显了近代政治转型过程中政权建设的冲突和张力。

总之，复辟政治作为一种阶段性的政治现象，是在近代世界从封建君主专制向资本主义民主政体转型过程中发生的，是政治不发达的产物。而作为一种逆政治发展的复辟政治，它意味着恢复旧的国体和政体。在这一过程中，个人行为尤其是领导者的行为在复辟的发动和发生过程中固然起着主要的作用，但是从任何角度看，置身于政治活动中心的中央政权才是各种政治要求所诉诸的对象。因此，分析复辟的一个核心问题就是理解革命后中央政权的本质，以及中央政府是如何按照不同精英的政治目标组织起来的，但遗憾的是，这一点一直被忽略。本书所要分析的问题就是从革命后中央政权建设和中央权威构建的角度，来重新审视民国初年的帝制复辟现象，探讨其背后蕴含的客观逻辑。

三 辛亥革命之"革命"性格与民国初年的帝制复辟

1911年的辛亥革命属于近代意义上的"革命"的范畴，而根本区别于中国传统式的叛乱和王朝革命，辛亥革命具有真正"革命"的性格：它以推翻封建君主专制政治形式、建立民主共和政治为目标；以有别于儒家之义理架构的新的价值系统——三民主义——为构建新型政权的指导思想；辛亥革命的结果是不仅打倒了当权者，而且推翻了中国两千多年的君主专制政体，使中国开始了由"朝代国家"向"民主国家"转型的进程。换言之，辛亥革命结束了中国两千多年的以皇帝一人终身担任国家元首且世袭的君主专制政体，从政治上宣告了王权至上的君主制统治的终结，辛亥革命第一次使中国从天下性的文化社会变成政治性的现代国家①。

但是，辛亥革命"使无所不包的普遍王权的一元结构突然解体后，不但没有产生出一个现代型国家，而是分裂出大大小小的传统型权力中心，形成严重的政治权威危机"。② 辛亥革命后，政治社会呈现出一种失范、权力真空、权威危机甚至是权威断裂的状态，对这种秩序危机的缓解和解决的程度如何直接关系新型政权的生存状况。然而，革命后的新型政权往往由于政权建设能力不足，无力改变和解决革命后的政治秩序危机，使得新的政治体系的生存能力出现危机，新型政权出现维系困境，于是，近代中国在由传统社会向现代社会转型的过程，出现了传统权威结构复辟的两种形态：1915~1916年的洪宪帝制和1917年的清室复辟。前者是传统权力机制的复辟，简称君主专制制度的复辟，后者是传统统治者的复辟，简称王朝复辟。对于复辟形态的分类和区分，正如前文所强调的，本书是根据复辟的文本定义以及复辟的主要内容来区分的。袁世凯的帝制运动恢复了传统的权力运作机制（即传统权力机构的设置、权力配置关系的改变），而袁世凯本人不是清王室的一员，不是下台的君主，他所构建的是新的洪宪王朝；1917年的清室复辟以下台的君主复位为标志，并恢复了清朝时代的一些制度，但这些制度并没有来得及运作。因此，本研究就有了对民国初年复辟形态的区分，下文将对这两种形态的君主制运动进行比较分析，比较分析的目的有两个：一是更加明确本书的研究对象，二是再次印证本研究视角选取的合理性。

① 金耀基：《从社会系统论分析辛亥革命》，转引自张玉法主编《中国现代史论集·第三辑》，联经出版事业公司，1980，第109页。
② 罗荣渠：《现代化新论》，北京大学出版社，1993，第302页。

根据布莱克的观点，传统领导阶层的权力向新的领导者转移时，是整个政治现代化过程中最危险的一刻，因为在任何一个国家里，这种"权力转移"都将是其最大的政治斗争。① 只是，经过南北议和，在清帝宣布退位之际，有大批的清朝官员进入新政权中，使新旧领导层的权力转移在意义上甚为含糊，这使得政权结构具有"有限"的民主性质，在共和政权内部出现保守与激进两种势力。这两种势力和倾向阻遏着中央权威的构建，保守势力留恋帝国时代中央权威的象征——君主，激进势力则追求共和时代中央权威的象征——国会，他们各自在争夺着自己的正统，于是在民国初年的政局动荡中，保守派势力发起了两次君主制的运动，但这两次君主制运动所诉诸的对象不同，发生的方式不同。洪宪帝制运动，是由掌握中央政权的以袁世凯为首的军阀官僚集团发起的，其诉诸的对象是建立洪宪王朝，恢复以君主政体为象征意义的中国传统政治秩序，以解决其中央权威构建中的危机，并将这一政治秩序命名为中华帝国，而不采取像大清国那样的传统王朝的名称。同时，由于这一股保守势力本来就掌握着中央政权，因而在策划和恢复帝制中大多采用"合法"的手段，即强调其传统权力的获得是诉诸"民意"。清室复辟活动自民国建立后就一直存在，在革命浪潮冲击下失去中央权势的清朝旧贵族官僚，在思想深处怀有深厚的眷恋清朝的意念，一直企图重新攫取权力。1917年北洋军阀政府内部的政治纷争为他们提供了复辟时机，以张勋为首的旧贵族旧官僚集团利用"府院之争"所造成的缝隙，意在恢复大清王朝，以非法的、政变的方式发动了复辟运动。虽然这两次复辟发生的方式不同，却从不同的角度深刻地暴露了自清末以来一直存在的中央

---

① 〔美〕C.E.布莱克：《现代化的动力》，段小光译，四川人民出版社，1988，第68页。

权威的危机不断加剧的趋势。袁世凯的帝制运动从中央政权的角度反映了民初中央权威构建的危机，张勋复辟则从地方政权的角度反映了民初中央权威构建的政治困境。这两次复辟相隔不久先后发生，也具有某种逻辑关联，正是袁世凯政权权威构建的失败导致了统治集团本身的裂变，不同的统治集团又竞相开始构建中央权威的正统，但是这种争夺本身具有强大的裂变能力，斗争的裂变能力更加剧了中央权威的危机，从而加速了共和国的危机到来，于是就有了清室复辟势力重建传统中央权威的运动发生。

正是注意到这种逻辑关联，本书选择了袁世凯的帝制复辟即洪宪帝制作为研究对象，并把中央权威的建设作为分析的切入点。袁世凯的洪宪帝制不仅是民国的一大危机，而且是北洋军阀盛衰的关键。我们将它作为近代中国政治转型过程中的一个指数和显示器，系统考察和分析袁世凯政权权威构建中的危机，以窥见中国政治转型中的困境，从而揭示出民初共和政治的脆弱。

第二节　中央权威的构建：转型期政权建设的基本要求

一　转型期构建中央权威的紧迫性

一般而言，任何国家的中央政府在整个国家权力体系中，都被赋予最高政治权力，而且中央政府自身拥有的权力不能分散和削弱，其拥有支配全国各地的思想理论权威、政治领导权威和经济管理权威，并且拥有属于国家主权范畴的、地方势力无权染指而且不可分割的军事权威和外交权威，从而成为对国家实行政治领导和经济、社会管理的强大支持力量。而"权威关系是支撑政府的基石，权威对政府之要紧，如同交换对市场制度之要紧一样"。① 所以，中央政府在国家权力体系中所拥有的最高政治权力必须依靠权威关系的有效支撑。中央权威，就是中央政权的政治管理主体地位得到了社会力量的认可和支持所表现出来的对政治管理客体的制约能力，它是一个国家政治稳定和政治发展的基础。

世界各国的现代化历史也表明，任何现代化的变革都必须保证一定的政治权威尤其是中央权威的生存和维系。在近代政治转型时期中央权威的建构和维系更有紧迫性。在由传统君主专制政体向现代民主政体的近代转型中，政治结构、政治价值、社会结构都面临着从传统到现代的基本嬗变，这一嬗变的实质是一个从有序到无序的正反结合过程，具体表现为原有政治秩序和原有社会分层界限被打破，社会政治组织的重组以及政治体系的重新整合，其间的政治角色转换、价值嬗变、利益分化、体制瓦解形成了一股强大的"无组织力量"，进而产生无序与混乱，转型中所存在的新旧势力之间的矛盾冲突，更导致了政治上的不稳定和社会危机。这就需要一个统一的强有力的中央政府以其最高领导地位及其威信来制衡各种权力、平衡各种利益和关系，重新构建新的政治秩序，并缓解体制瓦解所造成的秩序危机。革命后国家建设的最低层次是国家的生存，国家生存的首要条件是强有力中央权威的生存和维系。即使民族国家建立后，如果没有相对的政治稳定，没有政府能力的提高和中央权威的形成，统一的、政治上一体化的民族国家就不能巩固。因而，中央权威问题是近代政治转型时期需要高度重视的政治问题。

"以传统政治权威形式来推行集权政治，来抗衡西方挑战，是传

---

① 〔美〕C. 林德布洛姆：《政治与市场——世界的政治-经济制度》，王逸舟译，上海三联书店，1992，第 14~15 页。

统专制主义国家走向现代化的历史起点。"① 然而在近代转型中,由于中央权威得以体现的前提与基础发生了根本转换、中央权威的客体——地方的利益主体——地位的强化,以及中央权威的类型和结构的转化过渡、行政组织结构的变迁,中央权威处于弱化状态,而中央权威的弱化不仅严重影响中央政府对社会生活的整合能力和行政能力,而且也是导致国家政治分裂、政治解体的重大隐患。中央权威的弱化使近代转型一直处于逆境状态,而在艰难转型现象的背后,权威的有效性和合法性的张力所引发的国家权威的危机是潜在的决定性因素,通过分析世界近代化的历程,这是不难得出结论的。由此产生了另一个自然的逻辑结论:有效中央权威的存在和维系对于成功转型及国家建设具有至关重要的意义。因此,强有力中央权威的构建构成了所有时期政权建设的核心和关键。

二 合法性与有效性:中央权威赖以存在的两个支点

有效性与合法性是中央权威赖以存在的两个支点。从严格意义上说,有效性不等同于合法性,在本书中,合法性是指中央政府统治或治理的资格和权利,亦即中央政府统治的统治模式和统治秩序与其所处时代社会价值规范的相容程度;而有效性是指中央政府统治的程度和能力。二者在中央权威的构建过程中起着不同的功能性作用:合法性主要是指价值评估层面,有效性则是工具性的;合法性关注的是中央政权统治的资格和权利,提供政治秩序的存在形态和核心组织原则,有效性关注的则是中央政权生存的能力,提供现存形态和原则的可行程度;合法性关乎政治体系的长远稳定,有效性则直接关乎政治统治者一定时期的权力更迭。二者之间的矛盾互动关系直接决定着政

---

① 萧功秦:《危机中的变革》,上海三联书店,1999,第18页。

权及其代表者存在和延续的可能空间。

(一) 合法性：中央政府统治或治理的资格和权利

合法性是一个十分复杂的概念，不同领域的学者对合法性有不同的理解和界定。

在经验主义者看来，合法性意味着社会大众对政权的认同和服从。利普塞特认为："任何政治系统，若具有能力形成并维护一种使其成员确信现行政治制度对于该社会最为适当的信念，即具有统治的合法性。"① J. 罗斯切尔德则认为："政治系统统治的合法性，涉及系统成员的认知与信仰，即系统成员承认政治系统是正当的，相信系统的结构与体制及在既定的范围内有权使用政治权威。"② 但这种认同与服从并非统治者单向作用的结果，而是离不开民众自觉的认识活动。

规范主义者哈贝马斯不认同这一界定，在他看来，经验主义的合法性概念"是根据那些该统治的人对其合法性的相信来衡量的，这是一个'相信结构、程序、行为、决定、政策的正确性和适宜性，相信官员或国家的政治领导人具有在道德上良好的品质，并且应该借此得到承认'的问题"。③ 哈贝马斯从历史和文化的角度界定了合法性的内涵，认为："合法性意味着某种政治秩序被认可的价值——这个定义强调了合法性乃是某种可争论的有效性要求，统治秩序的稳定

---

① S. M. Lipset, "Some Social Requisites of Democracy: Economic Development and Political Legitimacy", *American Political Science Review*, Vol. 53 (March 1959), p. 86. 转自胡伟《合法性问题研究：政治学研究的新视角》，《政治学研究》1996 年第 1 期。

② J. Rothschild, "Political Legitimacy in Contemporary Europe", in B. Benitch (ed.) *Legitimation of Regimes*, Beverly Hills: Sage Publication Inc., 1979, p. 38.

③ 〔德〕哈贝马斯：《交往与社会进化》，张博树译，重庆出版社，1989，第 184 页。

性也依赖于自身（至少）在事实上被承认"。① 由此，哈贝马斯将合法性作为一种国家制度或者政治秩序可能具有的属性，并强调这种被认可的价值与一定历史时期的社会规范相联系且能被该时期的社会规范有效证明。

总之，对合法性的理解上二者有不同的侧重：经验主义者强调政治秩序在"事实"上被认同，规范主义者则强调政治秩序合乎价值规范。虽然各位学者对合法性的界定不同，但都强调了合法性所具有的心理倾向色彩即人们内心的一种态度，因而"合法性不只指'统治的合法权利'，而且更主要的是'统治的心理权利'"。② 法国学者让-马克·思古德将这种共同点称为"对治权的认可，即治理的权利"。③ 可见，合法性首先指涉统治权利。

在本书的研究中，合法性是指中央政府的统治模式和统治秩序与其所处时代社会价值规范的相容程度。它包含两层意义：（1）中央政权的统治模式与秩序符合社会历史发展的规律和要求，而值得认可。（2）但"值得认可"并不等于被认可，因为"统治的合法性一方面为政治系统的一种属性，其特别与政府结构的绩效有关，取决于系统能力的主要因素"④，所以现任中央政府必须比其取代的前任政府更为有效地处理和解决当前的问题才具有合法性。这就提出了有效性对权威构建的重要意义。

---

① 〔德〕哈贝马斯：《交往与社会进化》，张博树译，重庆出版社，1989，第206页。
② 〔美〕迈克尔·罗斯金等：《政治科学》，林震等译，华夏出版社，2001，第5页。
③ 〔法〕让-马克·思古德：《什么是政治的合法性》，王雪梅译，《外国法译评》1997年第2期。
④ L. W. Pye, "The Legitimacy Crisis", in L. Binder eta L. (eds), *Crisis and Sequences in Political Development*, Princeton University Press, 1977, 135.

（二）有效性：中央政权统治或治理的程度和能力

何谓有效性？一般认为，有效性的内涵也多指经济绩效，但有效性并不仅仅指经济绩效，它具有丰富的内涵。

不同的学者对"有效性"的界定不同。利普塞特认为："有效性是指实际的政绩，即该制度在大多数人民及势力集团如大商业或军队眼中能满足政府基本功能的程度。"[①] 阿拉嘎帕认为："有效性是政治权力在为提高共同体和集体利益时的有效运作。"[②] 弗里德里奇则认为，有效性是指一种成就偏好，指政治权力主体取得的成就如战争的胜利、国家的繁荣、社会的安定和秩序等。[③] 在本研究中，有效性是指中央政府作为国家权力主体满足对社会进行政治管理或政治统治的需求或能力。

中央权威的有效性可以从中央政权所维持自身稳定存在和发展的各种能力来测量和体现：（1）中央政府的财政汲取能力。任何组织的生存与发展都离不开一定的物质资源供给，尤其是财政来源，财政汲取能力是中央权威的基础，是中央政府能力的核心，也是实现其他能力的基础和保证。[④] 中央政府作为一种高级形态的政治组织，要维持军事力量、庞大的官僚机构、推行政策都离不开一定的财政资源。正如有的学者所指出的："如果国家财政规模较小，国家权力必然受到限制"。[⑤] 中央政府所具有的汲取能力低下，直接引起人民对中央

[①] 〔美〕西摩·马丁·利普塞特：《政治人：政治的社会基础》，刘钢敏等译，商务印书馆，1993，第53页。

[②] Muthiah Alaggapa, *Political Legitimacy in Southeast Asia-The Quest for Moral Authority*, Stanford University Press, 1995, p. 30.

[③] Carl Friedrich, *Man and His Government An Empirical Theory of Politics*, NY: McCraw-Hill, Book Company Inc., 1963, p. 236.

[④] 王绍光、胡鞍钢：《中国国家能力报告》，辽宁人民出版社，1993，第6页。

[⑤] 〔日〕猪口孝：《国家与社会》，高增杰译，经济日报出版社，1989，第11页。

政府普遍性的"不认可"和"不认同"的信任危机,并导致社会调控能力下降,甚至有可能出现国家的分裂和社会解体的情形。(2)中央政府的贯彻能力。贯彻能力是指国家领导者和政府机构对中央的、基层的政治行为者和社会团体实施的有效行政的能力,它首先表现为中央政府提供规范以及此规范畅通无阻地贯彻到基层的能力;其次表现为中央政府快速高效地处理或授权地方处理社会上各种需要政府出面干预的事务的能力。(3)中央政府的强制能力。是指国家运用军事力量、法律和行政管理方面的制度化手段维护其统治地位以及实现政治稳定目标的能力。(4)中央政权的合法化能力。是指国家运用政治符号在属民中制造共识,进而巩固其统治地位的能力,政府通过意识形态的调控,增强整个社会的凝聚力。也即国家对个人、集团及其行为进行规范,建立以成文宪法为核心的法律框架体系,从而调节各利益集团的矛盾和冲突,以实现社会发展目标的能力。[①]

中央权威的有效性,直接关涉中央政权的生存及政治转型的进展,然而,在近代转型中大多中央政权存在严重的权威有效性的危机。有效性危机具体表现为:(1)中央政府的财政汲取能力受限,财政危机日益加剧中央财政的衰竭。税种不是处于中央政府的控制和管理之下,中央财政基础日益分散,经济权力发生由中央向地方的倾斜,中央政府控制地方财政的能力逐步丧失,这使中央政权的统治缺乏相应的物质基础。(2)中央政府的调控能力和强制能力受限,面临着无法克服的渗透性危机。中央行政运行效能下降,甚至出现一定程度的失控,这首先体现在国家机关相互关系之间,以及中央政府对地方政府的宏观调控能力弱化、政策得不到有效的贯彻。尤其体现在

[①] 王绍光、胡鞍钢:《中国国家能力报告》,辽宁人民出版社,1993,第9页。

中央军权的下移，地区性组建私人军队的观念以及士兵忠于指挥官的观念一直保存了下来，地方军事首脑拥兵自重，势力迅速坐大，形成了同中央分权的重要力量。中央没有重新获得对全国所有军队的集中控制，使得中央权力在推进现代化过程中缺乏相应的暴力后盾。再者，地方离心力量崛起，更是打破了中央集权的定格，从根本上动摇了中央政权既有的权威基础。（3）中央政府的合法化能力受限，面临着合法化危机——政权内部利益不同导致程序认同冲突、意识形态上存在着严重的断裂以及公众信任感的下降。

中央权威有效性的缺失直接导致政府权威连续性的危机和中央政权统治者短期的权力更迭，最终导致中央政权的中心地位的下降。而中央政权中心地位的下降使中央政府不能有效履行其最基本的政治功能：对外避免或消除外来的侵略和压迫，有效地捍卫主权；对内形成和维护一个稳定的政治经济秩序。革命后政权生存和维系的困境由此产生。

三 合法性与有效性的张力：近代转型中构建中央权威的困境

在本书中，"张力"指的是在近代政治社会转型中，政权的合法性与政治制度的有效性之间的一种相互制约、矛盾冲突的紧张关系。这种紧张关系凸显了政权、当权者、政治制度之间的相互影响、制约的紧张关系。

由于统治者执政的权威性从来不是自然形成的，而是公共权力掌握者着力塑造的结果，一个政治体系如果在掌握政权之后能有效地取得和维系其合法性，将大大有助于该政权的运作和政局的稳定。因而，任何居于统治地位的执政者，必须能在一定程度上构建和保持合法性与有效性之间良好的互动关系，才能拥有日益增长的治理资源和治理能力，进而奠定其治理国家和整合社会的现实基础。也只有保证执政有效性与合法性的良性互动，中央权威才能维系和生存。

但在现实政治生活中，尤其是在"二元与冲突"的政治社会中，合法性与有效性的良性互动关系往往很难产生，甚至出现互相否定、消解的趋向，这将导致中央权威的难产、政局动荡甚至国家的分裂、解体。下面我们就分析一些合法性与有效性的一般关系，以及在近代转型中二者之间的张力情势。

一般而言，中央权威的合法性与其有效性之间呈现出既相互影响又错综复杂的关系。利普塞特指出合法性与有效性之间存在一种非线性关系：合法性是有效性的前提和基础，有效性是合法性的实现程度和诉求；有效性并不一定带来合法性，而合法性也不必然需要有效性；没有合法性的有效性是依赖暴力的，缺乏有效性会导致合法性基础的丧失。就具体的政治制度来说，统治的有效性将对该制度的稳定与否产生直接的影响，"即使一种政治制度具有合理的有效性，如果在任何时候主要保守群体的地位受到威胁，或在关键时期新兴群体被剥夺参与政治的机会，该制度的合法性仍将成为问题"。如果一个政治制度"一再地或长期地缺乏有效性，也将危及合法制度的稳定"。[①] 对于有效性与合法性之间的这种正相关性，罗斯切尔德也进行了分析，他指出：如果政治体系能长期满足成员的需要和利益，也可赢得统治的合法性；同时，即使一传统的政治体系完全拥有统治的合法性，但如其长久以来表现得昏庸无能，亦会渐渐蚀耗其合法性[②]。日本学者山口定认为，从长期角度来看，即使缺乏合法性的政治体制，只要它能成功地满足人们对"效用"的期待，其"效用"不久就可

[①] 〔美〕西摩·马丁·利普塞特：《政治人：政治的社会基础》，刘钢敏译，商务印书馆，1993，第56页。

[②] J. Rothschild, "Political Legitimacy in Contemporary Europe", in B. Benitch (ed.) *Legitimation of Regimes*, Beverly Hills: Sage Publications Inc., 1979, pp. 38-39.

能转化为合法性；反之，如果长期在满足"效用"方面连续遭到失败，那么这很可能会使其原来具有的合法性受到损害乃至全部丧失。①

合法性与有效性之间的这种复杂的相关性彰显了政府、制度、政权之间的紧张关系。C. 贝伊认为："政府存在的理论基础，决定其权威施用的合法范围，以及人民服从与忠诚政府的幅度，就取决于其能否满足人民的需要。"② 因此，如果一个政府长期以来始终不能满足人民的需要，这种政府就不可能有可靠的合法性，特别是当一个政府长期不能解决民众生活贫困问题，不能有效地塑造国内秩序缓解失范与冲突，以及改变当前不利的国家环境时，该政府的合法性将会丧失，其政权也将随之垮台。

对政治制度而言，其存在的直接目的就是维护社会秩序，为社会创造一个稳定的环境，政治秩序是政治制度追求的最基本的目标。因而，作为一种制度，首先更能维持政治秩序，否则就没有存在的理由，而且也不可能存在。而要使一种政治制度有效地维护政治秩序，必须要赢得其合法性基础，树立政治权威，获得公众的承认、接受和认同。而合法性的产生和维护除了需要执政者的个人品质、规范的运作规则以外，更多地基于政治制度本身内蕴的道德理想和人们对其的信念的力量，但这种信念与价值短期难以形成。

总之，从动态的角度看，如果一个政权具有很高的合法性，那么其实际统治的有效性就能获得深厚的支持，而该政权实际的有效性反

---

① 〔日〕山口定：《政治体制》，韩铁英译，经济日报出版社，1991，第 216~218 页。

② C. Bay, "Needs, Wants and Political Legitimacy", *Canadian Journal of Political Science*, Vol. 1, No. 3 (Sept., 1968), p. 24. 转引自胡伟《合法性问题研究：政治学研究的一种新视角》，《政治学研究》1996 年第 1 期。

过来又能巩固其合法性，从而形成良性循环；然而如果一个政权的统治长期缺乏应有的有效性，该政权就有可能失去执政的地位，甚至最终丧失自己以往的合法性。与此相对，一个合法性不足的政权也可能因为其有效性而获得并维持"相当的合法性"，但如果有效性长期得不到满足，该政权原本就不足的合法性只会更加弱化而加速倒台的步伐。同样，有效性一再丧失或长期丧失，也会危机一个合法系统的稳定性，导致政治系统的崩溃。

在此张力之下，无论哪一类型的政权，都极其尖锐地面临着中央权威构建中的困境。在近代中国的政治转型中，大多政权的合法性与有效性始终处于张力状态，这不但导致该政权的权威合法性降低，在政治上难以形成一个能进行有效统治的中央权威，更直接造成该政权生存和维系的危机。

四　合法性与有效性的张力：近代中国构建中央权威的困境

近代中国在由传统君主专制政体向现代民主政体的转型中，政治角色转换、价值嬗变、利益分化、体制瓦解形成了一股强大的"无组织力量"，进而产生无序与混乱，转型中所存在的新旧势力之间的矛盾冲突，更导致了政治上的不稳定和社会危机。合法性是对治权的认可，而对治权的认可是基于政治价值倾向上的共识，不同势力、不同阶层在政治理念、程序上的认同程度很低，而对有效性的认同程度却很高，而在当时内外交困下的中国，有效性主要体现在秩序重建和政治稳定以及国家的生存上，因而合法性越来越取决于政府的实际作为。这就需要一个统一的强有力的中央政府以其最高领导地位及其威信来制衡各种权力、平衡各种利益和关系，重新构建政治秩序，并缓解体制瓦解所造成的秩序危机。

因此，对于面临着主权危机、国家领导力量严重衰败的危机以及国家严重分裂危机的近代中国的现代进程而言,建立一个强有力的中央政府来实现国家统一,进而为中国现代化进程启动和推进注入强大的政治行政动力更具有重要性和紧迫性。然而,纵观19世纪末20世纪初的中国,政权的合法性与有效性较为普遍地出现了不同程度的张力。这种张力造成了权力权威的真空和国家主导力量缺失的困境。

1. 国家权力处于不断分散、弱化和下移的状态,一个强大的国家权力体系始终未能形成,这直接导致中央政府对整个社会的管理和行政控制的效能不足,并由此失去了驾驭全局的能力

近代以来,晚清政府在对付外来势力挑战和内部动荡危机的过程中,中央行政控制权发生了由满族贵族向汉族地主的转移和由中央政权向地方政权的下移。南京临时政府的中央控制权力也处于不断流失的状态。清末民初的中央政权已难以形成一个能进行有效统治的政治权威。

中央权力的下移首先表现为中央军权的旁落。马上取得天下的清王朝,深知军队的重要性和危险性,对军权控制严格,防范严密,在兵制上不但采取八旗、绿营亲疏之分,而且运用使兵将相隔、军政分离、带兵权与财权分离之法,以防止地方将吏拥兵自重。面对太平天国农民起义军的挑战,拥有精锐武装的八旗、绿营等国家军队却无力应付,一击而溃。清政府不得不广开兵源,主要以办理地方团练为主,于是,曾国藩经营的湘军、李鸿章的淮军、袁世凯的新军等地方性武装相继崛起,军事地方化程度步步加深。在此过程中,兵为国有的兵制逐步被改变。曾国藩的湘军将兵将分离的世兵制改为募兵制,将宗法制、等级制贯穿其中,采用由主帅、将领、统领、营官、什长、士兵逐级递选办法,形成一个指臂相连、逐级服从、只对统帅一人效忠的私人军队。由此,兵随将转、兵为将有的兵将间关系开始形

成,与此相随的是,由于"以本省之钱粮,作为本省之军需"①的各省筹饷政策的实施,饷权也逐步转移到带兵将帅之手,原来军饷由国库发放,现在由带兵将领发放,这就打破了清代"兵为国有"的局面,致使军队与国家间关系发生了变化,军队逐渐归带兵统帅所有。这样,湘军以及一仍其制的淮军、新军都变成独立于兵部的地方武装,并逐渐代替国家军队而成为维系晚清政府统治的主要军事力量。地区性组建私人军队的观念以及士兵忠于指挥官的组织和精神"由湘军传给了淮军,淮军又传给了北洋军"②。由此,中央军权开始旁落,兵部尚书徐寿衡无奈地说:"我兵部惟知绿营兵数,若其勇营练兵,各督抚自卫之,吾兵部安得知之。"这种中央军权的严重丧失,表明清朝中央控制军队的能力严重削弱,王统政权的可靠支撑已开始动摇,相反,地方军事势力极度膨胀,导致地方军事首脑拥兵自重,势力迅速坐大,形成了随时可能与中央政权分庭抗礼的重要力量。总之,晚清时期的朝廷再也没有重新实现对全国所有军队的集中控制,清政权的强制能力处于危机状态。

南京临时政府也同样面临着军事控制弱化的情形。辛亥革命后成立的南京临时政府面临着以北伐形式统一全国的任务,但是光复后的各省地方军政府林立,军事体制极度不统一,而南京临时政府由于缺乏经费发不出军饷,无法组织强有力的军队,更有甚者,革命政权时刻面临着军队解散的危险。孙中山在《复章太炎函》中就流露其忧虑和无奈,他说:"先生等盖未知南京军队之现状也。每日到陆军部取饷者数十起,军费用票,非不可行,而现金太少,无以转换,虽强迫市人,亦复无益。年内无钜宗收入,将且立踣,此种情形,寓宁者

---

① 向达等编《太平天国》,神州国光社,1952,第186页。
② 蒋廷黻:《中国近代史大纲》,东方出版社,1996,第96页。

俱见之。"① 当时甚至有缺饷军阀以哗变威胁临时政府，宣称："政府乃军队出力而后有之，今陆军部止允北伐饷五万，仅来一万，余其在宁之三营及总司令部，开支无着，请于总统，总统委之陆军部，部又不能应，军队乏饷即溃，那时只好自由行动，莫怪对不住地方。"② 连临时政府所在地南京也发生了哗变事件，李书诚回忆道："当时最感困难的问题是南京拥有十余万军队，军费没有来源……我不得已，只得把南京军队的伙食从干饭改为稀粥。以后连稀粥也不能维持了，乃将南京城的小火车向上海日商抵借二十万，暂维现状。某夜，江西军俞应麓所部突然哗变，在南京城内肆行抢劫。经请广西军王芝祥军长派队弹压，到天晓才平定。除由军法处将罪据确凿的犯兵予以惩处外，其余均遣送回籍。经过这次兵变，我才认识到有兵无饷的危险。"③ 可见，在南京临时政府时期军事地方化程度加深的趋势不但没有缓和反而加剧了，革命政权也没有获得对全国军队的集中控制，因此，南京临时中央政府同样面临着地方军事势力分权势力的挑战和强制能力虚弱的危机，这使革命政权在与晚清政权的对峙中处于无力状态，也是南京临时政府不得不接受南北议和的重要原因。

中央权力的下移其次表现在行政人事权上。晚清时期，清政权的用人大权也逐步下移。原来清朝文武官制各有定额，对地方官的任免也有严格规定。如三品以上官员，黜陟之权属于皇帝；四品以下官员，分别由皇帝、吏部（文职）或兵部（武职）、地方督抚掌管，界限分明，彼此不得牵混。但由于农民起义的猛烈冲击，原属于中央集权的地方系统出现了严重的断层，用兵省份官吏多推诿不就，职位空

---

① 《孙中山全集》（第二卷），中华书局，1982，第85页。
② 张怡祖编著《张季子九录·政闻录》，文海出版社，1983（影印本），第197页。
③ 毛注青编著《黄兴年谱》，湖南人民出版社，1980，第182页。

缺，最后咸丰帝不得不明降谕旨："遇有克复地方，即由军营派员暂为管理。"① 这样由军官出任地方文职官吏的先例一开，朝廷的任命权便无形中缩小，而地方军队的用人权却在逐渐膨胀，这使得集权制的用人体系遭到破坏。在战争中，督抚们为奖励军功，不仅大量提拔与举荐心腹亲信出任地方官，有时还常以军备紧急为由，任意奏保、弹劾地方官员，甚至保荐督抚大员，请调京官，干预朝政。而清廷为了倚重地方武装镇压农民起义，几乎有保必准，很少驳议，更顾不得原来的分配定额。这样，原来严密的中央任免系统逐渐瓦解，用人大权渐渐落到地方督抚手中。清王朝的垮台使得地方势力一时盛极，那些地方主义者乘机"在其乡土自组政府，握有军权、控制财源，建立起自主权力为基础的统治基础"。② 随后，基于权力既得后的自保心理，各地方势力对新国家的建设提出了联邦制的架构，使临时政府组织的基础在于各省的联合。作为中央象征的"国会"之议员的产生，是以省为单位选出，以代表各省意见并选举总统、副总统③，这种由各省都督派各省代表组成联合会选举总统、副总统的事实，使人认为指派各省代表的都督和各省议会，才是当时国家法理上的主权者。④ 临时大总统行使任命国务员以及外交专使的权力都须得到参议院之同意，而参议院本身是由各省都督派代表组成，各省都督具有明显的地方主义色彩，为了利益自保，严格控制用人权，因而独立之初，各省自行立官分职，俨然具有独立国之形象。这一倾向充分体现在各省都督的自治宣言中，如赵尔丰宣布"今日以后，四川归四川

---

① 《清文宗实录选辑》（卷194），大通书局，1984，第11页。
② Franz Michael, *Regionalism in Nineteen-Century China*, Introduction to Stanley Spector; Li Hung-Chang and Huai Army, *A Study in Nineteen-Century Chinese Regionalism*. p. XXI, Rain-bow-Bridge Book Co. Press, 1973.
③ 胡春惠：《民国宪政运动》，正中书局，1978，第25页。
④ 《论制定宪法与主权之关系》，《北京民国报》1913年1月14日。

人自治，军队多为四川子弟"①，又如沈秉堃在广西独立后的演讲中也提到"广西地方乃广西人之土地，本应由广西人主持"②。对人事权的掌握在福建省《都督府大纲》中有更明确的表现，在第三条中规定都督府下设司令、参谋、军务、民政、外交、财政、交通、司法各部，除司令部称总长外，各部均称部长，其中更值得注意的是司令部下，又设立中央司令官与地方司令官二种，前者是指福建省本身之中央司令官，而后者则指各府道镇守军长官③，这无异于将福建的都督府视为福建的"中央"。可见，南京临时政府时期，国家真正之政治重心，已转移到地方都督，在人事权力的行使上，中央受制于各省的情形较多，而各省听命于中央命令者少。这使南京临时政府行政运行效能下降，革命政权对地方政府的调控能力弱化、政策得不到有效的贯彻，中央政府面临无法克服的渗透危机。

2. 中央政府提取社会资源的能力正处于下降状态，各类社会团体与中央政府不断争夺各类资源，大量资源脱离国家控制

中央政府所能支配的财政经济资源、中央政府的财政收入在国民生产总值中所占份额不断下降，这意味着中央控制社会和地方政府能力的下降，这使国家行使其权力和履行其职责的能力受到极大影响。

财政大权的下移使得晚清政权面临着严重的财政汲取能力的危机。在鸦片战争前，在清政府的财政收入结构中，田赋是晚清政府的主要收入来源，户部有制天下经费之权，各重税收之款，须报明户部听候调拨，即使督抚也不得专权。在经过列强的掠夺和战争消耗以及农民起义的冲击后，清政府已经无力承担庞大的军费开支以及灾区赈

---

① 周开庆：《四川与辛亥革命》，四川文献研究社，1964，第322页。
② 《开国规模》，正中书局，1962，第232页。
③ 《福建都督府大纲》，转引自胡春惠《辛亥前后的地方主义》，载《辛亥革命研究论文集》，1983，第56页。

济，于是采取了允许各地"就地筹饷"的厘金制度，这一制度实际上赋予了各省督军控制财政的合法权力，于是统兵大臣和各地督抚自行掌握地方财政大权，最后出现了"厘金并不完全掌握在中央政府手里，地方当局扣留了厘金收入的大部分，上交北京的也许只占20%"①的情况。随着厘金制度的实行，地方财政独立的趋势日趋明显，地方自行支配本省剩余资金，而且原本由户部、吏部掌管、地方无权过问的捐纳权也被地方掌控，于是出现了"设局遍各行省，侵蚀勒派，私行减折"的局面②。此外，地方当局纷纷以地区采矿权、筑路权为抵押举借外债，并进而形成自借、自用、自还的地方财政系统。这表明中央对财政的控制已相当衰弱。1909年初度支部奏陈统一财政办法时透露："臣部有考核外省庶政议准议驳之权，此无论旧制新章，同一事理。乃近年各省关涉财政之件，例如新筹一款，往往事前既不咨商，用后亦不关白，常有巨款出纳，日久竟不报部，莫可究诘，……且有款已挪用，无从弥补，明知正项必不能拨，并不咨商，径行具奏，以冀仰邀俞允，追阅邸抄，而臣部始知有其事。"③可见中央执掌财政的度支部已经形同虚设，中央财政体系不断削弱。与之相对的是，地方的财政与税收系统却日趋完备。在中央与地方财政地位的上述变化中，大多税种不是处于中央政府的控制和管理下，而是受省抚院和总督的控制，经济权发生由中央向地方的倾斜，主动权也就由中央转移到地方。从此，地方政府几乎完全控制了收缴厘金、改革田赋等地方财政大权，甚至扣除交往中央的税收，使得中央

---

① 〔美〕吉尔伯特·罗兹曼主编《中国的现代化》，国家社会科学基金"比较现代化"课题组译，江苏人民出版社，1988，第44页。
② 赵尔巽等撰《清史稿》（第12册），卷一〇六至卷一一九，志87，选举7，中华书局，1976。
③ 彭雨新：《清末中央与各省财政关系》，见李定一等编《中国近代史论丛》（第2辑第5册），正中书局，1981，第9页。

政府控制地方财政的能力逐步丧失①。财政控制权的丧失直接导致了中央权威的政治和行政效能危机。

南京临时政府同样无法摆脱财政大权旁落及由此产生的汲取能力的危机。南京临时政府自成立之日起，就面临着比晚清政府更为严重的财政控制能力的危机，临时政府的生存面临着严重威胁。首先，临时政府可汲取的资源在不断流失。在武昌起义前，清政府的财政收入中，大宗是田赋、关税、盐税和厘金，此外还有数量较小的官业杂税收入等。这些税收中，解归中央的是关税、盐税的全部，田赋的大部分和厘金的小部分，其余为各省留用。武昌起义后，各省纷纷独立，所有田赋、盐税和厘金都被各地军政府截留。临时政府曾要求各省报解田赋，无奈它对各地军政府缺乏必要的束缚力，直至临时政府北迁，财政部只收到锡金一个军政府交来的2500元税款。② 海关关税每年有3000多万两，历来是政府的重要收入，但此时的海关收入已作为外债的担保。为了避免列强干涉，获得它们的外交承认，武昌起义后不久，湖北军政府就首先正式通知各国驻汉口领事，承认清政府以前所订立的各项条约继续有效，并答应各项借款、赔款仍按期缴付，各独立省份也先后发布了同样的声明。但辛亥革命爆发后，1911年11月和12月海关关税收入大约减少31%和24%，同时各省负担的外债和庚子赔款的偿付也全部停止，这使在中国拥有大量债权的西方金融市场产生了恐慌：在伦敦、巴黎等地的中国债券市值跌落了2个至3个百分点③。于是，列强以担保债务为由，将各地海关税款全部截留。唯一能提供大宗收入的就剩下两淮盐场。在清代旧制下，所有盐的生产销售都属于政府专营，由清廷派专员一手把持。南方各省独

---

① 许纪霖、陈达凯主编《中国现代化史》，上海三联书店，1995，第99页。
② 《孙中山全集》（第二卷），中华书局，1982，第62页。
③ 胡滨译：《英国蓝皮书有关辛亥革命资料选译》，中华书局，1984，第341页。

立后，地方军政府直接控制了本地盐场，北方盐场尚在清廷掌控之下，临时政府所能控制的只有邻近的两淮盐场。它是中国最大的盐场之一，所属15个盐场，每年产销2235万两。形形色色的军队都视淮盐为利薮，"常扣盐船，不给盐价，致运商畏缩，屡催罔效"。① 财政部为了控制全部盐税，委任张謇为江苏、两淮盐政总理，规定所有江苏省松、太与淮南、淮北各盐厂，湘、鄂、皖、赣凡关涉运销之事，用人行政统归总理办理，盐款全部用作军费开支。但各地对中央的法令均置若罔闻：湖北军政府在扬州设立催运淮盐公所，通知鄂岸盐商，凡运盐之先，应在该公所报明花名及盐斤数目，并由该公所缮发护照，征收盐税；安徽军政府派员自运圩盐自卖，从中渔利，并因此同沪军军政府特许的太和公司发生冲突。② 这种政出多门的状况使得盐商观望不前。

综上可知，传统的田、关、盐、厘四大收入只剩下部分盐税收入，临时政府的财政已经到了入不敷出的地步。据胡汉民回忆，"一日，安徽都督孙毓筠以专使来，言需饷奇急，求济于政府。（孙）先生即批给二十万，余奉令至财政部，则金库仅存十洋"。③ 临时政府的汲取能力的"羞涩"，使得南京临时政府缺乏支付建构行政制度和机构的行政花费的能力，各部门的基本行政开支一直捉襟见肘，据1912年7月20日公布的政府公报，当年1~4月临时政府行政经费开支为银圆1423.4万余元，规平银321.4万余两，其中总统府开支银圆41.5万余元，规平银23.6万余两；财政部银圆67900余元，规平

---

① 张怡祖编著《张季子九录·政闻录》，文海出版社，1983（影印本），第203页。
② 《孙中山全集》（第二卷），中华书局，1982，第87页。
③ 《胡汉民自传》，引自中国社科院近代史研究所编《近代史资料》总第45号，中国社会科学出版社，1981，第58页。

银1.2万余两；外交、内务、教育、实业、司法、交通等部门开支分别为12000余元、53000余元、7100余元、17000余元、24900余元、24000余元；参议院62000余元；法制院8800余元①。整个行政开支也仅仅占政府总开支的7%左右。南京临时政府从秘书长以下，每月仅领薪水30元。孙中山也不得不承认："现在中央财政极形困难，而整军北伐，在在需款，殊深焦虑。"② 财政部更是表示它对庞大的开支已无能为力："各部院成立伊始，用度实繁，纷纷来部请领者，几有日不暇接之势……支领各款，为数颇巨，筹措维艰，第百端待举，既需款之孔殷，而应付稍迟，辄责言之交至，统筹出入，挹注无方……但仰屋彷徨，术穷罗掘。"③

面对中央财政脆弱无力拨款的情形，独立各省为了弥补亏空、筹集饷糈，解决自己的财政困难，开始自行发行军用钞票。据黎元洪事后报告，湖北省曾将原省官钱局印就未发的钞票，启封加盖军政府印信后广为发行，前后共计2000多万。④ 广东军政府原广东官钱局也印就未发之新票，加盖军政府财政部印信发行，以度财政危机。综计起兵各省，诸如江西、湖南、四川、安徽、浙江等省，均曾发行军用钞票，数额多者千万以上，少亦三五百万不等。⑤ 这无疑会对中央的财政收入造成冲击。例如上海使用本地军钞，南京临时政府发行的钞票的使用就遇到了阻碍。⑥

---

① 《政府公报》1912年7月20日。
② 《孙中山全集》（第二卷），中华书局，1982，第62页。
③ 中国第二历史档案馆编《中华民国史档案资料汇编》（第2辑），江苏人民出版社，1981，第285页。
④ 中国社科院近代史研究所等编《武昌起义档案馆资料选编》（上），湖北人民出版社，1981，第371页。
⑤ 中国人民银行总行参事室编《中华民国货币史资料》（第1辑），上海人民出版社，1986，第24页。
⑥ 中国科学院近代史研究所编《辛亥革命资料》，中华书局，1961，第194页。

3. 中央财政控制权、军事控制权和行政控制权力等大权的旁落，直接导致地方军政势力的崛起以及国家力量中心化、集中化程度下降。地方政府开始成为具有自己独立利益的实体，地方主义倾向加剧，在权力和利益的问题上，中央与地方的关系呈现一种刚性状态

在晚清时期，由于中央大权下移，地方的军权、财政和行政权则不断扩大，地方督抚逐步成为左右晚清政府并与中央集权对抗的强劲地方政治势力，督抚专政局面的形成打破了中央集权的定格。地方分权系统的形成造成了地方的集权化倾向，而地方的集权反过来又威胁着中央的集权。在地方集权过程中，地方督抚个人成为各项权力的汇集中心，以至于作为督抚的曾国藩毫不隐讳地说："长江三千里，几无一船不张鄙人之旗帜……各处兵将，一呼百应。"[1] 李鸿章任直隶总督兼北洋大臣，权重一时，"五洲万国人士，几见有李鸿章，不见有中国"。[2] 袁世凯督直隶时，"举吏、户、兵、工四部之权，一人总摄"。[3] 督抚如此权重，以至于中央凡重大政策及改革方案的制定，都必须有督抚要员参加或征得督抚的认可。袁世凯督直隶时，凡朝廷大政，必"由军机处问诸北洋"，才能做出决定，梁启超因之称天津督署为"中国第二政府"。[4] 这说明督抚除在地方拥有全权外，在中央亦有实际的决策权。针对地方权力的这种尾大不掉之势，康有为有着无尽的担忧，他说："夫立国之道，兵食为先，而财政、兵政皆散在各省，如何筹饷，如何练兵，如何开军械局，如何开银行，如何铸钱币，一皆听各省督抚之各自为谋，为者听之，不为者亦听之。一

---

[1] （清）黎庶昌编《曾文正公年谱》卷5、卷9。
[2] 梁启超：《饮冰室合集·专集》（第2册），中华书局，1941，第3页。
[3] 刘锦藻：《清朝续文献通考·三》兵18，卷219，商务印书馆，1936，第9659页。
[4] 李宗一：《袁世凯传》，中华书局，1980，第150页。

兵、一卒、一饷、一糈，朝廷皆拱手而待之督抚，督抚又皆以保疆圉为辞，言之有故，持之成理。"① 地方对中央大权的逐层渗透及中央集权的无力，不但导致过去统一的、整合的集权体制遭到瓦解性的破坏，而且使得中央与地方之间的刚性关系由此形成，权力系统内部的分散离心趋势日渐明显，在此刚性关系的状态下，"内轻外重"的局面形成，进而导致封建大一统的权力网络呈现出严重的分散化态势，而1900年东南各省督抚公然漠视朝廷的对外宣战诏书，私自与西方列强达成所谓"两不相扰"的东南互保协议就是一个有力的明证。《东方杂志》有一篇文章曾形象地描述了督抚专政造成的分散化态势："乃观于吾国政府，朝发一令曰，宜率此而行，外省置之不顾也；夕下一谕曰，宜以此为戒，外省依然如故。查询事件，则迟延不复；提拨款项，则借词抵抗。"② 随着实力的扩张和增强，地方势力开始抵制中央集权的控制，"东南巨族大家，冠盖相望，州县每有兴革，凡不便于绅士者，辄倡为议论，格而不行"。③ 因此，在此刚性关系中，晚清中央政权大一统的集权政治面临着严重的有效性危机。

为了克服中央权威有效性的危机，晚清政权推行了旨在加强中央集权、实现社会整合的"新政"，然而，这一集权措施的实施却收获了悖反性的结果：在中央政权内部，满族贵族所采取的排斥汉族集团的集权措施反而导致中央内部反叛精英的离心；在地方推行的地方自治，反而给士绅提供了强化自己权力的有利契机，于是士绅开始渗透到各级地方政权中，使传统的集权网络发生断裂，地方势力在扩大自

---

① 蒋贵麟主编《康南海先生遗著汇刊（十四）·官制议》，宏业书局有限公司，1987，第90页。
② 《论中国欲自强宜先消融各种界限》，《东方杂志》4卷，第5期，商务印书馆。
③ （清）黄六鸿撰《福惠全书》卷23，保甲。

身利益的过程中，首先控制了谘议局的选举。而选举章程对议员财产、资望、出身、学历的限制，都有利于士绅在选举中独占鳌头、控制各级地方自治机关的大部分领导权。由于规定了现任官吏、军人、巡警不得当选，各地谘议局便成为士绅的专利议政机构，地方与中央之间的对抗和冲突日益恶化。时论亦对此表示担忧："唯是就各地方之利益，各省自谋而自治之，吾恐地方之见愈深，而全国内部将有分裂之隐患也。何者？地方自治在谋本地之利益耳。唯其然也，故其所计划，恐不免有与他地方之利益互相冲突、且不免有与国家行政之方针互相冲突者。"① 因此，清廷重建中央权威有效性的努力落空了，中央权威仍然处于不断流失和弱化的状态，处于此种情势下的清政府缺乏必要的权威基础，无法使自己有效运转，而面临着严重的合法性危机和治理能力危机。在此状态中，地方势力则试图以革命的方式来重新构建中央权威的有效性，以填补晚清中央权力和权威所呈现出的真空状态。

而革命后的南京临时政府虽然建立了"总统制"的民主共和体制，形式上确立了"强大"的总统权力，但并没有真正建立起全国性的中央权威，政治失序，自立体系，基层政权更是趋于混乱，陷于失控状态，这个当时最具有现代组织形式的政府却缺少必要的权威基础，无法使自己有效运转。"内轻外重"，地方势力的坐大，是清王朝灭亡的一个重要原因，现在则成了革命政府建立中央权威的障碍。武昌起义后，各省纷纷以"独立"为名宣布脱离清廷，先后成立的各省军政府名义上隶属中央政府，但实际上则各行其是，互不统属。新政府治理能力的缺失，使中央无法实现对地方的有效控制，更不能有效地调动军权、财权。对此，康有为评论说："政府号令不出京

---

① 熊范舆：《国会与地方自治》，《中国新报》1907年第5期。

门，派命吏则明拒之，实行法令则笑置之，赋税一无所入，名为学美、法之共和政体，实为无政府耳。"①日本政治家佐原笃介致函朱尔典时也说："南京的共和政体根本不稳定，它没有固定的财政来源，也不能控制其制下各省的财政，事实上，各省自行其是，也不希望有什么中央政府。"②为了克服中央权威的有效性危机，革命政权也想把失去的地方权力重新收归中央，于是也主张实行中央集权制度，然而这种统一全国财政和行政的努力却导致中央与地方的关系更加恶化，于是地方分权势力对抗中央集权的倾向日益明显，临时政府一触及地方的经济利益，就会遭到它们的抵制和反对。结果，临时政府没有足够的权威统一各省的财政、军政和行政，其政令往往不出南京城门。

中央与地方之间的刚性关系一方面体现为地方对中央法令置若罔闻。南京临时政府曾颁布法令对前清的官产和反对民国的清廷官员的财产一律没收，但其并未从接收官产中得到多少利益。南京省藩库的库藏，它没有接收到。③江南造币厂的盈余在苏浙联军攻克南京前，一部分被张勋提出用作城防费，另有200万元被偷运到上海，后来下落不明。④临时政府成立后，立即将江南造币厂改造成中央造币厂，各省造币厂改为分厂，打算铸造银圆、铜圆来支撑财政开支。但是，由于缺乏资金购置银、铜等原料，库存的银铜日益减少，产量也越来越少，1912年1月31日以后，基本陷入停顿。此外，临时政府接收的官产为数甚少。至于私产，大多数为当地军政府和驻军所占有，临

---

① 汤志钧编《康有为政论集》（下册），中华书局，1981，第885页。
② 〔澳〕骆惠敏编《清末民初政情内幕》（上卷），刘桂梁等译，知识出版社，1986，第864页。
③ 徐义生编《中国近代外债史统计资料》，中华书局，1962，第94页。
④ 柴德赓等编《辛亥革命》（八），上海人民出版社，1957，第397页。

时政府没收的实属寥寥。

另一方面体现在地方势力为了保证自己的开支，每个地区都紧握本地税源，抵制中央征缴赋税。南京临时政府虽号称中央，但对各省并无支配力。一是库存空虚，它从清朝地方政府金库中接收的，几乎是一文不名，二是税收又濒于断绝。可见，辛亥鼎革之际，中国的南方和北方财政承袭清末的困窘，就南北两方面而言，南京临时政府又甚于北方政府，再就南方一方而言，中央又甚于地方。这种情况已经使当时的舆论深感民军"拥号称尊，各不相统，即无外忧而已自兆分崩离析之祸矣"。[①] 临时政府财政部表示："本部收入的款，向以全国赋税为大宗。自光复以来，各州县经征款项，应划归中央政府者，虽早经本部通电催解，而各省迄未照前来，以致收入亦无从概算。""即各行省有继续征收者，而机关林立，实成分划之形，事权分歧，甚于前清之世。"[②] 孙中山身为临时大总统，对这种情况却毫无办法，只能呼吁"各都督合顾大局，不分畛域"，[③]"现在民国成立，庶政待举，筹饷犹急。中央负担太重，财政竭蹶自不待言，贵省如能设法，希望不分内外，于岁入项下，速即统筹拨斛，以应急需"。可四川军政府回电却言："各厅、州、县内一应丁粮筹项，无从催收"；江苏都督庄蕴宽回复说："宁属财政，异常之绌……应由（财政）部月给补助费银三十万两"。[④] 结果，直至临时政府北迁，财政部只收到2500元税款。

另外，中央与地方的刚性关系在各省极力反对中央以本地资源抵

[①]《申报》1911年12月2日。
[②] 中国第二历史档案馆编《中华民国史档案资料汇编》（第2辑），江苏人民出版社，1981，第285页。
[③] 中国科学院近代史研究所编《辛亥革命资料》，中华书局，1961，第109页。
[④] 中国人民银行总行参事室编《中华民国货币史资料》（第1辑），上海人民出版社，1986，第13页。

借外债上表现得尤为明显，各地争相利用地方资源换取贷款。如福建都督孙道仁以省内盐税及内地常关税、茶税和封建官钱局财产作担保，向台湾银行借款50万日金；湖南军政府以常宁县水口、龙王两矿为担保向德商礼和洋行贷款100万两；湖北军政府以汉口销厂税和龙角山银锑矿作抵押向德商捷成洋行贷款300万两。① 但是临时政府一提出用地方资源抵借外债，就遭到各地的激烈反对，他们反对的原因与其说是害怕丧失利权，不如说是担心增加本地的负担。张謇就曾极力反对汉冶萍借款，并因此愤然辞去实业总长之职。他说道："汉冶萍之历史，鄙人知之最详，综要言之，凡他商业，皆可与外人合资，惟铁厂则不可。……民国政府建立伊始，纵不能有善良政策，为国民所讴歌，亦何至因区区数百万之借款，贻他日无穷之累，为万国所讥笑。"② 张謇的这一言论更像是与临时政府分道扬镳的声明。以黎元洪为首的武昌军政府自南京临时政府建立时就存在对立倾向。武昌方面获悉汉冶萍借款一事后，立即向孙中山发出通电，表示反对，甚至以临时政府虚糜经费而造成财政困难为由要与临时政府"脱离关系"，日本观察者则恰当地揭示了黎元洪这一行为的真正意图，"武昌、南京双方争执之焦点在于：武昌方面认为，汉冶萍公司纯属盛宣怀之私产，湖北军政府当然有权没收，以为湖北财政之基础，非经湖北军政府认可，任何人不得擅自处理。对此，南京方面则认为汉冶萍公司原系一财团法人，该法人所借之款，中央政府予以转借，毫无不妥之处"。③ 立宪派则乘机拉拢一些不满的革命党人，极力扩大

---

① 徐义生编《中国近代外债史统计资料》，中华书局，1962，第90页。
② 张怡祖编著《张季子九录·政闻录》，文海出版社，1983（影印本），第200页。
③ 邹念之编译《日本外交文书选译：关于辛亥革命》，中国社会科学出版社，1980，第363~365页。

事态。江苏议员杨廷栋、陈陶遗,湖北议员刘成禺、张伯烈等人为此事相继辞职,使得出席参议院会议的议员人数一度降至几乎不足法定人数,令临时政府在政治上极其被动。针对向华俄道胜银行借款一事,江苏都督庄蕴宽更是致电孙中山,表示:"以全国赋税抵借外债,此举无异以全国土地人民拱手授人,除最少之利用此项不正当外债者外,其他中华国民稍有人心者必不承认。违法蔑众竟至此极,可为共和二字痛苦。"他同时宣称要"联合各省,在南北统一政府未成立以前,各种赋税俱归各省迳收,未便任由现政府随意指抵"。"本省参议院全体辞职,即参议院决议案本省无意参预,其间、嗣后院决各件如江苏义务有关涉者,概作无效。"① 直接向临时政府的权威发起挑战。

可见,南京临时政府所采取的一系列建立中央权威的措施不但没有解决有效性的危机,反而恶化了中央与地方之间的刚性关系,临时政府的实权被地方各省都督所架空,这加剧了革命政权的困境。这使作为中央政府的南京临时政府,实际上在行政和财政等方面并无行之有效的统一权,即使是身为临时大总统的孙中山,有时也"政令不出南京城,甚至出不了总统府"②。正是由于中央无威无权,软弱的中央政府面对全国各自为政的局面无能为力,孙中山也产生了"今日中国似有分割与多数共和国之象"的担忧③。面对挽救民族危机、实现对社会秩序的重新构建的历史重任,南京临时政府却不具备强大的资源动员和支配社会资源的能力,无力实现对地方的有效性控制,全国性的中央权威并没有真正建立起来,且中央权威有效性的危机比

---

① 《申报》1912年3月8日。
② 中国人民政治协商会议全国委员会文史资料研究委员会编《辛亥革命回忆录》(第1集),中华书局,1961,第488页。
③ 《孙中山全集》(第一卷),中华书局,1981,第559页。

之晚清政权更是有增无减。正是中央权威有效性的危机彰显了革命政权治理能力的缺失，而治理能力的缺失直接导致共和政权的合法性危机。这意味着共和初期政权领导力量的失败，这一时期，激进共和派或温和共和派皆不是国家领导权的主要力量，共和机制任凭保守势力改造，使得民主共和统治的内涵逐渐淡化，甚至变质，并引发了它的政治脆弱性。

小　结

合法性是对治权的认可，而对治权的认可是基于政治价值倾向上的共识，在处于"全面危机状态"[①]的清末民初的中国，不同势力、不同阶层在政治理念、程序上的认同程度很低，而对有效性的认同程度却很高，这种有效性主要体现在秩序重建和政治稳定，以及国家的生存方面，因而合法性越来越取决于政府的实际作为。因此，对于面临着主权危机、国家领导力量严重衰败以及国家严重分裂危机的近代中国的现代进程而言，建立一个强有力的中央政府来实现国家统一，进而为中国现代化进程的启动和推进注入强大的政治行政动力更具有重要性和紧迫性。而能否建立有效的中央权威以回应现代化所带来的挑战是关系每个政权生死存亡的重要变数。

然而，纵观19世纪末20世纪初的中国，政权的合法性与有效性较为普遍地出现了不同程度的张力，这种张力使近代中国陷入国家主导力量缺失的政治困境。长期有效性的缺失或者有效性的不足瓦解了统治者的合法性，同时也瓦解了这一制度的合法性。

---

① 邹谠：《二十世纪中国政治：从宏观历史与微观行动的角度看》，牛津大学出版社，1994，第50页。

一直面临有效性亏空困境的晚清当局，试图遵循传统危机处理机制，即"变"制度与人事，而不"变"立国理念，来化解内外环境带来的政治危机。但是，在外部生存空间日益缩小、内部立国理念多元化的客观环境下，这种传统的危机化解机制无力克服中央权威有效性的危机，于是晚清当局在中央权威的不断流失中垮台了，随之，中央权力和权威呈现出严重的真空和危机状态。

革命政权建立民主政治制度之后，由于南京临时政府长期以来很艰难地维持着一种较低水平的有效性，无法兑现革命前对民众的承诺，这种有效性不足很大程度上影响了其政治合法性的水平。这使革命政权无力填补晚清政府垮台后的中央权力和权威的真空，更无力重新构建起强有力的中央权威。于是，国家四分五裂的情形依旧，革命党人在政治舞台上的制度改造也渐次落幕，其立国理念和制度框架也未得到确定。

合法性与有效性的张力，剥夺了晚清当局和革命政权的国家主导地位。而如何实现合法性与有效性的良性互动，从而构建一个能够进行有效统治的中央权威，以改变国家权力控制的无力状态？这也构成了新国家执政者无法绕开的政治瓶颈。于是，袁世凯只能按照自己的思路对构建中央权威的范式做出抉择。

第二章
有效性的设计：袁世凯权威合法性重建的政治思考及理想诉求

第一节　二元与冲突：袁世凯权威合法性重建的结构环境

转型期的社会是一个巨大的动态的"连续体"[1]，并呈现"异质性""形式主义""重叠性"[2] 等特质。辛亥革命后的中国社会同样如此。金耀基先生具体形象地描绘了这三特质在中国社会转型期的具体表征[3]："异质性"体现为经济上、政治上、社会上、文化上的杂然并存；"形式主义"是指"什么应是什么"与"什么是什么"之间的脱节，由于人们没有共同的信仰系统，也没有一套紧紧相扣的制度，因此，任何一项措施、一个观念、一种改革，都无法彻底贯彻；"重叠性"主要表现为社会结构的"分化"与"不分化"两种形态，

---

[1] Almond G. A., Coleman J. S., "Functional Approach to Comparative Politics", *The Politics of the Developing Areas*, Princeton University Press, 1960, pp. 6-64.

[2] F. W. Riggs, *The Ecology of Public Administration*, Asia Publishing House, 1961, Chap. 2-3.

[3] 金耀基：《从传统到现代》，中国人民大学出版社，1999，第74~76页。

与之相应的是社会功能上也存在"普化"与"专化"两种形态。在此特征的影响和制约下,民国初年的中国存在着尖锐的利益冲突、规则冲突及观念冲突,社会动荡与政治不稳定就成了民国初年政治社会的常态。传统与现代二元体系的杂然并存和冲突矛盾,构成了中国早期现代化进程中各大政治势力进行政治抉择时所不得不面对的客观情势,同样也构成袁世凯进行权威合法性重建的结构环境。

一 二元的经济结构

19世纪以前的中国,自给性的小农经济占主导地位,商业经济在城市有相当的发展,但也只是自然经济的补充,难与后者抗衡。"中国的城市从来不具有欧洲中世纪城市那种独立于乡村的自立性质"①,城市与乡村、商人与士绅具有难以割舍的社会经济联系,其社会心理、风俗习惯虽有差异,却有着文化上共通的一致性。鸦片战争以后,随着西方殖民主义的入侵,传统农业、手工业一统天下的一元化经济格局被打破,传统农业、手工业分化解体,现代产业开始出现,尤其是沿海地带的城市从古老的传统经济中剥离出来,与传统经济形成彼此封闭、相互排斥的二元格局。近代中国的经济结构二元化不仅体现在经济形态上,还体现在地域空间上的二元和断裂。

19世纪中叶以后,这一越来越深刻的二元社会经济结构影响和制约了中国早期现代化进程。传统经济的解体对于推动中国由传统向现代社会的转变具有重要意义,但是传统与现代经济形态的二元冲突和张力的长期存在,分化和动摇着民国初期政权建设和稳固的经济基础,致使民初政权十分脆弱,且面临着传统与现代的合法性和有效性诉求的双重挑战。

---

① 许纪霖、陈达凯主编《中国现代化史》,上海三联书店,1995,第15页。

二　二元的政治结构

二元经济结构在政治形式上表现为政治结构的二元化，即传统权威体制的消解与现代权威体制的凸显。在西方列强的侵略下，中国传统权威体制不但丧失了维护国家主权和民族利益的能力，而且丧失了进行社会整合维系自身生存的能力，陷入不断解体的窘境。中国传统社会的政治解体，对外表现为西方列强对中国内政横加干涉，中国领土主权步步丧失，尤其是沿海地带租界的存在使行政和司法具有中国与西方双重主权和标准。中国传统社会的政治解体，对内体现在两个方面：一是底层民众反对现存秩序的革命运动风起云涌，严重冲击、动摇了传统社会的政治基础；二是统治阶级内部不断出现分化，以专制君权为核心的中央集权不断被削弱，形成了以军事实力为后盾的地方势力与中央政府分庭抗礼的局面。

在传统权威体制解体的过程中，现代权威体制逐渐建立，代议制度、司法制度以及民主效率原则初步确立。由于新旧权威体制转换时间差的存在，现代权威体制及其政治形式缺乏坚实的支撑基础，其价值与实际运作的脱节现象严重且限制现代权威体制效能的实现，致使国家意志的贯彻在很大程度上不得不依赖传统权威体制，由此，政治体系的构建呈现形式外壳的"现代性"与实质内容的"传统性"交织并存的特质。就政党来看，民国初期政党的基础极为庞杂，大多数成员入党的动机不是基于政治主张和目标的实现，而是基于对自身具体利益的追求，为了追求自身利益的最大化，他们可以加入多个政党，因此，民国初期跨党现象很是普遍。在此情势下，此时期的政党更大程度上只是利益的联盟而非阶级斗争的工具。就政治关系而言，在传统势力的强势影响下亲缘部族仍然是政治关系构建的基础，在开放录用、罢免等现代程序的外壳下，行政权力的分配和运作中传统裙带关系依旧盛行。

在传统与现代交织并存的二元政治结构困境下,"在任何一个阶级或派别的权力集团中,都很难找到能够发挥主导作用的力量。更为常见的是几个阶级或派系共同分享国家权力,竭力做到利益均沾。国家权力成了权力斗争的焦点,没有一个阶级能够在整个社会中占主导地位",① 于是,民国初期传统权威力量和现代权威力量展开了争夺中央政权主导地位的拉锯战。在这一拉锯战中,各种政治建制模式的争执与冲突致使中央政权建设陷入权力衰竭和权威危机的窘境,而任何政治势力又都无力真正成为国家权力的主导者,政治动荡局面由此产生。

三 二元的文化结构

现代化的变迁自然包含着文化层面的结构转换。近代之前,中国本土文化在外域文化的挑战面前一直扮演着主动者的角色,一次又一次成功地把外来文化纳入本土文化的系统之中,形成了文化传播和认同的单向性以及所谓君临一切的以中国为中心的世界秩序观,由此,泱泱大国的自我认识被扩大到了世界范围。然而,在西方文化和价值的冲击下,近代中国进入现代因素与传统因素碰撞交汇的时代,中国文化认同的单向性由此被打破,文化结构呈现出结构与价值的二元张力态势。

第一,儒家文化与西方文化的并存与冲突。在西方冲击下,随着中国社会结构尤其是科举制度的废除、大一统王朝帝国制度的解体和宗法家族制度的式微,以儒学为主流的中国传统思想文化失去了社会基础的有效支撑,以家族、家庭为中心的伦理传统也不断消解。这使

---

① I. Roxborough, *Theories of Underdevelopment*, London: Macmillan, 1979, p.124.

第二章　有效性的设计：袁世凯权威合法性重建的政治思考及理想诉求

得儒学的伦理-政治一体化的人治主义模式失去了现实效用，传统秩序开始分崩离析，新秩序整合却难以实现。由此，近代中国意识形态危机产生并呈现保守主义、激进主义和自由主义鼎足之势。由于各种意识形态之间的论战往往伴随着政治利益的冲突和权力资源的再分配，民初各类政权及政治制度都缺乏充足的意识形态资源支持。

第二，传统权威主义与现代民主主义的并存与冲突。在政治结构二元化的局面下，处于国家政治权力中心的传统精英和现代精英纷纷伸张自己的价值诉求，形成传统权威主义与现代民主主义二元价值并存与冲突的局面。在新旧价值转换时间差的制约下，积淀已久的封建制度尘埃、封建因循思想并未能随民国诞生、政体变更而转变或消失，旧有的思想意识、思维方式以及文化传统仍发挥惯性影响。在此情势下，处于政治边缘地位的广大民众对民族国家更是没有明确的意识，更谈不上对政治国家的认同，民众缺乏"共和民国"常识的现象比比皆是：军人可以把共和国总统比作皇帝，政法学校的学生不知道拿破仑是皇帝还是共和总统，把袁世凯、孙中山比作拿破仑[1]；"于共和国之组织，若选举，若议会，及其他人民对于国家种种应享之权利义务咸不谙熟"[2]；1915年双十节时，上海"悬旗志庆，唯未往年国庆纪年之日与袁总统寿辰举行庆祝典礼之盛"[3]，等等。这些都反映了广大民众在心理上对共和制度的模糊认识，他们并未意识到共和民主与封建专制的差异，更没意识或体悟到经由共和政治而实现的"王朝国家"向"民族国家"转换的意义。

第三，大众文化与精英文化的割裂与对立。民国初期的政治精英接受了西方民主政治的价值取向，并把竞争性的选举和理性的宪法程

---

[1]《申报》1912年4月4日。
[2]《申报》1912年6月1日。
[3]《申报》1912年10月11日。

序作为当政者获取合法性的标准。广大民众却依旧受以世袭地位、宗教习俗以及统治者决策范围和内容等认同取向的惯性影响。这意味着共和政权的社会基础极为薄弱，其政策和社会目标往往只是少数精英人物的杰作，而非大众阶层的真实需要，致使长期被剥夺政治权利的广大民众对共和政治持淡漠态度。他们并不关心是共和制还是帝制，所要求的只不过是平平安安，保证温饱的生活条件，至于普遍参与政事，远在他们的意识之外。当时曾有记者"与农夫田父谈于树林之下，语以代议制度之善及国会选举之不宜草率投票，则皆瞠目而不解，扣其故，则曰：'吾人困土匪、军队之不暇，何暇及其他？'"，在山东，"人们大都对新制度抱着十分冷淡的态度"[1]。由于"看不出革命对他们有什么了不得的好处，所以反对革命或对于革命冷淡"[2]，广大民众对共和政体是疏离的，在他们心中，共和取代专制离他们很远，"今之所谓共和，所谓立宪者，乃少数政党之主张，多数国民不见有若何切身利害之感而有所取舍也"[3]。可见，广大民众的"政治意识在较深层上是模糊的，并且逐渐离开其纯洁性而靠近封建意识"[4]，共和政体的存亡绝续与他们没有太大的关系，上层集团政变频繁发生，下层生活依旧如故。

综上可知，文化结构的二元分化使近代中国面临着文化认同、价值认同甚或意识形态认同危机的挑战。面对各种各样的观念、主张、价值标准，人们无所适从，难以达成对政治系统的基本共识和持认同态度。[5] 在这种限制性情境下，不管是建立在传统还是现代基础上的

---

[1] 胡滨译：《英国蓝皮书有关辛亥革命资料选译》，中华书局，1984，第640页。
[2] 〔加〕陈志让：《军绅政权——近代中国的军阀时期》，生活·读书·新知三联书店，1980，第19页。
[3] 《青年杂志》第1卷第6号。
[4] 许之微：《试析近代农民的政治意识》，《广州研究》1987年第8期。
[5] 邓伟志：《变革社会中的政治稳定》，上海人民出版社，1997，第67页。

权威，都难以获得有效的社会支持，其政权更难以获得稳固的合法性。

四 二元的社会结构

中国传统社会组织结构分为国家机构（官僚阶层）、民间统治阶级（士绅阶层）和普通民众这三个基本的层次。国家机构主要由两个部分组成，即皇权或王权与职业官僚系统；处于第二层次上的民间统治阶级，主要由士绅、贵族和大小不等的地主构成；第三个层次则是普通民众。第三层次的普通民众上升到第一、第二层次的主要渠道就是科举。"科举制的实施不仅改变了职业管理系统和皇权的关系，而且也影响到中国当时民间统治阶级的构成，从而改变了当时中国的基层政治与社会结构"[1]，它把三种组织力量耦合起来，从而形成了一种井然有序的、超稳定的社会关系。因此，"以科举为核心的教育制度与精英选拔制度，既是维系社会精英与政治精英相互依存关系的纽带，也是维系社会各阶层对君主、儒家意识形态和国家权威效忠的基础"[2]。在促使传统社会精英阶层吐故纳新的周而复始的循环过程中，科举制度已经成为一种特殊的且极其重要的社会整合与社会凝聚机制。

正因为如此，科举制度的废止不仅仅是一个制度的废止，而是一种社会形态的终结。[3] 何怀宏先生指出："科举之废除是在'亘古奇变'的20世纪所发生一个最早的重大事件，它的意义要超过一个王

---

[1] 孙立平：《科举制：一种精英再生产的机制》，《战略与管理》1996年第5期。
[2] 萧功秦：《从科举制度的废除看近代以来的文化断裂》，《战略与管理》1996年第4期。
[3] 何怀宏：《选举社会及其终结——秦汉至晚清历史的一种社会学阐释》，生活·读书·新知三联书店，1998，第404页。

朝的覆灭，它也不仅仅是一个延续了一千三百多年的制度的消失，而是还意味着一种起始已有两千多年历史的社会形态（选举社会）的终结，而且还不仅如此，它也许还意味着一个有着更为久远得多的历史的社会形态（等级社会）的终结。"[1] 这是因为科举制度在传统社会结构中不但起着核心纽带作用，而且形塑着社会主导价值观念和行为准则。科举制度的废除为中国一千年的科举取士传统画上了句号，也意味着支配了中国几千年的主导价值观念的根本转换。科举制度是传统中国社会能维持基本稳定的重要支柱，并制度化地形成统一的全国性思想意识市场，这项使传统中国社会政教相连的政治传统和耕读仕进的社会变动落在实处的关键性体制，它的废除导致儒家价值体系的崩溃和四民社会的解体。[2] 从此，近代中国社会各阶层的耦合状态结束，新型社会群体迅速崛起，由于资源掌控和利益取向的差异，社会各阶层或集团在中国早期现代化进程中扮演着不同角色。

第一，农民阶级中出现了脱离原来生存环境和土地、流离失所的社会流民阶层。农民阶级历来是中国社会人数最多但又一直处于社会最底层的一个阶级，这一庞大的社会阶层随着人多地少的矛盾日趋尖锐以及传统生产部门的衰落，生存状况的恶化程度日益加重。西方列强的入侵打破了沿海地区乡村的正常秩序，持续的社会动荡与战乱、土地占有不平等的加剧以及租佃关系的不断恶化，使广大民众的生存难以为继。而辛亥革命后兴起的新军阀和官僚地主纷纷兼并土地，提高农村高利贷利率，致使广大农民陷入生存绝境。在此胁迫下，农民不得不打破终生信守的"安土重迁""顺天安命"的价值观念和生活

---

[1] 何怀宏：《选举社会及其终结——秦汉至晚清历史的一种社会学阐释》，生活·读书·新知三联书店，1998，第423页。

[2] 罗志田：《权势转移：近代中国的思想、社会与学术》，湖北人民出版社，1999，第161~190页。

第二章　有效性的设计：袁世凯权威合法性重建的政治思考及理想诉求

准则而开始流离失所。

第二，地主阶级发生裂变，军阀地主阶层产生并成为主导力量。辛亥革命后地主阶级内部开始分化，占有大量土地的新军阀地主阶层产生。其中，北洋军阀集团凭借政治上军事上的特权，掠夺了大量土地，成为最大的军阀地主势力。例如，袁世凯在河南彰德、汲县、辉县等地有田400顷，徐世昌在辉县有50多顷地，广西督军陆荣廷的土地占全道的1/3①。这种有枪有势的军阀地主迅速增加，很快取代了旧式的封建地主而占据了支配地位，成为社会上举足轻重的决定性政治力量，左右着政权的更迭。军事集团成为重建政治秩序的强有力角色②。

第三，传统知识分子的社会和政治地位骤降，相反，一向被视为非正当或社会地位卑贱的阶级买办和不学无术的军人，却成为政治和经济的主要操控者。传统中国农村社会可以说是士绅的"自治"社会③。士绅是乡村的主要功能因子，在权力运作上，乡村与中央政府维持"双轨政治"的交流关系④。科举制度废除后，传统士人学而优则仕的身份及政治运作上的制衡功能逐渐丧失而沦为政治权力的统御工具。

第四，工人阶级、资产阶级以及新知识阶层、工商阶层和新式军人阶层等新势力出现。工人阶级在政治上没有丝毫的民主权利，一切集会、言论、罢工的自由均被剥夺。民族资产阶级的经济基础相当脆弱。军人阶层最具社会整合能力，但缺乏现代化的明确导向。工商阶

---

① 章有义编《中国近代农业史资料》（第2辑），生活·读书·新知三联书店，1957，第14~15页。
② 许纪霖、陈达凯主编《中国现代化史》，上海三联书店，1995，第22页。
③ Kung-chǔan Hsiao, *Rural China: Imperial Control in the 19th Century*, pp. 263 - 264.
④ 费孝通：《乡土重建》，上海观察社，1948，第57~58页。

层一度生气勃勃，活跃于民间社会，但最终因受到政治权力的控制而趋于无力。新知识阶层虽然倡导社会变革，但由于知识分子天然是观念人物而非行动人物，天然是思想多歧的分裂群体而非行动一致的整合群体，天然具有浪漫主义的乌托邦倾向而缺乏冷静务实的政治谋略，因而其现代化的努力仅仅徘徊于观念的鼓荡而不能落实于制度层面。①

第二节 "共和"与"国情"的传统注解：袁世凯权威合法性重建的政治思考

在二元冲突的政治社会结构下，外部生存空间急剧缩小和内部分崩离析的民国，急需一个强大的中央权威，来挽救民族危亡和实现国家政治社会秩序的重构。对建设新国家负有直接责任的执政者和各主要政党，循着政体与国情相适应的思考路径，纷纷以自己的"国情"观和"共和""民主"观为出发点进行政权建设理想模式的设计，力求在政治博弈中获取最大政治权力和合法性权威。但在西方示范效应和中国历史传统辐射的双重影响和制约下，民国初期的不同政治精英对共和、民主有着不同的理解，甚至出现了"共和""民主"的"西学东渐"与"源出中国"之说的分歧。

一 西学东渐语义下的"共和"

在西方政治词汇中，"共和"对应的是 republic，源自拉丁文 republica，意指"公共事务""共同的事业"。作为西方政治思想史中一个古老的伟大传统，共和主义思想的最早源头可追溯至古希腊时

---

① 许纪霖、陈达凯主编《中国现代化史》，上海三联书店，1995，第23页。

期，以柏拉图、亚里士多德、西塞罗等的古典共和主义为代表，强调共有、共治以及平衡，倡导以美德为基础的"混合均衡政体"。之后，西方共和主义经历了"由古代贵族共和到现代民主共和的转变、由主张直接民主自治到实行代议制民主的转变、由古典美德共和到现代制度共和的转变"。① 现代共和与古典共和最大的不同是它引入"宪政"设计的内容，以宪法的至高权威性来约束和规范国家权力。以至于我们经常把它与民主、宪政、联邦制、三权分立等相提并论，是因为它们共同强调的一点是国家权力必须公有，不能为某个人或某个集团所独占。②

戊戌变法之后，伴着"共和"概念的学理输入，西方政体分类知识得以系统输入中国。在救亡图存的迫切要求下，作为"专制"对立面的"共和"概念，在中国不仅在知识领域中得到广泛传播，并且成为近代政治精英表达自己行动方案的口号和旗帜。作为来自西方的古老传统，"共和"尚未得到充分的学理探讨就成为优先选择的行动方案，迅速在中国的政治制度框架和大众观念土壤中落地，民初的"共和"成了一个略显含混的概念③。于是，近代中国的政治精英们各执一端，纷纷作出了对"共和"的不同注解。辛亥革命前夕，各方对"共和"的争论与表达尤为充分④。在这种情况下，各方对"共和"的不同注解进而影响着民国初年的制度建构与发展。

二 袁世凯对"共和"和"民主"的传统注解

"共和"在中国古代的本义为"共同协和行政"。"共和"原指

---

① 叶海涛：《共和主义：从古典到现代的嬗变》，《江海学刊》2006年第4期。
② 袁伟时、唐昊：《人间五月话共和》，《南风窗》2003年第10期。
③ 李恭忠：《晚清的"共和"表述》，《近代史研究》2013年第1期。
④ 焦洪昌、许婕：《"辛亥"百年话"共和"》，《国家行政学院学报》2011年第4期。

西周的一个年号，又是"共和行政"的简称。据《史记·周本纪》记载，周厉王被放逐后，由召公、周公二相共同行政，号为"共和行政"。《史记正义》记载"公卿相与和而共政事，号曰共和"。其中，"共"为共同、公共之义，"和"为相应、和谐之义。"共和行政"可解为"相与和而共政事"，也即"共同协和行政"之义，是贵族分享国家管理权（共）、实行仁政（和）两层意蕴的综合。① 可见，中国古典语境下"共和"有着"相与共和而共政事"之义，意指国家政治权力的分配和行使方式以及贵族分享管理权的政治形式。

对此，民国初期的传统精英有着高度认同。面对西学入侵，他们提出了"西学源出中国"的共和论，这种共和论把"共和"理解为"共治共享"即统治者与被统治者对权利、义务、利益有共同的看法，为了国家和人民的利益，上下一心一德，和衷共济地治理国政。如劳乃宣曾刊发《共和正解》，赞扬君主政体，攻击共和政体，其立论的根据便是中国古典意义上的"共和"，认为共和仅仅是君主制内部的一种修正方案，而并非独立的政体。继而劳乃宣又在《正续共和解》中明确强调："君幼不能行政，共相与和而休正，故曰共和。……此乃君主，非民主政体。"② 河南都督张镇芳在1913年9月15日的电文里指出："孔子之才义道德，乃共和之真精神。孔子之易象春秋诗书礼乐，乃共和之铁板注脚也。"③ 云南都督谢汝翼在1913年9月22日的电文里也提出："诗首文王，以明立宪；书称尧舜，以创民主。易称群龙无首为天下至治。礼运所述小康大同，尤畅发共和

---

① 冯天瑜：《"革命"、"共和"：清民之际政治中坚概念的形成》，《武汉大学学报》（人文科学版）2002年第1期。
② 李剑农：《中国近百年政治史》（1840—1926年），复旦大学出版社，2002，第371页。
③ 汪钰孙编《黎大总统书牍汇编》，广益书局，1931，第34页。

第二章　有效性的设计：袁世凯权威合法性重建的政治思考及理想诉求

之旨。"① 赵炳麟致宪法起草委员会，请定孔教为国教时也强调说："或谓孔子之教不合共和，尤为荒谬。……以公天下为大同，以正君臣为小康，此即共和原理。有孔子之教，正可以保真共和。"②

袁世凯也表达了自己对"共和"的传统理解。1913 年 10 月 10 日，袁世凯在就任大总统的宣言中提及："后清帝逊位，共和告成，以五大族之不弃……此种政体，吾国四千年前已有雏形，本无足异，乃事权牵制，无可进行，夙夜彷徨，难安寝馈。然且忍之又忍，希望和平。"③ "西儒恒言，立国重法律，共和国重道德。顾道德为体，而法律为用。今将使吾民一跃而进为共和国民，不得不借法律以辅道德之用。"④ 基于此，袁世凯对"共和"作了如下界定："余历访法、美各国学问家，而得共和定义曰：共和整体者，采大众意思，制定完全法律，而大众严守之。若法律外之自由，则耻之！……孔子喜言大同，吾国现行共和。"⑤ 同年 11 月，袁世凯在召集政治会议的命令中重申，"共和之精义，在集众思，广众益，以谋利国福民"⑥。在政治会议开幕训词中，袁世凯再次强调："民主之所以异于君主者，无非其一切皆以人民为主体，既以人民为主体，则一切当以利民为目的，复何待言。"⑦ 可见，袁世凯理解的共和制度、民主政治就是：集思广益，以国利民福为目的，人民应当重道德，"开国之处无法理可言"，需由政府"纳民于轨物"，而后可以制成法律使人民共同遵

---

① 汪钰孙编《黎大总统书牍汇编》，广益书局，1931，第 34 页。
② 沈云龙编《民国经世文编》卷 39，文海出版社，1970，第 136~137 页。
③ 白蕉编著《袁世凯与中华民国》，人文月刊社，1936，第 62 页。
④ 白蕉编著《袁世凯与中华民国》，人文月刊社，1936，第 63 页。
⑤ 白蕉编著《袁世凯与中华民国》，人文月刊社，1936，第 65 页。
⑥ 白蕉编著《袁世凯与中华民国》，人文月刊社，1936，第 98 页。
⑦ 《时报》1913 年 12 月 20 日。

守。① 由此，共和政治成为政府专有的权力，而人民主权仅在于"大多数之幸福，遂不令一姓享受"②。换言之，在袁世凯的民主共和理念中，人民只需遵纪守法，就可以坐享其成，安享利乐，无需为政治操心；所谓集思广益，只限于由执行者"采大众意思"，至于何者是"大众意思"，"采"与"不采"，人民均无参与判断和决定的权利；人民唯一要做的就是理解和执行执政者的决定，包括执政者制定的法律。可见，袁世凯所谓的"利国利民"同"君主恩泽万民"并无二致。对于袁世凯对民初"共和"的传统注解，伍廷芳在洪宪快要结束时致袁世凯的信里批评道："我公于共和政体诸多隔膜。"③

针对当时人们对民主共和的真正含义和实行民主的规范与程序的茫然无知和无所适从，杨度曾感叹说："中国多数人民不知共和为何物，亦不知所谓法律，以及自由平等诸说为何义。骤与专制君主相离而入于共和……则以为此后无人能制我者，我但任意行之可也。其枭桀者，则以为人人可为大总统，即我应享此权利，选举不可得，则举兵以争之耳"④。政治认知的失范引发民初政治秩序紊乱现象纷呈：人民误解"平等"，"不知所谓平等者系在国法上之平等，即无所谓贵族平民等阶级是也，非谓讲平等即无权力服从之关系也"，这造成"子抗父，妻抗夫，属员抵抗长官，军士抵抗统帅，以抵抗命令为平等，以服从命令为奇辱，而政治遂不能收统一之效"的局面；人民误解"自由"，"不知所谓自由者系在法律范围内之自由，非谓一讲

---

① 《时报》1913年12月21日。
② 章伯锋、李宗一主编《北洋军阀：1912～1928》（第2册），武汉出版社，1990，第1393页。
③ 黄毅：《袁氏盗国记》，国民书社，1916，第118页。
④ 杨度：《君宪救国论》（上），见〔美〕古德诺：《解析中国》，蔡向阳等译，国际文化出版社，1998，第144、145页。

第二章　有效性的设计：袁世凯权威合法性重建的政治思考及理想诉求

自由即可任意自由于法律范围之外也"，这造成"攘权可以自由，争利可以自由，假结社之名而谋乱可以自由，藉言论自由之说而造谣亦可以自由，种种违法举动，无不可以自由二字为卸责之地，则强有力者遂可以自由于弱无力者生命财产之范围内，而大乱遂起"的局面；人民误解"共和"，认为"一讲共和二字而天下遂无不可共和之物也"，这造成"自辛亥革命以来共产共妻之说腾诸国人之口，则抢掠人之财产，奸淫人之妻妾及其他种种强贼行为几视为法律所许而莫敢过问……"的局面。①

在 1913 年 12 月的政治会议演说中，袁世凯试图消除认知分歧并强调说："'共和'是一个雅致的词，但外国人对这个术语的理解，只是在国内有普遍的发言权，而不是全民都必须干涉政府的行动。这种干涉除了制造混乱之外，还可能造成什么后果呢？至于'民权'这个术语，除了选举总统的最高特权外，它还包括代议权、选举权；它切不可理解为包括处理行政。"②

孙中山为首的革命派对"共和"的理解则不同于袁世凯。民国初建时，孙中山指出："共和之所以异于专制者，专制乃少数人专理一国之政体，共和则国民均有维持国政之义务……共和政体，人人皆是主人"，"凡属国民均有参政之权……国政百端，绝非少数人所能办理，必合全国。全国协力筹商，始克希望诸政妥善，晋于富强。倘互任少数人独断独行，则势必流于专制，何得云共和"。③ 并从抽象的国民观念、国民能力和国民心理来论证实行民主共和之易，认为只要去掉了异族专制政府，去掉了君主，则天下尽是共和国民，共和立宪之实行乃是自然而然的事实。可见，以孙中山为首的革命派的

---

① 徐有明编《袁大总统书牍汇编》，广益书局，1936，第 36~38 页。
② 《政府公报》1913 年 12 月 19 日。
③ 孙中山：《孙中山全集》（第二卷），中华书局，1982，第 478~479 页。

"共和"观意在强调共和的体制功能,强调国家最高权力的公有以及这种公有的实现方式。由此可知,在民国初年,民主共和主要反映的是体制概念而不是思想性概念,是指一种体制形态和操作方式,而不是作为一种民主主义信仰的理念,"民主"相当于"民做主"或国家元首由选举产生的政体。①

而袁世凯所理解的"共和""民主"却是中国传统理想中的"民本"政治。他所说的"以人民为主体",不是指"主权在民",而是"民为邦本"之意。这种对"共和"的传统注解,是把共和政体理解为"君主-臣民"共治共享的一种政体,认为共和仅仅是对行政管理权进行分割共享的体制。因此,袁世凯提出与"共和"对应的不是"君主",而是"集权或专制",在此理解下,袁世凯的政权安排必定是要排除任何反对派。

虽然袁世凯对共和的理解及对共和原则的把握都极为有限,但孙中山认为当时中国所需要的,既非全新之人,也非全旧之士,而正是如袁世凯这样新旧杂伴的有力人物。因而,孙中山指出:"故余信袁之为人,很有肩膀,其头脑亦甚清楚,见天下事均能明彻,而思想亦很新。不过做事手腕稍涉于旧,盖办事本不能全采新法。革命起于南方,而北方影响尚细,故一切旧思想,未能扫除净尽。是以北方如一本旧历,南方如一本新历,必新旧并用,全新全旧,皆不合宜。故欲治民国,非具新思想、旧经练、旧手段者不可,而袁总统适足当之。故余之荐项城,并不谬误。不知者致疑袁总统有帝制自为之意,此种思想,且非一省有然。故袁总统今日实处于嫌疑之地位,作事颇难,其行政多用半新旧之方针。新派以其用旧手段,反对者愈众,其今日

---

① 方维规:《"议会"、"民主"与"共和"概念在西方与中国的嬗变》,《二十一世纪》2000年第58期。

欲办之事，多方牵制，诚不易于措施也。"①

三 袁世凯对"国情"或"国本"的传统注解

袁世凯对"共和"的传统注解，是以其意念中的"国情（国民性）"为立论依据的。一般而言，国情是指一国的人口、地域、民族状况等不同于其他国家的情形。在清末民初，由于对国情没有明确的界定，不同精英对国情有着不同的理解。袁世凯在对"国情"进行着传统注解的同时，寻求着与其"国情"观相和谐的"国本"，并以自己意念中的"国情"和"国本"审视着民初时局。

在袁世凯的意念中，几千年的帝制构成国情的一个重要成分，而且中国传统道德也是中国国情的一个成分，因此他提出："以忠孝节义四者为中华民族之特性，为立国之精神。"② 其所谓的特性是指中国人应有的特性，即中国人应该重义务而不是权利。而且，国民性程度的不足也是其国情观的一个重要内容。袁世凯早在辛亥革命爆发时曾说道："余不知中国人民欲为共和国民是否真能成熟？抑现在所标之共和主义真为人民所主持者。"③

在此国情观下，袁世凯认为，自辛亥革命以来革命派所介绍的思想和制度都是违背中国国情的。例如，认为蔡元培在1913年任教育部总长时倡导的废孔、学校不许拜孔子等主张，致使"当时之士，莫不痛心疾首"。④ 革命派"不顾民情之向背，不考民心之顺逆，改帝制为共和"。⑤ 在筹安会宣言和国民代表大会拥戴书上，军阀官僚

---

① 《孙中山全集》（第二卷），中华书局，1982，第485页。
② 李宗一：《袁世凯传》，中华书局，1980，第296页。
③ 《时报》1911年10月11日。
④ 沈云龙编《民国经世文编》卷39，文海出版社，1970，第5058页。
⑤ 沈云龙编《民国经世文编》卷39，文海出版社，1970，第5056页。

明确表示共和不合中国国情。如段芝贵在军警大会上演说道："至考历史，国人有数千年之习惯，若君主至少亦可延三四百年，多则七八百年，前有例也。"① 参政院咨文提出："中国二千余年，以君主制立国，人民心理，久定于一尊……改用共和实于国情不适，以致人无固志，国本不安。"② 又如请愿联合会第三次请愿书言道："穷维共和政治，不适宜于中国之国情历史。"③ 袁世凯的尊重民意之申令也强调："谓共和不宜于中国，无可讳言。"④ 袁世凯认为，外国传来的自由、平等、权利违背了中国的国情，如果强行平等、自由，会使"人禽莫变，举吾国数千年之教泽扫地无余"。⑤ 更有甚者，袁世凯认为正是1913年所出现的"变为权利而无义务之事"⑥，使中国人丧失了重义务的民族特性，而且，正是这种违背国情的行为导致"和平忠厚之意全消"，斗争贿赂流行，政局比清末更为败坏。

继而，袁世凯提出了自己的"国本"观。他指出，"中国数千年立国根本在于道德"⑦，而不在于法律，那么将孔教立为国教的目的也在"保守国性……维持国俗，顺和国情者也"⑧。可见，袁世凯所谓的国本是指中国儒家的道德传统，认为重振这样的道德传统，就可以固定国本，那时天下就可以大一统，定于一。⑨ 袁世凯认为这一任务的实现只能在君，因为"天生民而立之君。……惟有丰功盛德者

---

① 李宗一：《袁世凯传》，中华书局，1980，第324页。
② 黄毅等编《名臣奏表八十八篇》（上），华艺出版社，1992，第632页。
③ 黄毅等编《名臣奏表八十八篇》（上），华艺出版社，1992，第60页。
④ 白蕉编著《袁世凯与中华民国》，人文月刊社，1936，第262页。
⑤ 李宗一：《袁世凯传》，中华书局，1980，第295页。
⑥ 沈云龙编《民国经世文编》卷39，文海出版社，1970，第5051页。
⑦ 《政府公报》1914年9月26日。
⑧ 沈云龙编《民国经世文编》卷39，文海出版社，1970，第5058页。
⑨ 白蕉编著《袁世凯与中华民国》，人文月刊社，1936，第183~189页。

始足以居之"①，厚利民生，振兴国势，刷新政治，挤进文明，更是君的任务。旧官僚派也认为君是实现国基安定的关键，于是参政院推戴袁世凯做皇帝时说"全国人又咸归于我圣主，国基于此大定"②。孙中山意念中的国本则与袁世凯等旧官僚的不同，"在孙中山看来约法才是神圣的"③，《临时约法》和国会才是国本，这一国本强调的不是义务而是个人的天然权利。但由于辛亥革命后的中国在政治上没有脱离儒家的影响，多数关心国事和执政的人，仍然认为儒家的道德是理想中的国情和国本。这样，袁世凯所了解的国情和国本就变成一回事了，维护国情就等于巩固国本。

  总而言之，民初新旧精英对"共和"有着根本不同的理解。虽然，民初以孙中山为首的革命党人倡导"非我族类，其心必异"及"和而不同"的共和精神，并以"五族共和"的观念解决清王朝崩溃之后的国家混乱问题，但他们强调的主要是民主共和的体制形态和操作方式而缺乏民主共和的信仰和义理的铺垫，而正是对这种体制形态的强调凸显了共和的最基本特征：国家权力必须公有，不能为某个人或某个集团所独占。具体体现为：（1）国家政治领袖尤其是国家元首应该是选任的而不是世袭的；（2）包括国家元首在内的领袖是有任期的而不是终身的；（3）是分权的而不是绝对集权的。革命党对共和体制形态和基本特征的理解和强调，决定了其政权建设模式的选择，地方自治、民主、法治等也就成了革命派文武官员的话语表达内容。以袁世凯为首的旧式精英则从传统的角度来理解共和的内涵，认为"共和"的精义只在集众思，广众益，是指国家政治权力的行使方式，而非对国家最高权力的牵制和制约，只有道德在规范着国家权

---

① 《推辞与接受地位之申令》，《政府公报》1915年12月11日至12日。
② 孙曜编《中华民国史料》（中），文明书局，1929，第68页。
③ 张其昀编《国父全书》，中华学术院，1975，第717页。

力的掌控者。在此理解下，传统精英集团按照传统逻辑进行政权建设，并将定于一、大一统视为其追求的主要目标。

一般而言，对于一个国家来说，政治精英之间对根本政治问题必须具有相当的共识，唯此才能使政治运作过程的平和进行有所保证，如果精英之间缺少这种起码的共识，最初的政治精英之间的文化冲突很可能酿成激烈暴力的政治角逐。① 民初精英对"共和"的不同注解，反映了他们进行政权建设的政治价值认同的差异与分歧，对于建立一个什么样的国家各有各的期望与目标，且仅仅以自己的价值来衡量政治系统及其运作过程，决定行为的取舍。由此，统一的国家认同在民国初年的中国很难形成，制约并冲击了辛亥革命后政治系统的稳定建构及其有效运作。

第三节 "大一统"的集权模式：袁世凯权威合法性重建的理想诉求

民国伊始，向往民主政治的人们欢欣鼓舞，并对共和政治抱以热切的希望："数千年之专制国一跃而为共和国，为东西各国所未有。若改革善后一切办理得法，国基不愁不稳，转弱为强，不过十余年可收效果。"② 然而，新的共和国却呈现出"政府无头脑，政党无秩序，国民水深火热之不已，敌国外患纷至沓来之日烈"③ 之势，这种时局很快把人们热切的希望变成了失望。初生的民国需要集中权力，统一行动，以应付艰难时局。那么，如何集中权力以及将权力集中于何人或何种集团之手，成为民初政权建设争执的焦点。对建设新国家负有

---

① 高洪涛：《政治文化论》，中国广播电视出版社，1990，第102页。
② 谭人凤：《谭人凤集》，湖南人民出版社，1985，第55页。
③ 傅德华编《于右任辛亥文集》，复旦大学出版社，1986，第240页。

直接责任的执政者和各主要政党纷纷进行理想模式的设计,力求在政治博弈中获取最大的政治权力。

作为国家元首的袁世凯,同样也在追求着自己理想中的权威形态。袁世凯认为在帝国主义时代民族国家应该是中央集权的、是强大的,因此他主张建立强有力的中央政府,采取严厉和有效率的行政手段,对国家和社会进行全面的治理和整顿。由此可见,袁世凯追求的是有效率的、行政统一的、中央集权的全国性政府。"任何等级的社会都是靠惯例即生活方式的规则来维持其制度的",① 因此,关于如何构建这样强有力的中央权威,作过"过渡人"的袁世凯基于自己对"共和"、"国情"和"民主"的政治思考,进行着其政治理想的建构。正如梁启超所指出的,袁世凯的"头脑于今世之国家观念绝对不能相容",他所能理解的至多是"内圣外王"的那一套,他所能运用的只可能是传统的逻辑和策略,即按照行政上中央集权和官僚政治秩序的原则建立起庞大的集权体系,以构建自己欲求中的中央权威。

一 "大一统"的政治理想:"过渡人"袁世凯的秩序情结

"大一统"是中国人共有的文化沉淀、共同的民族心理和根本的政治思维方式。所谓"大一统",就是"要建立起一个地域宽广、民族众多、君主专制、中央集权的庞大帝国",并包括两层含义:其一,大一统即是"自上而下进行的君主专制统治";其二,大一统为"从中央到地方(以至四夷)建立起来的庞大的集权体系"。② 如此构建起的帝国体系的最重要特征是:最高权力高度集中化,并以

---

① 〔德〕马克斯·韦伯:《经济与社会》(上卷),林荣远译,商务印书馆,1997,第339页。
② 蒋庆:《公羊学引论》,辽宁教育出版社,1995,第350页。

"自上而下"的方式确保中央拥有对全部疆域的绝对权力,求取统一。"大一统"的这种构建政治秩序的路径在传统社会曾具有确立政治正当性的强势功能,因而,以最高权力"自上而下"求取统一的"大一统"模式成为国人向往的对象,进而内化为共同的政治理念。这一观念认为判断一个政权是否合乎正统,还要看该政权统治集团特别是代表统治集团的统治者的"功业"如何,其中最可操作的测验指标是看其是否统一了全中国,若"一统的江山"或"一统的政治"未曾实现,就称其为"创业未半"①。中国人的这种观念非常现实,且把武力的成功看作创业的途径和获得"天命"的证明。这使得"人主"的合法性基于武力或实力而获得、政治问题最终归结为军事问题,成了经验性的常识。乃至民国共和时期,这种"人主"的政治合法性产生于武力的原则被发挥得淋漓尽致。在时人的意念中,只有拥有了军事实力,才有做"人主"的条件和资本,而是否具有统一天下的"功业",则成了一个统治者是否得天命、合正统的重要凭证。可见,儒家的这一事功观念把"王天下"作为政治功业的巅峰和正统的必备条件,把是否实现"统一"作为衡量一个政权从而也是一个政权的掌控者是否合乎"正统"的重要客观标准,从而要求统治者在足够的空间和国土规模上建立有效的统治,来证明一个中央政权的执政者具有实现四海归心、建立起码的政治秩序的能力。所以,基于获取实际利益的考虑和实现自我价值的欲求,政治家们总是把"合天下于一"作为自己奋斗的目标。②

传统政治文化中的这种"大一统"的事功观念,比处于表面层次的制度形态具有更广泛的作用、更深刻的影响和更强韧的历史惰

---

① 王亚南:《中国官僚政治研究》,中国社会科学出版社,1981,第72~73页。
② 刘泽华主编《中国传统政治哲学与社会整合》,中国社会科学出版社,2000,第150页。

第二章　有效性的设计：袁世凯权威合法性重建的政治思考及理想诉求

性，特别是在中国这样一个自古以来政治、经济和文化高度一体的国家，"其中伦理、道德、政治、社会、自然都融为一体"，这一根源深厚的传统政治文化已经"深入到心灵深处"[1]，在人们的思想、意识、信仰、态度乃至情感心理和行为等各个层次上发挥着顽强的作用。

因此，儒家的这种崇尚"大一统"的专制秩序的观念以及获得正统的传统标准深深刻印在每一个浸染在传统文化中的政治家的头脑里。对于具有新旧杂糅的"过渡人"性格的袁世凯同样如此。袁世凯虽然在科举考试中失利，但长期受过儒家教育，并相信其道德上的功效，更重要的是深植于其头脑中的事功观念、"正统"信仰并没有被任何"系统化的取向"所取代，因而具有很强的"大一统"秩序情结。民国初年，袁世凯凭借自己拥有的占绝对优势的政治资源由一个地方实力派角色一跃而为中央政权的掌权者后，凭借事功获取意念中的"正统"的冲动更为强烈。正如美国学者费正清先生所说："袁世凯个人的生活方式牢牢扎根于旧习俗之中，即使当他努力使中国适应他所认为的 20 世纪的需要时也是这样。"[2] 在此观念的支配下，袁世凯认为正是自己的努力使得中华民国实现了南北的统一，因而最具息争止乱、解民于倒悬、安定天下的功劳，理应具有统治全国的资格。

但由于"政治文化影响着政治体系中每一个政治角色的行动。同时，由现存的政治结构所造成的机会和压力也影响着那种政治文

---

[1] 王沪宁：《比较政治分析》，上海人民出版社，1987，第 178 页。
[2] 〔美〕费正清编《剑桥中华民国史》（1912—1949）（上册），中国社会科学出版社，1994，第 264 页。

化"。① 1840年以后直到1949年，半殖民地半封建社会的中国尤其是民国初期的中国社会情势复杂：(1)人们对国家、国家的政治结构和符号的认同和热爱非常微弱或者根本没有，相反，大部分人对地方的忠诚却远远超过了对中央的忠诚，中央在与地方竞争个体忠诚度的政治博弈中往往处于负和状态；(2)各主要社会团体之间的政治不信任泛滥，而这种不信任所导致的暴力冲突往往超出了中央政权的掌控能力；(3)更为严重的情形是中央政府在形式上和持续时间极其不稳定，中央政府维持社会秩序和中央权威的能力大打折扣。② 在此情形下，各省议会和议员认为，各省的光复来自省内起义，各省是先组织省政府，然后才有中央政府的产生，因此地方分权乃理所当然。深受儒家"大一统"和"定于一"思想熏陶的袁世凯，遂把这些主张地方分权者视为离经叛道之人，而把中央集权主义理解为追求国家统一、强盛的唯一手段。

民初政治精英都迫切希望实现国家统一，但如何克服中国统一的障碍，不同的政治精英有不同的选择和欲求。孙中山明确提出将美国式的"合众政府"即联邦政体作为未来中国的理想政体③，并设想通过这一联邦共和促成中国统一的实现，于是又强调道："观支那古来之历史，凡国经一次之扰乱，地方豪杰互争雄长，亘数十年不能统一，无辜之民为之受祸者不知几许，其所以然者，皆由于举事者无共和之思想，而为之盟主者亦绝无共和宪法之发布也。故各穷逞一己之兵力，非至并吞独一之势不止。因有此倾向，即盗贼胡虏，极其兵力

---

① 〔美〕加布里埃尔·A.阿尔蒙德、宾厄姆·鲍威尔：《比较政治学：体系、过程和政策》，曹沛霖等译，上海译文出版社，1987，第29页。
② 潘一禾：《观念与体制——政治文化的比较研究》，学林出版社，2002，第99~101页。
③ Harold Z. Schifrin, *Sun Yat-sen and the Origins of the Chinese Revolution*, University of California Press, 1970, p. 43.

第二章 有效性的设计：袁世凯权威合法性重建的政治思考及理想诉求

之所至，居然可以为全国之共主。呜呼！吾同胞之受祸，岂偶然哉！今欲求避祸之道，惟有行此迅雷不及掩耳之革命一法；而与革命同行者，又必在使英雄各充其野心。充其野心之方法，唯作联邦共和之名之下，其夙著声望者使为一部之长，以尽其材，然后建中央政府以驾驭之，而作联盟之枢纽。方今公理大明，吾既实行此主义，必不至如前此野蛮割据之纷扰，绵延数纪，而枭雄有非分之希望，以乘机窃发，殃及无辜，此所谓共和政治有革命之便利者也。"①进而，孙中山提出实现统一的具体原则："于都内立一中央政府，以总其成，于各省立一自治政府，以资分理。所谓中央政府者，举民望所归之人为首，统辖水陆各军，宰理交涉事务。惟其主权仍在宪法权限之内。……所谓自治政府者，由中央政府选派驻省总督一人，以为一省之首，设立省议会，由各县贡士若干名以为议员。所有该省之一切政治、征收、正供皆有全权自理，不受中央政府遥制。惟于年中所入之款，按额拨解中央政府，以为清洋债、供军饷及宫中府中费用。省内之民兵队及警察部，俱归自治政府节制。以本省人为本省官，然必由省议会内公举。"②在此统一设想下，南京临时政府建立了总统制的联邦共和政体。但是，这一政体具有很大的脆弱性，"国体虽号称统一，而地方各自为政，统治权殆呈分裂之象，改制虽号称革新，而固有之行政系统破坏殆尽，新建者无代兴之实力，官僚称弊甚于晚清"③，"盖自中华建国五千年以来，危急存亡千钧一发，未有甚于今时者也"。④混乱动荡的局面，使中央权力失控，统治功能失调，独

---

① 《孙中山全集》（第一卷），中华书局，1981，第173页。
② 《孙中山全集》（第一卷），中华书局，1981，第193页。
③ 章伯峰、李宗一主编《北洋军阀：1912~1928》（第1册），武汉出版社，1990，第254~255页。
④ 章伯峰、李宗一主编《北洋军阀：1912~1928》（第1册），武汉出版社，1990，第459页。

立各省依然拥兵自重,权力与资源仍分散于地方与民间,地域主义、分裂倾向依然严重。

作为拥有政治资源优势的军阀官僚,袁世凯则试图重新构建"定于一""一元""一人"甚至"一尊"的政治局面,力图以自己的绝对权力覆盖"天下",弱化各省的分裂倾向,重构上下一体的"大一统"的国家形态,来确立自己统治正当性的根基。在路径依赖的惯性作用下,袁世凯诉诸建构大一统的传统逻辑,按照行政上中央集权和官僚政治秩序的原则来构建中央权威。在多年的宦海生涯中,袁世凯迷恋官僚政治的规章制度和程序规定,他青睐官僚主义纪律,重视行政管理经验及其他长处,而且非常看重下属对他的忠诚,他不相信自发性和不受管束的政治行为。[①] 这必然要求集中军事、财政、司法权以及对官吏的任免权,从而建立起专制主义的中央集权政治,确立大一统的政治制度。袁世凯认为按照此路径设计的统治结构、配备的"可靠"官员及中央集权官僚行政机关是高度有效的,是国家统一、强盛的唯一手段,自己是统一的唯一核心,因此不容许任何节制。由此,袁世凯政治诉求的"一元集权"范式形成,并决定了其权威重建理想实现所欲求的政治资源的特征。

二 一元集权:袁世凯政治理想的范式特征及资源诉求

儒家大一统的思想长期熏陶着国人,所以自古以来即有"普天之下,莫非王土,率土之滨,莫非王臣"之"上统"于天子的观念,数千年来中华民族习惯追求"一尊"的政治生活,而"分治""联治"等词从未出现在中国人的政治辞典中。人们普遍认为,国家与

[①] 〔美〕费正清编《剑桥中华民国史》(1912—1949)(上册),中国社会科学出版社,1994,第265页。

第二章 有效性的设计：袁世凯权威合法性重建的政治思考及理想诉求

最高权力的"分"是一种不正常的状态，而国家与最高权力的"合"则是正常的、合理的。这一点在旧式精英理念中体现为统一的帝国。因此，当辛亥革命以权力的分散实现了摧毁传统政治秩序的使命后，没有及时地将权力重新凝聚，导致中央权力衰败、地方主义盛行时，为了改变民初国家权力的分散和政治无序的现状，袁世凯诉诸传统的"大一统主义"，试图建立以个人为核心的自上而下的中央集权的行政制度，并实现军权、政权合一的"军事之统一"与"行政之统一"。"大一统"的政治模式蕴含着袁世凯进行国体与政体选择的主要思路，更彰显了其构建的政府权威对所需政治资源的要求。

"大一统"是政治权力一元化的产物，在政治上，它包含着国家统一、中央集权和君主专制等多重意义。[①] 具体来讲，大一统的政治模式内在地包含着对最高权力主体的规约、政治结构的设置以及政治操作模式的规定几个彼此相关的面向[②]：首先，对实现大一统的主体要求，强调只有具有合法资格的最高统治者才具有对政治权力独占的权利。其次，设置了治权一统的政治结构，防止"权出一者强，权出二者弱"。最高权力旁落就会导致政治动乱，因此，要维护治权一统必须实行政治权力一元化，即最高统治者及最高权力必须从一不二。为了保证独头政治的正常运转，不仅要在等级制度上确保天子至尊，采取尊君卑臣的措施，还要在权力配置上确保天子对臣下的有效支配。因此，治权一统是以最高统治者拥有最高的绝对权力为基本特征的，是以中央集权为取向的，它强调强干弱枝并排斥一切可能使治权分化的政治模式。最后，以政令一统为其政治操作

---

① 刘泽华：《中国传统政治哲学与社会整合》，中国社会科学出版社，2000，第112页。
② 刘泽华：《中国传统政治哲学与社会整合》，中国社会科学出版社，2000，第116~119页。

模式。治权一统是政令一统的保证，政令一统是治权一统的实现。这一政治模式要求包括确立制度、制定规范、发布号令、征战讨伐、设官分职、威福赏罚等在内的国家最高权力，一律集中在最高统治者手中，他人不得染指。统而言之，"大一统"的政治模式倡导在国家结构形式上的"君权"至高无上、无所不包的一元化，要求在全国范围内确保最高权力不可分割，最高权力具有单一性，禁绝并行权力的存在；地方的权力来源于君王，因此地方必须依附和服从君王。换言之，大一统的政治模式主张统治者对最高权力的独占性，为了维系最高权力的一元化，在权力结构上遵从体现君臣高下尊卑的等级秩序，使得中央和统治者的权威不断强化，从而抑止地方和臣下的权势。

在传统政治价值理念的惯性驱使下，袁世凯遵循传统逻辑来构建其中央权威，必然要求最高主权的一元性和不可分割性，禁止并行权力和机构的存在。他认为最高权力一旦分裂，成为"多"或"多元"，便不成其为最高主权。为了维持其最高权力控制者的地位，制定了自己治理"共和国"的基本原则——"以道德为体，法律为用"，"借法律以辅道德"；[①] 认为对于任何违背和分裂这个"一"的企图，都应予以镇压。

小　结

辛亥革命后的中国社会处于一个传统与现代的两种体系并存的状态，新旧社会成分交织存在，政治社会结构呈现二元结构特征。伴随着传统集权政治的解体，政治权威和权力的危机、社会认同和整合的

[①] 徐有明编《袁大总统书牍汇编》，广益书局，1936，第14页。

第二章　有效性的设计：袁世凯权威合法性重建的政治思考及理想诉求

危机、文化道德失范与脱序的危机相互交织成全面的社会危机。因此，重构一个全新的集权政治成为当时中国最紧要的问题。

不同政治主体的政治偏好、价值观念的不同，直接决定着他们对不同政治过程的设计。面对新兴国家权威的重建问题，新旧精英都以自己的"国情"观和"共和"观为出发点寻求着自己意念中的建构强有力的中央权威的政治"终端"，并在他们熟知的制度集合中进行权威重组模式的选择。但有一点相同的是，新旧精英都试图从中国传统政治资源或人物谱系中找到对应，作为其肯定"民主""共和"在中国的合法性的重要依据。只不过，知识背景和价值取向的不同以及政治创制的需要，决定了以袁世凯为首的军阀官僚和以孙中山为首的革命党人对"民主""共和"的内涵做出了不同的注解。

本来，"共和"这一概念具有国家性质和政治制度的双重特性，既指国体，又指政体。当共和与国家合而为一时，其是一种国家形态，但是从政治制度的角度来看，它又是一种政治制度，是相对于君主立宪制和封建帝制等的政治制度，它否认最高权力不可分割。而共和国就是所有"人"的"共"与"和"，既不是君主或是少数几个人的，也不是多数人民的或是除掉君主的，"共同遵守一个规则之共和意义并没有被提上重要日程"。[①] 然而，作为国家性质的"共和国"与作为政治制度的共和制在民初还没有明确的区分。不同的精英对"共和""民主"有着不同的注解甚至出现了某种程度的误解：孙中山诉诸中国古代的"共和"，意在诠释国家不能被万事一系的君主独占，同时将"民主"理解为"民为主"即国家元首由民来担任，强调对政府权力的限制与约束；袁世凯等旧官僚派则把"共和"理解为"集思广益，为大多数人谋幸福"，并将"民主"理解为"民之

---

① 张宝明：《自由神话的终结》，上海三联书店，2002，第58页。

主"，强调一个人的专断统治。结果，当新式精英把"共和与君主"对立起来并寻求西方模式的解决之道时，旧式精英则把"共和与民主"对立起来并循着传统的逻辑来应对，他们各自都在设计着排斥对方的政治结构，在此各走极端的政治结构中，袁世凯曾拥有的政治资源在逐渐流失。

　　虽然西方制度和器物的传入扩大了中国制度选择的集合，增加了现代君主立宪制、民主共和制等多种制度选择的可能，但对有着多年宦海生涯并熟知旧制度运转的袁世凯来说，在其制度选择的集合中只有一种权威重组的模式，即"大一统"的集权模式。正是在这种路径依赖的惯性制约下，袁世凯在沿用传统的逻辑和策略即传统的行政模式，并按照行政上中央集权和官僚政治秩序的原则来构建自己欲求中的中央权威的同时，他同样以传统的眼光和化解机制来审视和克服其权威构建中的"障碍"。

第三章
有效性的危机：袁世凯权威合法性重建的政治困境及帝制复辟的缘起

辛亥革命后，中国对外面临着领土和主权危机，对内面临着双重的分崩离析：一是由于既得利益不能调和所造成的地区分裂；二是由于传统与现代化的矛盾，所造成的派系的分裂①。领土的分裂使得中央不能控制地方，派系的分裂导致法律不能控制派系。在此情势下，各派政治精英期望建立一个能够高度监督、干预和控制地方社会的强有力的国家政权，限于政治认知和价值取向的差异，提出了不同的政治制度设计。以进步党为代表的国权派期望彰显强有力的总统权力，以国民党为代表的民权派试图强化国会和内阁的权力，而当权者袁世凯则试图按照官僚秩序原则建构国家元首一元集权，以确立其政府在全国范围内的绝对统治权。相较于外国势力的威胁和制约，袁世凯更警惕中央内部国民党势力和地方军阀势力等分利集团的挑战，因为内部挑战使袁世凯所欲求的中心地位陷入双重流失的境地：（1）权力地位的横向削弱。在中央政府内部，国民党势力通过三权分立且国会至上的内阁制度设计极大限制和削弱了大总统袁世凯的政治资源优

---

① 〔加〕陈志让：《军绅政权——近代中国的军阀时期》，生活·读书·新知三联书店，1980，第24、159页。

势,致使其"位高权轻",在中央政府内部中心地位异化;(2)权力地位的纵向弱化。袁世凯在各北洋军阀势力的支持下取缔了国民党的地方势力之后,却面临着自身所在集团这一新的分利集团的威胁和挑战,地方实力派分割着中央的人事任免权力、军事权和财政权,各省都督要求拥有独立于中央的权力和威望,致使北京临时政府常常陷入中央行政不能达于各省的窘境。双重政治挑战不仅导致政治上的不统一和中央政权统治的低效,而且弱化了大总统袁世凯启动资源、构建中央权威的能力。着力克服有效性流失困境的袁世凯反而陷入有效性危机的难局。这种情形不仅瓦解了袁世凯得以掌权的微弱的合法性基础——人们对其"有效性"的期求,又直接导致袁世凯政权中心地位的下降和权威危机的生成。

第一节 有效性的期求:袁世凯得以当权的微弱的合法性基础

面对挽救民族危机、重新构建秩序的历史重任,以革命的方式建立起来的南京临时政府,却不具备强大的资源动员和支配社会资源的能力,无力实现对地方的有效性控制,致使革命政权有效性的危机比之晚清政府有增无减,"国体虽号称统一,而地方各自为政,统治权殆呈分裂之象,改制虽号称革新,而固有之行政系统破坏殆尽,新建者无代兴之实力,官僚称弊甚于晚清"[①]。无力填补晚清政府垮台后的中央权力和权威真空的革命政权,无法有效履行其最基本的政治功能:对外避免或消除外来的侵略和压迫,有效地捍卫主权;对内形成

[①] 章伯峰、李宗一主编《北洋军阀:1912~1928》(第1册),武汉出版社,1990,第254~255页。

第三章 有效性的危机：袁世凯权威合法性重建的政治困境及帝制复辟的缘起

和维护一个稳定的政治经济秩序。结果，在南京临时政府时期，国家四分五裂的情形依旧，社会的认同与整合危机、文化道德的失范与脱序危机数症并发，中国处于"盖自中华建国五千年以来，危急存亡千钧一发，未有甚于今时者也"①的乱局之中。

在此前所未有的乱局下，民众认同政权的标准不是政体的构建模式是否具有普世意义，而是中央统治者是否具有建构和实现其生存所依托的秩序的实力和能力。这意味着民国初期的民众对政权有效性的认同倾向强烈，更关乎政府的实际作为以及是否拥有有所作为的实力。对此，张謇曾指出："政府权力，首在统一军队，次在支配财政，而军队之能否统一，尤为财力强弱为断……列强之能否承认，全视此为关键。"② 出于对革命政权的失望和对生存秩序的渴求，时人将重建生存秩序的希望寄托于当时声望实力俱有的袁世凯的身上，因为当时的袁世凯的确比革命党人拥有更多的优势来塑造强有力的中央权威。

首先，对有效性的期求体现在民众对南京临时政府的不满上。对于临时政府无力解决革命后的经济凋敝、百业萧条以及民众生存危机等问题的情形，民众表达着自己的不满："今日现状，税不得入，赋不得进，租不得收，钱债不得索，营业停滞，民生不安"。③ 尤其是临时政府为了军费需要竭力筹措军费的举动更是引起广大民众的反感："有就地以捐募者，有随赋以家征者，又有借端以发行彩票者，光复未及百日而军队满地，兵饷邱山，民不聊生之秋，属军输无艺之

---

① 章伯峰、李宗一主编《北洋军阀：1912~1928》（第1册），武汉出版社，1990，第459页。
② 张怡祖编著《张季子九录·政闻录》，文海出版社，1983（影印本），第193~194页。
③ 《警告今日就地练兵者》，见《申报》1912年1月22日。

会，呜呼，此殆统兵诸将吏迫于大局之无可如何而为此竭泽之渔者矣。"① 在此情形下，民众希望袁世凯"在此存亡危急之倾，国土保全为重……宜请大总统暂以便宜行事，勿容拘牵约法以待危亡"。②

其次，对有效性的期求还体现在民族资产阶级对袁世凯重建秩序的期望上。革命后如何维护秩序是资产阶级尤其是资本家们最为关注的事情，面对南京临时政府构建秩序的无力，他们认为拥有强大的政治、经济、军事实力的袁世凯或许更能维护他们的利益。何况自清末以来，袁世凯已凭借厉行新政的形象，博得了多数民族资本家的好感，他们希望袁世凯"奋其英略，旦夕之间堪定大局"，③ 更希望袁世凯"以拿破仑、华盛顿之资格，出面建拿破仑、华盛顿之事功"。④ 资产阶级对南京临时政府有效性的失望和对袁世凯政府有效性的期待，使得孙中山的"革命目的不达，无议和可言"的声明苍白无力。因此，与支持临时政府一起为前途未卜的革命奋斗相比，资产阶级更希望尽快结束革命，并希望袁世凯掌控中央政权以恢复和发展经济。

此外，有效性的期求还体现在舆论的反应上。面对革命政权有效性的缺失，舆论开始由支持临时政府转向支持袁世凯："海内人士喁喁然向北而翘颈歧踵曰：'袁氏一出而战祸于以弥，大局于以定，一身之向背系一国之安危焉'。"⑤

可见，南京临时政府有效性的危机和时人对有效性的期求消解了革命政权生存和维系的基础，同时成为袁世凯得以当权的合法性基

---

① 《筹饷箴言》，《申报》1912年2月4日。
② 李剑农：《中国近百年政治史》（1840—1926年），复旦大学出版社，2002，第355页。
③ 张怡祖编著《张季子九录·政闻录》卷4，文海出版社，1983（影印本），第1页。
④ 《黄兴致袁世凯书》，《近代史资料》1954年第1期。
⑤ 《测袁篇》，《申报》1912年1月28日。

第三章　有效性的危机：袁世凯权威合法性重建的政治困境及帝制复辟的缘起

础。但是，这是一种消极的、虚弱的合法性基础，因为袁世凯政权是否具有构建一个有效统治的中央权威、改变国家权力控制的无力状态，并给时人提供稳定的生存秩序的能力，还有待实践的验证。

在民众期求有效性的客观情势下，权力更迭发生，在法律和程序上，袁世凯获得了北京临时政府的政治中心地位。作为中央掌权者的袁世凯，依凭自己所控制的官僚政治资源、军事资源和外国人的"好感"等优势，进行了建构强有力中央权威的实践。然而，在追求有效性的政治运作中，袁世凯却发现其面临着有效性流失的政治困境。

第二节　有效性的桎梏：《临时约法》时期的制度设计与袁世凯的政治困境

一般而言，在传统社会结构还未完全解体和新型立国理念已被引入的情形下，一个主张"特殊"的传统权威与主张"普遍"的近代权威并存的社会便会产生。在这双重权威与秩序不均等并存的社会里，传统权威与近代权威之间围绕普遍权威产生纠纷，而能够主张普遍性的主体却极其有限。[①] 在新旧权威并存的北京临时政府时期，民主不是基于民族的整合而是基于社会分裂而产生的，民主是抑制社会分裂的黏合剂，各个派别都希望利用民主从当前体制中获得优势利益。在此民主体制下，令革命党人士和官僚人士彼此感到不安的都是对方在权力分配中占据的优势。为了在新体制下获得绝对的优势地

---

① 〔日〕中野实：《革命：宏观政治学》，于小薇译，经济日报出版社，1991，第194~195页。

位，共处于中央政权内的各类精英提出了不同的政治设计①：以孙中山为代表的革命党人主张理应由信仰民主主义的革命党执政；以袁世凯为首的官僚人士则声称应由极少数忠于他的高级官员和便于控制的社会上层人物辅佐大总统执政。

由此，在新旧权威并存的民主共和体制下，当国家元首袁世凯希望通过中央集权化的方式不断扩大其贯穿地方社会的能力，以树立其权威的普遍性地位时，革命党人士则运用更激进的策略来伸张近代权威的普遍性，并用双重分权的制度建构来限制袁世凯的政治资源优势。在双重分权制约下，袁世凯曾拥有的政治资源不断流失，权威重建的政治困境由此产生。这对于大半生都在封建王朝中度过，只熟悉集权形式下权力操作方式的袁世凯来说，无论如何是难以接受的，因此，处于困境中的袁世凯开始以传统的逻辑和方式来审视和处理其权威构建中的"障碍"。

一 权力与体制的冲突：袁世凯临时总统地位的尴尬

民国之前，历来的政治斗争首要关注的都是执掌政权的人选问题，其次才是政治制度的建构，且制度建构往往随着人选的改变而改变。在这一积淀已久的政治传统的浸染下，民初精英政体之争的首要关注点不是如何建构适合国情的政治制度，而是国家元首的人选之争。因而，此时期政治制度的建构与变化完全取决于政治斗争的主观需要，也就是说，政体的选择和设计关注的不是纯粹的制度运作问题，而是实际的权力斗争需要。

当袁世凯担任国家元首已成定局时，出于对袁世凯个人政治品质

---

① 徐宗勉、张亦工等：《近代中国对民主的追求》，安徽人民出版社，1996，第135页。

第三章　有效性的危机：袁世凯权威合法性重建的政治困境及帝制复辟的缘起

的不信任以及试图扭转自身行政权力流失之势，革命党人士匆忙制定了《临时约法》，在三权分立的基础进行了责任内阁的设计，他们想通过政府组织形式由总统制向责任内阁制的急剧转换来重新争夺自己在国家政治权力中的中心地位。为了"虚化"大总统袁世凯的权力，革命党人不惜打破国会、内阁、总统之间的权力分配和制衡的固有原则，在重新设计政体的过程中"独创"了国会权力，"扩大"了内阁权力。这种以国家元首之争为出发点而进行的制度设计，致使共和国的制度机制与运作实践之间的悖论产生，权力机构的正确分工产生了错误的结果。由此，权力与体制的冲突构成了民初共和宪政的内在矛盾，在此矛盾冲突中，大总统袁世凯的地位极其尴尬，此种情形在宪法条文和实际政治生活的比较中清楚显现。

（一）议会"同意权"的扩大：临时总统的政府权威核心地位的丧失

一般而言，责任内阁制下行政权与立法权之间应存在一种相互制衡的关系，这种制衡关系在宪法上的体现就是：宪法赋予立法机关以"不信任案通过权"的同时，赋予行政机关以"解散国会权"。可以说，这两种权力是拱卫责任内阁制的两根柱石。[1]《临时约法》构筑的是以立法权为中心的宪政体制链条，但是国民党人最关心的只是如何限制袁世凯的权力，为了限制袁世凯专权而实行了"不平衡"的分权，即片面地扩大议会的权力来制约和对抗总统的行政权力。因而，在《临时约法》中，责任内阁制的这两根柱石不但没有被确立起来，反而出现了议会权力的独大现象。因此，我国台湾学者陈茹玄指出："从国务院和参议院之关系而观《临时约法》虽具有责任内阁

---

[1] 音正权：《中华民国临时约法的主要缺陷》，《中国政法大学学报》2000年第6期。

之精神，而实未备责任内阁之体用。"①

议会权力的扩大首先体现在《临时约法》对议会"同意权"实施范围的扩大上。在南京临时政府时期，国民党人曾经指摘参议院掣肘行政机关，而在袁世凯担任临时大总统以后，国民党人在自己控制的广东省却要求省政府有解散省议会的权力②，但对袁世凯控制的中央政府则主张与此相反的原则。可见，国民党人主张民权主义的最大目的是希望用民选议会限制袁世凯的权力。于是，《临时约法》扩大了参议院的权力，规定总统在行使宣战、媾和、缔约、任命国务员和外交大使等重要权力时，必须得到参议院的同意；而且，还规定"参议院对于临时大总统，认为有谋叛行为时，得以总员五分之四以上出席，出席员四分之三以上可决弹劾之"；"临时大总统对于参议院议决事件，如否认时，得以咨达后十日内，声明理由，咨院复议。但参议院对于复议事件，如有到会参议员三分之二以上仍执行前议时"，仍咨由临时大总统发布施行；"临时大总统、副总统，由参议院选举之"，"临时大总统代表临时政府，总揽政务、公布法律"，"大总统无权解散议会"。③

议会权力的扩大还体现在对总统制衡议会的权力规定的回避上。《临时约法》一方面规定临时大总统由参议院选举产生，总统任命国务员须经参议院同意，参议院和最高法院对临时大总统、国务员分别拥有弹劾和审判的权力；另一方面却没有规定行政机关抗衡立法机关的权力和程序，致使行政机关没有法律手段与立法机关抗衡。这种偏向于扩大立法机关权力的做法不合乎三权分立制度所蕴含的制衡原

---

① 陈茹玄：《中国宪法史》，世界书局，1933，第32页。
② 《时报》1912年9月25日。
③ 陈荷夫编《中国宪法类编》，中国社会科学出版社，1980，第368~370页。

第三章　有效性的危机：袁世凯权威合法性重建的政治困境及帝制复辟的缘起

则，不利于政治对抗的合法化。①《临时约法》规定，议会可以对临时大总统的谋叛和国务员的失职、违法行为进行弹劾，并可以"提出质问于国务员，并要求其出席答复"。但是否可以对政府提出不信任案，《临时约法》并没有明确规定。至于内阁是否具有提请总统解散议会的权力，或者总统是否具有履行解散议会的权力，《临时约法》则避而不谈。

《临时约法》扩大议会权力的"独创"规定，使参议院（未来的国会）不仅是一个立法机关，而且还是一个造法机关，享有一般立法部门拥有的最高立法权，且享有制定宪法的特权和选举临时大总统、副总统的权力。这两项权力得以并存使得民初的参议院一身兼有立法、民意、制宪三大机关的性质。② 这些"独创"的权力不是一般资产阶级民主政治国家的立法机关所能独享的。《临时约法》设计的共和代议制确立代议机关作为国家政治权力的中心，作为国家行政部门的内阁，形式上虽由总统下令，实际上内阁不须听命于总统而由议会产生并对议会负责，总统对于内阁会议决策也没有否决权。可见，这一政治设计"剥夺"了国家元首的实际权力，从而将其置于"虚尊""拱手无为"的境地，这与袁世凯试图建构全国权威的诉求正相背离。

《临时约法》和国会起草的宪法草案都有弹劾、审判总统、总理的条款，却没有政府可以解散议会的相应规定，而且行政权力的行使在形式上必须经过立法机关的"同意"，这对于重权力的袁世凯而言是一种致命威胁。令袁世凯最不能接受的是，同样作为总统的他却不拥有孙中山在位时所能够直接行政的权力和地位。而且，在"扩大"

---

① 徐宗勉、张亦工等：《近代中国对民主的追求》，安徽人民出版社，1996，第192页。
② 郭剑林：《关于袁世凯评价的几个问题》，《河北学刊》1994年第6期。

的议会权力面前,袁世凯被赋予的间接行政的权力也近乎处于无法作为的状态:在总统缔约权上,参议院弹劾了善后大借款;在用人问题上否定了陆征祥内阁;在制定《大总统选举法》时也未能完全随袁世凯之意。于是,议会与总统之间的张力开始凸显。袁世凯政府指摘国会实行议会专制,1914年袁世凯在"约法会议"开幕时抱怨道:"查《临时约法》为南京临时参议院各省都督担任参议员所议决,无论冠以临时之名,必不适用于正式政府也。即其内容规定束缚政府,使对于内政外交及紧急事变,几无发展伸缩之余地,本大总统证以种种往事之经验,身受其苦痛",并提出议会"凡可以掣行政之肘如官制规定须经院议,任命国务员外交官以及普通缔结条约之须得同意等项,皆于删除;凡可以为行政之助者,如紧急命令紧急财政处分等,悉与增加",[1] 并流露出对《临时约法》的不满:"第一条不满之事为任用国务员须有议会同意一条",并想以辞去总统为威胁废除此条,而宪法起草委员会委员们"讨论任用国务员问题,不论何党均主张有所限制"[2]。袁世凯指责说民初政治乱局"无一非缘《约法》之束缚驰骤而来"[3],又指责宪法草案"消灭行政独立之权","比较临时约法弊害尤甚"[4]。

袁世凯之所以有如此的抱怨和不满,是由于他对责任内阁制的理解与《临时约法》的制定者不同。他认为:"取责任内阁制,盖使总统减轻责任,由内阁代总统对于议会负责是也。"[5] "夫国家处开辟之时,当多难之际,与其以挽救之责,委之于人民,委之于议会,其收

---

[1] 孙曜编《中华民国史料》(上),文明书局,1929,第54页。
[2] 《时报》1913年8月26日。
[3] 《政府公报》1913年10月23日。
[4] 《政府公报》1913年10月25日。
[5] 《时报》1913年5月3日。

第三章　有效性的危机：袁世凯权威合法性重建的政治困境及帝制复辟的缘起

效缓而难，不如得一强有力之政府，以挽回之，其收效速而易，所谓易则易知简则易从也。况人民政治知识，尚在幼稚时代，欲其运用议院政治，窃恐转至乱亡。……以议会政治之万不宜于今日之中国也，于是以总揽统治权属之于国家元首，以重大总统之权，……以大总统之职责既重，必须有审议政务机关以备咨询也，于是，有参政院之设立，以维持共和立宪之精神。"① 他认为，共和国家建立后有开创和守成两个不同时代，在开创时代，只能实行约法，给予政府较大权力，到守成时代才能实行宪法，即仿效西方实行的民主制度。②

可见，在袁世凯的意念中，权力还是总统的，内阁只是代总统受过而已。因此，袁世凯坚持《临时约法》中的总统权力条款，认为作为国家元首的大总统拥有相当大的行政权，负责内外。而《临时约法》的制定者却坚持责任内阁制的权力运作原则，即内阁代元首对议会负责，大总统成为空有其名而无权的虚职。结果，议会权力的扩大使总统在与国会博弈中时时处于劣势地位，议会成为中央政府权威的象征，临时大总统的权威核心地位丧失。

（二）内阁"副署权"的扩大：临时总统的行政权力中心地位的虚化

在总统外，复设"总理"并且总统命令必须总理"副署"才能生效的规定，是《临时约法》用以防范总统独裁的又一重要制度设计，通过内阁权力的扩大确保内阁掌握行政实权，而使临时总统的行政权力中心地位近乎虚化。

《临时约法》第44条规定"以国务员（国务员总理及各部总长均为国务员）辅佐临时大总统负其责任"；第45条规定"国务员于

---

① 《中国大事记》，《东方杂志》第10卷第12号。
② 徐宗勉、张亦工等：《近代中国对民主的追求》，安徽人民出版社，1996，第135页。

临时大总统提出法律案，公布法律及发布命令时，须副署之"。① 由此，《临时约法》下国务员同大总统的关系是在实际工作中负政治责任，对大总统提出和公布的法律、命令有副署权，如果没有国务员的副署，总统便什么事情也办不成。这一规定凸显了（包括总理在内的）国务员在实际责任中相对于总统的优势地位，它不仅使国务员分割了大总统的一部分权力，辅佐大总统执行国务，负实际政治责任；而且使大总统公布法律、法案及法令的权力受到国务员的制约，即凡总统发布的法律命令，必须由有关国务员签署，才能生效。同时，《国务院官制》的第3条又规定，国务院总理是"国务员的首领"，有责任"保持行政之统一"②。这一规定又进一步强化了总理在实际责任中相对于国务员的优势地位：总理是国务院实际上的行政首长，并在实际责任中处于领导地位，因而当一般国务员只具有副署与其有关的部务文件的权力时，总理则必须拥有副署所有文件的权力。

本来，《临时约法》制定者想通过责任内阁制的设计，确立内阁或国务院的行政中枢地位。在内阁制下"国务员对国会负责，故国务员组织之国务院，当然为政治之中枢，总统无论有如何意思之表示，不经过国务员之副署，不生效力"③，这就赋予了国务院以巨大的权力。但是，《临时约法》同时又保留了总统制对总统权力的某些规定，即总统被赋予"总揽政务"之权，国务员对总统只是起"辅佐"作用。这些规定的保留使总统及总统府为最高行政中枢。《临时约法》的这种双重规定，使得总统府和国务院都被赋予了相当的行

---

① 《中华民国临时约法》，见柴德赓等编《辛亥革命》（八），上海人民出版社，1957，第34~35页。
② 《国务院官制》，见《东方杂志》第9卷第2号。
③ 谷钟秀：《中华民国开国史》，见章伯锋、李宗一主编《北洋军阀：1912~1928》（第2册），武汉出版社，1990，第7页。

第三章　有效性的危机：袁世凯权威合法性重建的政治困境及帝制复辟的缘起

政权，而《临时约法》"并未说明内阁是对总统或是对议会承担责任"，①而未能明确总统府与国务院孰为最高行政中枢，结果出现了一国之内同时具有两个行政中枢的政治格局。在这双头行政中枢的政体模式中，双方竞相争夺最高地位的正统：总统根据《临时约法》"总统总揽政务"的规定，要求国务院居于辅佐及从属的行政位置；而总理根据《临时约法》"副署"权的规定以及责任内阁制国家总理及各部部长身居行政要冲的通例，要求总统赋闲，亦即居于类似君主立宪国君"虽至尊荣，却无与实政"的地位。②这一切的根源在于《临时约法》对总统、内阁之间的权力划分含混不清，而权力划分的混乱使《临时约法》所设计的政体结构呈现下述情形：如果议会较为强大有力，内阁和总理将被引至对议会负责的方向，否则他们就要对总统负责；副署权及政府预算表决权的设置似乎表明《临时约法》的设计者最初的动机是要建立一种责任内阁制，然而，事实上围绕权力的争斗以及责任在总统和总理之间的转移，使这一体制既非内阁亦非总统制，可谓责任不明的双重行政体制。这种体制导致总统与总理和内阁之间的经常性摩擦产生。

在总统与内阁的不断摩擦和冲突中，袁世凯经常受制于议会的质询和弹劾的同时，又受制于内阁副署权的牵绊。这对于只熟悉皇帝与军机大臣之从属关系的袁世凯而言，无疑难以接受。无论是个人的禀性还是经验，都决定了袁世凯不能理解也不能接受这种将其置于国家元首地位却不负任何责任的政体。袁世凯抱怨道："《临时约法》特设总理，大总统不负责任，然以予观之，不负责任者亦有大小区

---

① 〔加〕陈志让：《乱世奸雄袁世凯》，傅志明等译，湖南人民出版社，1988，第125页。
② 杨天宏：《中国的近代转型与传统制约》，贵州人民出版社，2000，第152～153页。

别……然苟国务员失职,驯至国随以亡,或虽不亡,而至于不可救药,则大总统能不负责任否?国民能不责备大总统否?"① "我现在不怕国民党以暴力夺取政权,就怕他们以合法手段取得政权,把我摆在无权无勇的位子上。"② 他还指责说:"闻其所拟宪法草案,妨害国家者甚多……综其流弊,将使行政一部仅为国会所属品,直是消灭行政独立之权。近来各省议员掣肘行政,已成习惯,倘再令照国会专制办法,将尽天下之文武官吏皆附属于百十议员之下,是无政府也!"③

意欲赋予内阁行政权力的《临时约法》,又保留了总统制政体下国家元首享有的若干权力,明文规定总统"总揽政务",国务员对大总统有"副署"制度相牵制,但仍只是"辅佐"总统负其责任。但是,临时约法的制定者又试图以内阁的"副署"权来对总统的权力加以限制,于是规定由总统来提名所组成的内阁不向总统负责而向议会负责。这致使总统府与国务院各自的权限不明,造成了内阁和总统在宪法权力上的对峙,在此对峙状态中,袁世凯的行政权力中心地位近乎虚化。

(三) 政治资源的横向流失:袁世凯权威重建的政治困境

《临时约法》"与其谓为制度上之选择,无宁认为基于人事之考虑"。④ 为了防止袁世凯专权、专制,"临时约法在不同的情况下抛弃总统制而采取内阁制,用心是很好的也是很苦的"。⑤ 其目的在于利

---

① 《政府公报》1914年6月22日。
② 陶菊隐:《北洋军阀统治时期史话》(第1册),生活·读书·新知三联书店,1957,第154页。
③ 李新等主编《中华民国史》(第二编),第一卷(下),中华书局,1987,第490页。
④ 钱端升、萨师炯、杨鸿年等:《民国政制史》(上),(民国丛书第1编),上海书店,1989,第8页。
⑤ 李新等主编《中华民国史》(第二编),第一卷(下),中华书局,1987,第439页。

第三章 有效性的危机：袁世凯权威合法性重建的政治困境及帝制复辟的缘起

用宪法权威将大总统袁世凯置于虚尊的地位。于是，《临时约法》一方面通过议会权力的片面扩大以获得中央政府权威的象征地位；另一方面在总统外复设总理，通过内阁权力的扩大来争取内阁的行政实权和中央行政中枢地位。《临时约法》的如此制度安排，致使袁世凯的中央行政权力中枢的地位逐渐被边缘化了，而且还丧失了中央政府权威的核心地位，而处于一种无权的行政性地位。

民国初年，袁世凯原本掌握着重建中央权威的政治资源优势，但是，在《临时约法》所规划的议会和内阁的双重制约下，许多大权都在议会而不在总统，许多实权都在内阁而不在大总统，政治资源几乎控制在同盟会和国民党手里，而袁世凯掌控的官僚政治资源逐渐流失。与《组织大纲》规制下的临时总统相比，《临时约法》下的临时大总统政治资源的流失，主要体现在以下几个方面[①]：（1）在法律权上，《组织大纲》下的大总统有公布法律、发布命令的权力，能操纵议案并掌握设立立法权，而且这些权力的行使没有任何限制性的规定，总统的意图完全可以以法律形式发生实际效力；而《临时约法》下，总统仅有代表临时政府公布法律、发布命令的权力，即大总统是受委任而具有此权力的，而且这一权力的行使必须由国务员的副署签名才能生效，换言之，如果没有国务员的副署，不用说公布法律，就是发布命令都不成，这使大总统的意图不能以法律形式发生实际效力；（2）在人事权上，《组织大纲》下的总统为最高行政长官，有任免政府各部部长的权力，政府对总统负责，国务院不设立总理，各部部长直接对元首负责；而《临时约法》下的临时大总统制定官制官规以及任免文武职官都必须得参议院之同意，这种限制使得大总统失

[①] 关于《组织大纲》和《临时约法》的具体条文，详见郭卫林、林纪东编《中华民国宪法史料》，大东书局，1947。

去了任免自己所中意的官员的人事大权；（3）在外交权上，《组织大纲》对大总统行使会见外国大使、宣战、媾和、缔结条约等权力未作任何限制；而《临时约法》下，总统的这些外交权的行使须经参议院批准。

总之，《组织大纲》所规定的大总统是一个拥有政治实权的职务，他是政府的主持者，是中央行政中枢。而《临时约法》不但加强议会"同意权"和内阁"副署"权对临时大总统的限制力度，还增加了大总统受参议院弹劾和特别法庭审判的规定，以及大总统无权召集和解散议会的规定。因而，在《临时约法》的制度规划中，总理及其内阁是政府的主持者，临时大总统的行政中枢地位被虚化了。

权力是权威的现实性基础，只有拥有强大的权力资源，才能顺利地实现权威的重建。《临时约法》在将国家政治中心从行政权转向立法权、建立革命派的正统和领导权的过程中，国家元首的行政大权被削弱，与袁世凯设想的政治建构传统和权力操控相背离。以行政权力机关为政治中心是传统中国的政治传统。"就一般人的心理而言，总统之于国务员，犹如清朝的皇帝之于军机大臣，身居总统高位者则以雄才大略非同常人自诩，决不肯受法律束缚，自甘于拱手无为的境地。"① 在此政治心理下，熟知政治传统的袁世凯不可能接受立法机关对行政权力的限制和以立法机关为中心的政府体制，更不能容忍"至高无上"的国家元首不能直接控制国家行政的制度安排。"民国的社会松散，以及在实践中对他的中央政府施加的过分限制，使他感到生气。国民党大选的胜利，使他面临权力被进一步限制的前景，甚

---

① 徐宗勉、张亦工等：《近代中国对民主的追求》，安徽人民出版社，1996，第105页。

至达到要他下台的地步。"① 袁世凯认为,议会和内阁对其行政权力的限制导致了横向层面上中央政府权威的丧失,于是抱怨说:"……吾国领土之广,人民之众,国家财政人民生计日趋困穷,加以纪纲废弛,法制凌杂。行政之秩序已纷若乱丝,地方之情形尤危若累卵。积以上种种险象,几不可钟日。而溯由来,乃无非约法上行政权薄弱之所致。"②

总之,在中央政权内部政治力量的挑战下,袁世凯所欲求的国家集权体系难以顺利建构,这使作为国家元首的袁世凯不能有效地实现最基本的权力控制,甚至失去了驾驭全局的能力。由是,政治资源的横向流失构成了袁世凯权威重建的政治困境③。

二 地方分权的异化:袁世凯临时政府中心地位的下降

(一) 地方分权的异化:"自治"到"割据"

仿行西方联邦制,主张地方分权,是民初革命党人在中央政权已为袁世凯集团把持的情况下,用以遏制袁世凯集大权于中央的一大策略。但是,革命党人实行联邦制的目的与美国刚好相反,美国实行联邦制的目的是加强中央的权力,而民国初期实行联邦制的目的却是加强地方的权力。革命派是把地方分权当作争取民权的一种迂回手段,孙中山曾强调说:"地方自治者,国之基石。础不坚,则国不固……今后当注力于地方自治。"④ "共和国之真精神,全在地方具有自治实力","欲消灭外患必先整顿内治,欲整顿必先重地方自治。地方自

---

① 〔美〕费正清编《剑桥中华民国史》(1912—1949)(上册),中国社会科学出版社,1994,第 254 页。
② 陈茹玄:《中国宪法史》,世界书局,1933,第 67~68 页。
③ 马润凡:《权力与体制的冲突:〈临时约法〉时期袁世凯权威重建的困境》,《晋阳学刊》2011 年第 6 期。
④ 《孙中山全集》(第三卷),中华书局,1984,第 327 页。

治，民主国之命脉，共和制之骨干"。① 历来坚持地方分权的广东都督胡汉民也认为中央集权是专制的代名词，民国应该以民权为重，因而力主地方分权，借各省都督之力来制衡和对抗袁世凯的集权，他指出："内阁制纯恃国会，中国国会本身基础，犹为薄弱，一旦受迫，将无由抵抗……今革命之势力在各省，而专制之余毒，积于中央。此进则彼退，其势力消长，即为专制与共和之倚伏。"②

一般而言，地方分权是指在中央政权统一领导下，按照全国统一的法律，地方政府拥有较大的自治权和相对独立性，但承认一切国家大权归于中央，地方政府隶属中央并在某种范围内服从中央。但是，在各自为政的客观情势下，民初的地方精英对地方分权的理解发生了"异化"。在他们的意识里，辛亥革命成功的关键在于各省的起义和独立，先有省政府而后才有中央政府的诞生；而且临时参议院参议员的产生，是以省为选出单位，并以各省代表身份来选举总统、副总统，这种由各省都督派遣代表，组成代表联合会，选举总统、副总统的事实，使人认为各省都督和各省议会是临时政府产生的母体，是当时国家法理上的主权者，因此，地方分权乃是理所当然之事。再加上活跃于各省政坛的人物，原本就是一批在清末竭力维持地方权益、具有很强地方自保观念的地方领袖，辛亥革命后，各省掌握地方军权、财权、政权的事实进一步强化了这些地方领袖的地方主义意识，基于既得权力的自保心理，各省分离意识强烈，竭力摆脱作为中央的行政体之身份而为地方的"自治"体。

基于这种分离意识上的"地方自治"要求，使地方分权异化为地方割据。地方割据与地方分权有本质的不同：地方割据是地方势力

---

① 《地方自治要论》，见《民国汇报》第三期。
② 胡汉民：《胡汉民自传》，《胡汉民先生文集》（第 2 册），中国国民党中央委员会，1978。

第三章　有效性的危机：袁世凯权威合法性重建的政治困境及帝制复辟的缘起

由于军事力量的强大，而对软弱的中央政府表现出的离心倾向和不服从状态，地方割据主要是武力造成的，是赤裸裸的权力制衡；而地方分权则是法律规定的结果。① 地方分权的基本意义在于，在自治的基础上，省与中央在各自的权限内彼此不能干涉的，"如外交、海陆军不容有地方分权，其他利民之事不容有中央集权"②。而民初所呈现的一个事实是，在中央与地方格局重整的过程中，掌握地方军政大权的地方大员盘踞一方，想借联邦制来确保既得利益并试图分割原本属于中央的政治社会资源，要求独立于国家的权力和权威，甚至提出要在官员任免、财政、立法甚至军事上实行完全自治，如山东省曾提出外官制及地方税皆由本省自定，政府不得干涉的要求；又如有的省还制定了省约法、省宪法，自行强化自主权。可见，民初的地方自治和分权实质上是一种地方割据，地方政府已成为一个制约和威胁中央的特殊分利集团，致使北京临时政府的中心地位愈加表面化。可以说，国家真正之政治之重心已下移至各省，以致当时的一些报纸称："政府虽号中央，南省无殊独立。大约除外交一事外，他如用人权、财政权、军政权皆南省各都督操之，袁固不得过问，袁亦不敢过问"③。

（二）地方对行政"自治"权的强调

首先，辛亥革命后，中央与地方的政治关系发生了变化。辛亥革命前，"从政治结构和政治社会思想两方面看，中央政府都是国家的中心。中央政府是从州县、省到北京，一个统一的行政系统的最高点。凡是政策的决定，官吏的任免，由北京考虑、决定和批准。附属于这一庞大的行政系统还有全国的军事系统，财政系统，司法系统，

---

① 董崇山：《政体论》，中国展望出版社，1986，第182、187页。
② 《孙中山全集》（第二卷），中华书局，1982，第534页。
③ 《华字日报》1913年1月29日。

消息传达的系统，都同时以中央政府为最高点。省是北京之下最高一级的地方行政单位。……但不是一个独立的行政个体"。① 但是，辛亥革命后，各省强调独立，如《福建都督府大纲》的第三条规定：都督府下设司令、参谋、军务、民政、外交、财政、交通、司法各部，除司令部称总长外，各部均称部长，其中更值得注意的是司令部下，又设中央司令官与地方司令官二种，前者是指福建本身之中央司令官，而后者则指各府道镇守军长官②。这无疑已将福州之都督视为"中央"。又如辛亥年十月初七赵尔丰在宣布四川自治文中声称："今日以后，四川归四川人自治，军队多为四川子弟，应有保全四川全体之责，而为四川全体尽捍卫之义务。"③ 独立之处，南方各省之设官分职，"俨然具独立国之形象，以军事论，则参谋部、军务部无所不备；以行政机关而论，则外交司、会计检查院，无所不有。如湖南一省，会计、检查之事，都督府设一课可了者也，而必特设专院……半年以前，甚者，并法制局而亦有之……"④

随着中央与地方政治关系的变化，各省的行政机构及其行政权力（尤其是人事任免权）也发生了位移。首先，各省议会竭力摆脱中央约束。由于中央政府和临时参议院还没有一部统一的省议会法来规定省议会的职权、组织及地位，各省议会想方设法保持和扩张独立以来的权力，擅自挑选行政长官，包括县知事，并且这些权力的行使不受中央政府的约束。议会拥有巨大的职权，使中央政府陷入大权旁落的

---

① 〔加〕陈志让：《军绅政权——近代中国的军阀时期》，生活·读书·新知三联书店，1980，第16~17页。
② 《福建都督府大纲》，转引胡春惠《辛亥前后的地方分权主义》，《辛亥革命研究论文集》，1983，第56页。
③ 《赵尔丰宣示地方自治文》，见周开庆编著《四川与辛亥革命》，四川文献研究社，1964，第322页。
④ 《裁汰冗员论》，《民国丛报》第2期。

第三章 有效性的危机：袁世凯权威合法性重建的政治困境及帝制复辟的缘起

境地，省议会与中央政府的关系十分紧张。

其次，辛亥革命后，地方政府的组织形式由"军政与民政分治"的"文治政府"转而为"军政与民政合治"的"军政府"，都督为最高军政首长，权力极大，武人都督掌握一省军政、民政大权。而且，地方势力出于保住自己地盘的目的也竭力维护军政合一，认为军民"倘一旦分离，则民政为军政牵制，事所恒有，无术维持，转成分裂"①。地方政府行政机构形式的变化，增强了地方与中央抗衡的能力，使得省政府在自己辖区内拥有更大的人事任免权。因此，当袁世凯依据《临时约法》所赋予的任免和罢免官员的权力，提出省当局任命县知事须经过北京批准的要求，并试图行使任免各省文职官员的权力时，各省认为这是对省内部事务的干涉，并竭力抵制北京在当地安插其权势人物。结果，"仅在北方三省，即直隶、河南、山东，以及可以勉强算上的满洲，袁世凯能够单方面地任命重要官员"，"多数省政府不仅不受北京的控制，而且还能积聚足够的力量阻止下级行政单位分裂出去"②。

最后，省的地位及其行政长官的产生方式引起了争议。省在国家结构中的地位如何，直接影响并决定中央与省之间的关系格局和各省权力的大小。而省行政长官如何产生，不仅直接关系到地方实力派能否保住自己的地盘，而且直接关乎袁世凯能否有效行使用人权。袁世凯政府一直将各省视为中央的代表行政机关，因而坚持各省的行政长官由总统直接任命，强调各省长官合法性来源于中央。而地方实力派尤其是革命派则坚持各省是地方的自治体，因而主张各省的行政长官均应由省议会选举，他们认为："吾国今日为共和国，共和国使民意

---

① 沈云龙编《民国经世文编》（内政二），文海出版社，1970，第8页。
② 〔美〕费正清：《剑桥中华民国史》（1912—1949）（上册），中国社会科学出版社，1994，第239页。

由各方面发现,现中央总统、国会俱由国民选出,而中央以下一省行政长官亦当由国民选举,始能完全发现民意。故吾人主张省长民选也。"① 革命党人士进一步强调"省长民选与否,即与共和政治能成立与否同一问题"②,欲巩固省之地位,省长必须由议会选举,中央政府方可加以任命。这一主张削弱了中央政府尤其是总统对地方行政官吏的任免权。

(三) 地方对财政"自治"权的追求

地方独立主义倾向给中央造成的最大的威胁就是财政上的窘困。辛亥革命后,地方实行"自治",各省设立财政厅,直属中央财政部,主管国税收入和本省收支事宜,中央与地方财政各筹各款、互不干涉。而各省大小军阀拥军自立,为加强自己的实力,将各省财政司当成自己的军需库,自定征收制度,自定征收名目和税率,甚至自行发行货币,因此,北京临时政府时期,财政上各省仍陷于分裂的独立状态。

按照民国元年参议院议决的财政体制,中央政府设财政部,各省设立财政司,管理全省正杂各税,隶属于中央财政部之下。但是,辛亥革命以后,各省军队的急剧膨胀,致使军用浩繁、财政困难,于是地方政府进行了分割中央的财政大权的活动。

首先,各省拒绝地方解款于中央。地方解款指地方各省按规定比例应上缴中央的款项,按照前清财政体制,中央政府的主要收入来源于各省的解款。据清宣统四年的预算,该年度中央收入为18973万余元。其中各省解款即达17490万元,占年度中央收入总数的92.2%。但是,

---

① 《宋钝初先生演说辞》,《民立报》1913年2月20日。
② 《国民党上海交通部欢迎会记事》,《民立报》1912年12月6日。

第三章 有效性的危机：袁世凯权威合法性重建的政治困境及帝制复辟的缘起

辛亥革命后，各省纷纷独立，有"县款不解于省，省款不解于中央"①之态势。各省都不解款，加之借款中断，中央政府基本上没有收入来源。尽管北京政府曾一再向各省呼吁解款，但应者寥寥。

其次，任意截留上交中央政府的财政款项和属于中央的税款。中央专款是指由各省代收、指定专属中央的若干税款。到了清朝末期，随着财政收入竞争的加剧，大部分的重要财源落入地方政府手中。"中央政府和地方政府为争夺财政收入的控制权而展开的长期斗争，特别是田赋、关税、盐税和厘金收入——国家所有的正式来源——在民国早期依然持续着"②。从法律上讲，田赋、关税、盐税应归中央政府所有，这些款项由各省认定解款额，按期照解，超额仍归本省，短少由各省补足，但事实上这些款项往往被各省控制。由于中央难以控制各省，地方各省由部分截留到最后完全不上交，各省的收入，不论属于中央的还是属于地方的，全被地方截留充作地方税，中央政府无法分享，中央专款徒有虚名。1913年，袁世凯的北京政府曾尝试划分和明确中央、地方的税收来源，提出国家税为供中央及地方行政所需诸经费而征收之租税，地方税为地方自治团体因处理自治事务诸经费所征收之租税，但因地方抵制而无法实施。国税厅成立后，"各省行政长官多疑赋税等项一经解厅，即为中央之专款，不得不自由取支，或诿延不交，或既交之后概不出力，任其短绌"③，而地方税划分之

---

① 吴鼎昌：《大借款与财政之将来》，见沈云龙编《民国经世文编》（财政六），文海出版社，1970，第12页。
② 〔美〕张信：《二十世纪初期中国社会之演变——国家与河南地方精英1900－1937》，岳谦厚等译，中华书局，2004，第203～204页。
③ 《政府公报》1913年12月24日。

后,"所办自治学堂,实业等亦徒有其名,多归中饱"①。可见,"共和政府比起它的被取代者(指清政府)来说甚至更不能控制中国的税收来源"。②

更有甚者,各省为了缓解因军队膨胀而引发的财政危机,常常以省内之矿权和铁路修建权等为条件自行向外商承借。其中,如湖北黎元洪以汉口市各税为抵押向德商捷成洋行借款三百万两,云南省蔡锷向英、法兴隆矿公司借款,山东省以全省地租及印花税向英国高蒂男爵借款五十万镑,广东省以小押饷及硝磺饷为抵押向日本借款,湖南省以全省矿产为保向日本银行借款等,不一而足。③

总之,地方财政上的分散和割据与各省自行决定对外订约之借款的行为,不但严重破坏中央财政的统一,更有造成国家分裂的危险。地方实力派追求财政"自治"权的上述行为导致中央财政大权旁落。

(四)地方对军事"自治"权的角逐

军事主义在清末已极度膨胀,但政权性质并没有相应地由文人政治转化为军人政治,但在1912~1928年的革命过程中,各省政权都被军事化了。辛亥革命后,各省自成一体,为了对抗清政府、实现北伐主张,纷纷筹款练兵以壮大共和力量。各地先后建立了军政府,并确立了最高军事首领都督,在独立的15省和上海、南京两市政府中,军人所占比例曾达到约71%。各省都督都竭力控制自己的军政实权,

---

① 《财政总长呈请取消国税地方税名目并批令》,《政府公报分类汇编·赋税》(23),转引自张静如、刘志强《北洋军阀统治时期中国社会之变迁》,中国人民大学出版社,1992,第65页。
② 〔美〕费正清:《剑桥中华民国史》(1912—1949),(上册),中国社会科学出版社,1994,第116页。
③ 胡春惠:《民初的地方主义与联省自治》,中国社会科学出版社,2001,第81页。

第三章　有效性的危机：袁世凯权威合法性重建的政治困境及帝制复辟的缘起

抵抗中央势力的介入和染指，使兵随将转、兵为将有的兵将关系更加固化。"此后的中国显然处在军事统治之下，军事成了取得政权的最终决定因素和法律依据。"① 因此，在以袁世凯为首的北洋军阀集团控制了北京中央政权之后，其影响难以有效达到各省，其中，云南、四川、贵州、广西、湖南等省份逐渐形成了相对独立、派系林立的地方军阀，并掌握了地方军政大权，对中央政府不服从的倾向明显。

为了巩固独立地位，各省私自扩充军队，甚至向外国购买武器。南京临时政府成立后，为了确保省内治安，对于各省向外国购买武器并不加以限制——只需获得临时政府的购械执照。北京临时政府成立时，各省的购买行为不但没有停止反而有所加剧，这对于依靠军事实力起家而又特别忌讳军权旁落的袁世凯来说是一种实足的挑战和威胁。于是，袁世凯下令禁止各省私自购买武器，并于1912年4月25日通电取缔各省购买武器，通电指出"现在南北统一，所有俄国购运之军械，一律由中央给价收回，同时并令海关税司，即予先行扣留"②。之后，历来重视军权的袁世凯又下令各省裁军，并宣布取消督军制，但取而代之的将军制实质上换汤不换药，没有任何结果，各省的离心倾向有增无减。

可见，随着国家的衰落，军队及其领袖们便无可避免地表现为中国政治生活的真正主宰者。③ 北京临时政府时期，袁世凯的军事优势仅限于自己控制的部队，其总数约为8万人。而中国其余的军队数量多其几倍，但在地理上、政治上确实分散的。④ 结果，地方军事首脑

---

① 李友华：《军阀研究》，《近代中国》（第6卷）1980年第4期。
② 《中国大事记》，《东方杂志》第10卷卷12号。
③ 〔法〕谢和耐：《中国社会史》，耿昇译，江苏人民出版社，1995，第518~519页。
④ 〔美〕费正清：《剑桥中华民国史》（1912—1949）（上册），中国社会科学出版社，1994，第239页。

依旧拥兵自重,袁世凯的中央政府没能获得对全国军队的集中控制。可以说,袁世凯的北京临时政府面临着地方军事分权势力的挑战。各省地方主义和军事主义倾向的加剧,使地方分权发生了"异化",在这种"异化"中,地方政府与中央政府竞相争夺各类资源,使大量资源脱离国家控制,致使中央的行政控制权、财政控制权和军事控制权不断流失。

为了克服中央权威有效性流失的困境,袁世凯选择了传统集权政治模式,地方精英同样也以传统的逻辑对抗袁世凯的控制。因而,当袁世凯以其所能理解的方式,即运用地方军阀力量来操纵中央与地方的领导活动,以实现其"一元集权"的权威重建梦想时,不曾想这一梦想却被中央与地方的其他精英以自己所理解的方式终结。由是,袁世凯的集权追求得到悖论性结果:旨在克服中央权威有效性流失的集权之举,却加剧了有效性的进一步流失,甚至导致有效性危机产生。其中,地方精英对抗中央的强度和力量的加强,尤其是袁世凯自身集团与中央政府之间紧张状态的加剧,就是明证。因而,有效性危机仍然构成了袁世凯权威重建的政治困境。

第三节 有效性的危机:《中华民国约法》时期袁世凯权威合法性重建的政治困境

为了伸张近代权威的普遍性地位,革命党人用双重分权的制度建构限制了袁世凯的政治资源优势。最令袁世凯难以接受的是,在这种双重分权的政治体制下,作为国家元首的自己在权力分配中竟处于劣势地位。这使自恃是革命一等"功臣"而理应拥有最高权位的袁世凯感受到了一种难言的"耻辱"和"背叛"。为了摆脱这种政治困境,袁世凯开始以王朝集权的逻辑和方式来审视和克服其权威构建中的

第三章　有效性的危机：袁世凯权威合法性重建的政治困境及帝制复辟的缘起

"障碍"。然而，在运用传统集权政治模式进行政权建设的过程中，袁世凯政府不但没有建立有效统治，反而陷入更加严重的有效性危机中。

一　有效性流失的加剧：体制外对抗精英的增加

（一）议会中心地位的打破与国民党的体制外对抗

国会是共和政体的象征，是革命派建立的限制袁世凯职责和权力的组织结构之一，更是国民党在中央政权中的栖身之地。《临时约法》赋予了参议院超越平衡的权力，从而使民初国会成为一个集立法、表达民意、制定宪法于一身的国家最高权力机关，同时享有弹劾权和同意权。这是国民党限制袁世凯权力的独特设计，在这种超越平衡的权力框架中，袁世凯及其行政部门面临着立法机关的权力渗透[①]：（1）对人事任命权的渗透。《临时约法》只规定临时参议院对总统任免国务员及外交大使、公使的同意权，并未涉及地方官吏，但当1912年5月袁世凯任命陕西经略使胡瑛改任新疆青海屯垦使时，临时参议院却对此严加质问。1914年4月10日，刚上任不久的袁世凯在政府内安插私人亲信，任命张元奇、荣勋为内务部次长，并咨请临时参议院通过。临时参议院以"咨文而忽然变更参议院决议案已属违法"为由，断然拒绝了袁世凯的咨请。（2）对重大外交活动的大力干涉。民国初年，蒙藏问题一直是困扰临时政府的外交难题。本来，外蒙古问题、对俄国交涉，纯属于政府外务部门办理的事务，但交涉发生后，临时参议院就政府解决蒙藏的外交、军事政策，多次召集秘密会议，并要求国务总理和国务员到会答辩。临时参议院批评政府外交无能、交涉软弱，指责政府和平解决蒙古问题为非，此后甚至要求政府将中俄会谈的内情向临时参议院及时通报。（3）对财政监

[①]　谢俊美：《政治制度与近代中国》，上海人民出版社，2000，第388~391页。

125

督权的滥用。作为中华民国的立法机关，议决临时政府预算、决算的提案期限以月份为单位的做法是否合理也是各国议会史上绝无仅有的。此外，要求各部门提交预算案，更是滥用了财政监督权，违背了《临时约法》中以临时政府为议决对象的规定，实际上只要制定会计法律就可以对政府财政收支进行监督。如 1912 年 5~7 月连续多次咨文袁世凯，要求政府预算、决算提案一个月内交院议决，而袁世凯于 7 月 15 日提交了 6 月支出概要，7 月提交 6 月预算案，此举引起临时参议院的极大愤慨，于是，立法机关又要求袁世提交 8 月追加改正预算案和 9~10 月的临时预算案。

受传统集权习惯和观念的惯性影响，国会对行政部门的种种权力渗透有立法权力"滥用"的意味。传统中国长期实行一元化的集权政治，权力一直高度集中在皇帝及其代表的官僚集团手中。清朝推翻后，民国肇兴，虽行民主共和制度，但久惯于集权政治和权威的观念依然根深蒂固。"对于临时参议院的政治家们来说，在处理现实的权力关系时，仍不免于传统的自上而下的服从和被服从的纵向权力观念。而《临时约法》赋予参议院超平衡的权力，无形中也使这种意识变得更加强烈。"[1] 同样习惯于传统集权政治运作的袁世凯不准备也不可能接受这种限制最高统治者权力的约法，袁世凯所能采纳的方案是建立由一个强有力的领导者领导下的强大的中央政府，一个由他统一的能够跟列强各国抗衡的强国[2]。因而，袁世凯认为立法机关和政党是横亘在自己和理想中的强有力的中央政府之间的"障碍"，剥夺了其改组政府、领导国家的主动权。尤其是国民党在国会大选中的胜利以及国会对制宪权的独占，更引起了袁世凯的极大忧虑，他指责

---

[1] 谢俊美：《政治制度与近代中国》，上海人民出版社，2000，第 392 页。
[2] 〔加〕陈志让：《乱世奸雄袁世凯》，傅志明等译，湖南人民出版社，1988，第 243、239 页。

第三章 有效性的危机：袁世凯权威合法性重建的政治困境及帝制复辟的缘起

说："宪法起草委员会受制于国民党，起草宪法本身就侵犯了政府权力，力图破坏行政独立，并且制造国会专制。"①

为了改变不利的处境，袁世凯开始争取参与制宪的权力，以消除国会对自身行政权力的"干预"和限制。1913年8月19日，袁世凯向宪法起草委员会提交一个旨在扩大总统权力的宪法草案大纲，要求宪法赋予总统以下权力：（1）大总统对于两院之议决有复议权及拒绝权；（2）大总统有任命国务员及驻外公使权，无得议会同意之必要；（3）大总统有发布紧急命令权；（4）大总统有议会停会权；（5）大总统得参议院之同意，有众议院解散权；（6）行政最高权委任之于大总统，内阁总理及部长辅助等。②按照袁世凯的这一设想，虽采用内阁制，但总统仍是权力的中心，内阁只是总统的辅助机关，国会对政府也只有有限的监督权。袁世凯企图强迫宪法起草委员会按照他的意志制订宪法，然而，国民党人坚持"宪法制定全权，约法既付之国会，行政机关已无参事之余地"，③并强调"制定宪法为议院唯一之权，无论任何人不得干预"。④结果，袁世凯仍被排斥在制宪权力之外。

争取制宪权力受阻的袁世凯转而寻求获得修改宪法的权力的路径。1913年10月16日，袁世凯提出所谓的"增修约法案"，要求将《临时约法》中限制大总统职权的条文予以修正，试图通过此举打开一条修改宪法的路径。袁氏此举显然"不在约法而在宪法"⑤。对袁世凯的这一提议，国会以"宪法即将付议，约法无修正之必要"⑥为

---

① 《政府公报》1913年10月25日。
② 杨幼炯：《近代中国立法史》，商务印书馆，1966，第121~123页。
③ 《京城飞恕录》，《民立报》1913年3月1日。
④ 寿朋：《咄！咄！！咄！！！民国之钦定宪法》，《国民杂志》第1号。
⑤ 《公布权与修改约法之争点》，《时事新报》1913年10月25日。
⑥ 章伯锋、李定一主编《北洋军阀：1912~1928》（第2册），武汉出版社，1990，第97~98页。

由，将其搁置不理。

再次受挫的袁世凯退而争取宪法公布权。1913年10月18日，袁世凯咨文国会毫不退让，并指责宪法会议10月4日公布《大总统选举法》的行为，侵犯了大总统的法律公布权，并声称："将来议定之宪法案，断无不经过大总统公布权，而遽可以施行之理。"① 于是，袁世凯派遣施愚、顾鳌等八大"钦差"，坚决要求列席宪法会议和宪法起草委员会会议，陈述意见。这也被国会以"改会议性质与两院不同"，"除两院议员外，其他机关人员，不但不能出席，即旁听亦有所不能"② 为由拒绝了。

利用既定的合法方式在宪法中贯彻其意志的企图连续失败，令袁世凯十分气恼，无计可施的袁世凯转而直接利用军阀来干涉制宪过程。1913年10月25日，袁世凯通电各省军民长官说："国民党议员，干涉行政，欲图国会专制。"③ 在袁世凯授意下，各省大骂国会议员是"国民公敌"，国民党"是叛逆机关"，④ 并要求解散国民党，解散国会。1913年11月4日，袁世凯以顺从"民意"为辞，指责国会无视"民意"而误国，他声称"民国初创，以参议院为立法机关，而成立年余，制定法案，寥寥无几，惟以党争闻于天下。适为建设之障碍……而争权夺利徇党见，置国家存亡、人民死活不顾者，反占优势。……上下两院，性质相同，无术调剂。因之立法成绩，毫无进步，中外援为诟病，国家日益阽危。上无道揆，下无守法，赖我大总统以救国为己任"，所以"我国民所恃以为运用共和政治之国会，目

---

① 章伯锋、李定一主编《北洋军阀：1912~1928》（第2册），武汉出版社，1990，第498页。
② 白蕉编著《袁世凯与中华民国》，人文月刊社，1936，第75页。
③ 白蕉编著《袁世凯与中华民国》，人文月刊社，1936，第75页。
④ 谢本书：《袁世凯与北洋军阀》，上海人民出版社，1984，第52页。

前决不能行使职权"。① 之后，袁世凯遂以"挽救国家之危亡，减轻国民之痛苦"② 为由，下令解散国民党，并取消国民党籍议员的资格，致使国会不足法定人数而无法开会，制定宪法的工作实际上陷入停顿状态。

为了结束这样的局面，袁世凯召集了约法会议——一个由只受过传统教育的人来统治的组织。约法会议的机构（立法机构）的议员必须有显宦经历或为举人，或高学历，还必须至少拥有万元以上的私产，结果46名议员具有传统科名。③ 约法会议没有一个国民党的代表。接着，由总统指派的成员组成的咨询机构"参政院"来取代国会，其中绝大多数也都是新旧官吏，因而"议员们不过是政府的工具而已"④，他们对袁世凯除了随声附和之外，已很难起到其他任何特殊作用。袁世凯以为没有了议会中的制约因素，便有利于他实现自己的政治理想，有利于他从事实上、形式上负起国家的全部行政责任。

从国会到约法会议，再到参政院成立的过程，也正是袁世凯打破国会的国家权力中心地位的过程。在此过程中，以国会为依托的国民党逐渐被排除在中央政权之外，并由中央的合法的议会政党变为地方的非法的革命政党。表面看来，袁世凯成功缓解了由议会制约引发的有效性流失的困境，而实际上，国民党由体制内的议会政党转变为体制外的革命政党的事实，恰恰表明了袁世凯政府权威有效性流失的加剧。因为，中央权威流失的一个重要标志就是体制外反叛精英的增加，国民党人士重新以革命党的身份挑战中央政府的合法性，表明袁世凯中央政府的政治整合能力进一步弱化，而革命党军政府的重新构

---

① 《解散国会令》，《政府公报》1914年1月11日。
② 《东方杂志》1913年12月1日，第10卷第6号。
③ 《约法会议记录》第1卷。
④ 王世杰、钱端升：《比较宪法》，商务印书馆，2010，第154页。

建更凸显了袁世凯中央政府中心地位的有限性。

（二）内阁实权地位的剥夺与进步党的体制外对抗

袁世凯通过解散国会把国民党排斥在中央政权之外，从而解除了国会对其国家权力中心地位的威胁。然而，袁世凯仍然面临着责任内阁尤其是国民党和进步党所设计的政党内阁的严重挑战。而政党内阁实际上是资产阶级和平夺权所依凭的主要政治工具。

在立国的方针上，民初的进步党与国民党存在分歧。国民党主张"主权在民"，因而主张加强议会地位，用议会来控制政府，内阁成员任命须由众议院同意，而且总统无权解散议会；进步党则主张"主权在国"，因而不主张扩大国会权限，主张任命权属国家元首，而且总统有解散国会权。进步党主张国会与政府之间应互相维系，融为一体，因为"政府譬则发动机，国会譬则制动机。有发而无制，故不可也，缘制而不能发，尤不可也"。①

但是，在内阁制问题上，进步党同国民党立场相同，都坚持实行"政党内阁"。宋教仁认为，责任内阁制度即"内阁实行负责，凡总统命令，不特欲阁员副署，并由内阁起草，使总统处于无责任之地位"②，但主张责任内阁必须由政党组织，既不能是几党联合的混合内阁，也不能是无党派的超然内阁，只能是"纯粹的政党内阁"。政党政治是由两大政党以合法手段进行党争，或"进而组织政府，则成志同道合之政党内阁"以实现政见，"盖必须国会占多数之政党组织完全政党，方举责任内阁之实"。③ 张东荪也撰文倡导内阁制，他在《行政权消灭与行政权转移》一文中说："今日评论宪法草案者，

---

① 梁启超：《宪法之三大精神》，参见《饮冰室合集·文集之二十九》，中华书局，1989。
② 陈旭麓主编《宋教仁集》，中华书局，1981，第489页。
③ 陈旭麓主编《宋教仁集》，中华书局，1981，第459、490页。

第三章　有效性的危机：袁世凯权威合法性重建的政治困境及帝制复辟的缘起

对于同意权、不信任投票、不设平政院、至国会委员会、审计院用选举制五端，谓之消灭行政权之举，使行政权不能独立。夫行政权之独立，在总统制之国，犹有可言，若在内阁制之国，则断不容行政不受议会之监督……吾人主张非行政权消灭也，不过欲行政权转移。行政权由总统而转移至内阁，此吾人确信之主张也。"①

与国民党势力和袁世凯势力这两个政敌相比，进步党的实力较弱，因此，实行政党内阁制度，是其可能进入政权的唯一途径。为了实现政党政治理想，进步党不断甄选可以合作的力量。对于以稳健自居的进步党来说，国民党是激进分子而且在清末与其就有宿怨，因而选择了实力强大的旧官僚作为合作对象，并且试图通过联合强势政治力量扩大其势力，以达到由本党组织政党内阁的目的。而在进步党人坚持实行的政党内阁中，政府的权力由内阁掌握，总统的权力有限，不是政府的中枢。② 可见，进步党坚持的仍是内阁的实权或集体的行政实权，并坚守着内阁的"副署"权，反对国家元首对政权的独占。这有悖于袁世凯的政治设计。袁世凯认为自己只要有效地控制内阁，就不仅不会使其权力丧失，而且可以增加自己的权力，建立强有力的政府。③ 因而，在后来的阁员人选问题上，一度合作的双方产生了矛盾。进步党人熊希龄入主内阁，被进步党视为扩张党势、实行其政见的一大机会，于是进步党主张新内阁"以本党人物为中心，至少拟占四、五名阁员"。④ 而袁世凯提名熊希龄的目的不是要提携进步党总揽政权，而是"以党杀党"⑤，利用进步党为其打击国民党效力，

---

① 张东荪：《行政权消灭与行政权转移》，见《庸言》一卷二十一号。
② 梁启超：《中国立国大方针》，见《饮冰室合集》，中华书局，1989，第63页。
③ 李宗一：《袁世凯传》，中华书局，1980，第207页。
④ 《盛京时报》1913年8月11日。
⑤ 杜春和、林斌生、丘权政编《北洋军阀史料选辑》（上），中国社会科学出版社，1981，第191页。

进而为自己攫取更大的统治权力扫除障碍。因而，在熊希龄到北京之前，袁世凯早已拟好了名单，重要阁部均由北洋派把持，留给熊希龄安置"第一流人才"的只是教育、农商、司法等几个冷板凳。对此，进步党十分不满，抱怨"要部据于官僚之手"，"而将次闲部位置彼意中人"。① 而熊内阁上台后就打出责任内阁的旗号，他不仅"于用人一途，颇全权自握，不肯假借"，而且对各省的军事公文"试图拒绝副署"，这自然引起袁世凯的忌恶。于是，袁世凯开始了打破内阁"副署"权、追求行政实权的活动。

袁世凯首先消除的是一般国务员的副署权。为了摆脱行政各部的分权和制约，袁世凯扩大了临时大总统辅助机构的权力，将其总统府下的秘书处扩大为秘书厅，军事科扩大为军事处，又于1913年2月将秘书处下的财政科扩大为财政委员会。这些机构掌握政权、军权和财权，并直接受袁世凯直接指挥，这使行政各部的实权逐渐被架空，而大总统下属的秘书厅、军事处、财政委员会则成为实权机关。针对袁世凯对行政各部实权的剥夺之举，梁启超一针见血地指出："袁氏之办事也，从不肯信任政党之公机关，而必须设特别之私人机关以阴持之。例如财政，其实权全操于公府之财政委员会，而财政部十有九不能过问。"②

接着，袁世凯又着手剥夺国务院总理的政府首脑地位。在组阁过程中，袁世凯争夺着改组内阁的权力，竭力排斥与其争夺"副署权"的内阁总理，强调"任命阁员，皆承总统意旨而行，事无大小，皆就决于总统府"，③并在国务院内安插亲信，在国务院组成一个委员会，国务院所讨论的事情无论大小都要事先经过这种委员会审议。如

---

① 黄远庸：《远生遗著》（第三卷），商务印书馆，1920，第191页。
② 梁启超：《饮冰室合集·文集之三十四》，第12册，中华书局，1989。
③ 曾友豪编《中华民国政府大纲》，商务印书馆，1926，第18~19页。

第三章　有效性的危机：袁世凯权威合法性重建的政治困境及帝制复辟的缘起

此，国务院完全成了"上承总统之指挥，下受委员会之成议"的机构，"国务院组织之精神，完全失去"。① 之后，袁世凯逐渐把内阁变为"御用内阁"，控制了国务院，于是"陆、赵内阁，本皆承袁意而组成，实为一具形机关，赵尤为袁之私人，既任总理，将唐绍所设立之国务会议径移至总统府，国务院形式上虽有会议，实权已经操于总统府，内阁制之精神，完全丧失，盖无形中已变为总统制矣"。② 国务院成为袁世凯的工具，责任内阁制遭到破坏。

1914年5月1日，袁世凯宣布废除《临时约法》并公布《中华民国约法》。"新约法之唯一目的，在于增加总统权力，削灭议会之牵制，其与临时约法之精神完全相反。全文计68条，杂采美国、日本及欧洲大陆各国宪法中最偏重行政之条文，再加以别出心裁、独自创作之集权制度，以实行'一人政治'主义。"③《中华民国约法》取消内阁，并取消《临时约法》中"国务员辅佐大总统，负其责任"及"国务员于大总统提出法律案、公布法律，及发布命令时须副署之"等条款，代之以大总统统治权的制度；不仅扩大了总统权力，而且取消了对总统的任何约束。1914年5月1日，国务院被废止。在总统府设立政事堂，政事堂设立国务卿，"副署"大总统发布之命令，但这种"副署"不能看成代表大总统负政治责任，而只是一种"证明"，"虽新官制所定大总统之命令以国务院副署之，但此署，只能认为证明，不能认为代表负责之保障"。④ 并且，政事堂提出各党一律解散的建议，并禁止现任行政官吏、司法人员入党。这样就使入党和做官成为截然二途，各党从此不能插手政治。至此，《中华民国

---

① 郑鹤声编《中华民国建国史》，正中书局，1943，第64页。
② 白蕉编著《袁世凯与中华民国》，人文月刊社，1936，第48页。
③ 陈茹玄：《中国宪法史》，世界书局，1933，第70页。
④ 黄远庸：《远生遗著》（第四卷），商务印书馆，1920，第191页。

约法》已把《临时约法》中的参议院、大总统、国务员、法院共同行使国家统治权，变成了大总统独揽国家统治权；同时废除了议会制度，设立立法院，并在其上另设参政院，由此，最高的立法权被总统的御用机构参政院所把持；更极端的是，人民的自由都有"依法律所定"的限制，至于平等权，更是被"条文化"。资产阶级在政权中的地位丧失殆尽，正如法国学者谢和耐所言："中国的实权从未属于资产阶级，它始终都被操纵在掌兵权者手中"①，就连形式上的主权地位此时也被剥夺了。袁世凯则通过增修约法，用法律方式稳固自己所取得的各种专制特权。从此，近代中国进入袁世凯独占政权的时期。

可见，执政者无限制地伸张行政权，立法者愈扩展其监督权，结果使政治势力走向两个极端，当政治势力走向两个极端，而又不能取决于选民时，政治危机加剧，结果是两败俱伤。②袁世凯无限制地伸张一己行政权力的行为，致使1914年2月进步党内阁垮台的同时，进步党议会政党的资格被剥夺了，被排斥在中央政权之外，这使进步党在体制内推行宪政的幻想彻底破灭了。依托中央和平立宪无望的进步党转而寻求可依附的地方势力，并开始了体制外的挑战活动，致使袁世凯政府面临着有效性进一步流失的政治困境。

二 有效性的困厄：军阀地主集团对抗势力的生成

（一）地方分权的消解与集团内部分权势力的崛起

通过中央体制的"政治改革"，袁世凯成功地化解了中央权力横向流散的困境，但仍面临地方分权势力的挑战，中央对地方的控制极

---

① 〔法〕谢和耐：《中国社会史》，耿昇译，江苏人民出版社，1995，第526页。
② 张玉法：《民国初年的政党》，岳麓书社，2004，第442页。

第三章　有效性的危机：袁世凯权威合法性重建的政治困境及帝制复辟的缘起

其乏力。地方分权势力尤其是地方的革命党势力对地方自治的追求，分割着中央行政、财政和军事大权，并将袁世凯的势力排除在外，且对于南方同盟会的都督，袁不能加以干涉。这对于有极强传统集权情结的袁世凯是一个具有威胁性的挑战。为了削弱革命党人在地方的实力，袁世凯采取了一系列建立一个统一的地方行政系统的措施，以期把军权、财权、军权从地方收归中央，重新确立中央权威的有效统治。

首先，袁世凯试图推行将军权收归中央的"军民分治"，以消除国民党的军事挑战。面对南方诸省的国民党都督对军政、政权的掌控，尤其是国民党要人黄兴仍以南方留守身份掌握长江一带兵权，"从来就把军事权看作是产生一切力量的源泉"[1] 的袁世凯有芒刺在背之感。于是，袁世凯以维护统一、整顿地方秩序为由，提出军民分治主张。袁世凯一再指出："国不可不专，惟全国统一于中央之下，庶能收指臂相使之效，而谋国运之发展，若地自为治，省自为政，则国家既失统治之实，政治复有凌乱之乱，即省与省之间亦将权限之争横生冲突，其患不胜言"[2]，并认为这不是南北问题，而是地方不服从中央和中央应该维持统一的问题。袁世凯的军民分治主张迅速遭到革命党人控制和影响的东南诸省的抵制和反对，其中，最坚决的当属国民党都督胡汉民和李烈钧。江西都督李烈钧以军政时期秩序未定为由反对分治，其通电表示："今日中央政府由军政时期进而为约法时期，各省现状尚在军政时期之时"，"国本未固，乱机四伏，而欲使军政、民政划然分立，位置相若，不相统属，一有缓急，倚恃何

---

[1] 陶菊隐：《北洋军阀统治时期史话》（第1册），生活·读书·新知三联书店，1957，第129页。
[2] 《论中央集权与地方分权》，见《庸言》第五卷。

人?",所以"目前决不能骤废"。① 广东都督胡汉民也强硬表示:"军民分治在今日断不可行。必强行之,徒惹起各省之变乱,自损中央之威信。"② 先后响应的有11省之多,各省反对的通电纷至沓来,致使北京政府只得宣布各省都督与行政监督暂可兼领。

接着,为了削弱国民党人对东南诸省的控制和限制国民党都督的行政任命权,袁世凯又采取了缩小地方行政区划、中央设官治理的"废省改道"措施。1912年11月底,袁世凯指示各省当局,县长的任命须经北京中央政府的批准,但没有得到什么反应。1913年1月,他又利用国会因选举而实际处于休会状态的机会,颁布了《划一现行各省地方官厅组织令》,要求:省为上级地方行政区域,设立行政公署,以民政长为省行政长官;省行政长官由大总统任命;中央权限为司法、国防、外交、交通、财政等,地方权限为内政、警政、教育、实业、地方财政等;行政层级分省道县三级。袁世凯这一命令因未依法送参议院审查,立即遭到反袁情绪强烈的革命党人的质疑和指责,国民党人认为这是"野心之行政家与野心家之立法家欲乘此时机窃弄政权"③。国民党人李烈钧认为"命令官制实无效力之发生","命令官制必欲实行,专制进步一日千里"④,于是表示"极力反对,誓不承认"⑤。

同时,袁世凯以整理国家财政大政方针为由插手地方财政,提出划分国税与地方税问题。把田赋、盐课、关税、厘金、矿税、税契、酒税、茶税、印花税、所得税、营业税、国产税、遗产税、纸币发行

---

① 《赣督反对军民分治通电》,《民立报》1912年4月22日。
② 《胡汉民之大文章》,《神州日报》1912年8月11日。
③ 《论袁总统公布省制是否违宪与参议院暴弃之关系》,《越铎日报》1913年11月20日。
④ 《民立报》1913年3月28日。
⑤ 《民立报》1913年3月23日。

第三章 有效性的危机：袁世凯权威合法性重建的政治困境及帝制复辟的缘起

税等15项划归中央之国税，而把其他的如田赋附加税、当税、商税、杂税、房屋税等划归地方税①。从划分方案可以看出，凡是收入可靠的大宗税，均划归中央，只把微小零星或是不稳、不易征收的杂税划归地方。这一划分方案刚一提出，报纸杂志就议论纷纷，地方各省反应强烈，使这一拟议因为"各省疆吏，间有地方职权过狭，难期自治之发展"等反对理由，一时间未能实行。② 1913年1月之后，虽然中央在各省成立国税筹备处，精简机构人员，办理国税征收事宜，但因各省议会的抵抗，一直无法开展工作。③ 辛亥革命前，所有盐政收入均由各省自用，中央无从干涉，即使到了1913年，盐政收入仍是省内费用。为实行盐政中央化，袁世凯于1913年1月6日发布大总统令，通令全国，申明盐税为国家岁入，举借新旧外债，悉恃此为抵偿，各省不得截留。④ 由于盐税不仅关系各省之政费，还关系地方政府的权力问题，所以这一改令遭到各省极力反对，致使中央对盐政收入的管辖力甚弱。

总之，袁世凯追求中央政府有效性的努力接连受挫，加上党派的对立又掺杂其中，袁氏与南方国民党都督之间的矛盾越发尖锐。于是，军事占领成了袁世凯消除国民党地方势力牵制的首要选择，而军事占领的实现必赖于他的军队对各省的控制能力。

"二次革命"的失败使国民党失去了对南方数省的控制，袁世凯的北洋军进入南方各省区。在袁世凯的"分封"下，李纯、倪嗣冲、龙济光分别成为江西、安徽、广东的主人，刘冠雄取代孙道仁而就任

---

① 《贾士毅的划分国税与地方税私议》，《东方杂志》1912年12月1日，第九卷第六号。
② 贾士毅编著《民国财政史》，中华书局，1924，第106页。
③ 《各省财政近况》，《民国丛报》1913年第1期。
④ 《临时大总统令》，《政府公报》1913年1月7日。

福建都督，为了排除异己势力，将中立派进步党的势力一个个加以排除，任命张勋取代程德全为江苏都督，将"二次革命"中中立的浙江都督朱瑞召到北京，由李纯署理江西都督，将进步党系的西南都督蔡锷调离云南，由汤芗铭署理湖南，段祺瑞取代黎元洪而为湖北都督，由陈宧取代胡景伊督理四川。① 可见，"二次革命"后，袁世凯的军队成功留守当地，并且伸展到许多没有真正参加起义的省，除六个省外，所有内地省份都这样被占领了，剩下的六省大都在边远的南方，人口不到全国的 1/4。②

"二次革命"后，即使地方主义有显著的衰退，但由于历史发展的惯性作用，军阀拥兵自重、割据一方的传统社会影响并未彻底消除，以军阀派系为表现形式的分利联盟争夺资源的局面仍未被彻底打破。袁世凯的许多作战部队变成了驻军，这些驻军的司令变成了新军阀，各省地方大员自行编练勇营，兵为将有，又陆续取得财政权、人事黜陟权。随着北洋军阀集团省区势力地盘的扩大，各省督军率部驻镇一方，像中国古代王朝中央集权弱化时代出现的"弱干强枝"一样，北洋中央政府本身反而面临军事空虚乏力的状况。③

可以说，袁世凯在"二次革命"中的胜利没能扭转自他就任总统以来就存在的地方（军阀）势力坐大、中央权威衰落的颓势。那些替袁世凯建功立业而坐大的北洋将领们成为地方权力中心，自主意愿和分利倾向强烈，并不断地向中央政权渗透，逐渐成为与中央分权的新的地方势力。可见，袁世凯在依靠军事势力消解国民党地方分权

---

① 郭廷以主编《中华民国史事日志》（第 1 册），中央研究院近代史研究所，1971，第 123～125 页。
② 〔美〕费正清：《剑桥中华民国史》（1912—1949）（上册），中国社会科学出版社，1994，第 265 页。
③ 〔加〕陈志让：《乱世奸雄袁世凯》，傅志明等译，湖南人民出版社，1988，第 241 页。

第三章　有效性的危机：袁世凯权威合法性重建的政治困境及帝制复辟的缘起

势力的威胁时，不曾想"培养"了新的地方分利集团，这些分利集团在伸张自我权位的过程中逐渐割地自雄，袁世凯政权再次面临着大权旁落的危险。

（二）北洋军阀分利集团的割地自雄与有效性危机的生成

"二次革命"后，龙济光、张勋、李纯甚至袁世凯最得力的大将冯国璋，占据国民党的地盘之后，都一个个拥兵自重，割据称雄。看似大获全胜的袁世凯，实际面临的是一个"五代十国"的局面，就连昔日言听计从的北洋诸将，此时都"气势逼人"，不仅不听政令，甚至对上解款项也日益糊弄起来，并分割军事、人事、财政等中央大权。

最致命的是军事大权的旁落。为了确保势力范围，进驻各省的北洋军队逐渐成为驻军，集军权与政权于一身的各地北洋军阀相继成为各地独裁者，中央政府任命的文官被架空。在中央政府内部，袁世凯的军事大权也陷入旁落境地。在当民国总统之前，袁世凯的主要精力用于建军，在军队的编制与调遣和将领的选拔与补充上，都是亲力亲为。就任总统之后，袁世凯潜心于政治、经济、外交等事务，无暇顾及军队的训练和统领，只得把部分军权下放给属下。北洋军在内战中有了更大的发展，分布的地区日广。北洋三杰之一王士珍于辛亥革命之后即行告退，冯国璋于"二次革命"之后驻守南京负责东南一带，历任陆军总长的左将军段祺瑞完全掌握了中央政府的军事大权。由此，北洋"三杰"平衡发展、互相牵制的鼎足三分局面，一变而为段祺瑞大权独揽之势：军队的编制和调遣，将领的选拔与补充，几乎都由段主持；北洋军的新生力量大多是段祺瑞所培养和提拔的，段祺瑞的主导逐步代替了袁世凯的影响。掌握了中枢大权的段祺瑞，不再像以前那样服从上司袁世凯，而且极力排斥袁世凯对其职权的掣肘。① 昔日的三杰之一，变成了今朝独掌重权人，袁世凯昔日的部队，现在正面临着为段所控制的危险。② 由此，中央军权的分散化已不可逆转。

中央财政权下移明显。内战促成兵制变化，为了养兵，饷制突破了旧规。在浓厚的地方主义意识的支配下，各地北洋军阀为了强化自己的势力而自行扩编军队，军队的激增必然需要庞大的财政支持，而袁世凯政府财政困竭，各省靠中央财政拨款无望，于是就自定征收名目和税率，强征超额税收，用以肥己和养活军队。各省停止向中央上交财政收入并且截留应属中央的田赋和各种税款，与中央政府争夺财政收入的控制权。这些精英不仅给农村大众增加了沉重的财政负担，更加剧了袁世凯中央政府的财政危机。③

与此同时，中央对地方的人事控制也不断弱化。在控制地方军队和财政的基础上，地方军阀在用人问题上也是自行其是。特别是北洋大将段祺瑞经常不听调遣，在用人问题上更是不肯事事服从，如袁世凯派蒋方震为保定军官学校校长，事前没有和段商量，段祺瑞就通过学校经费来留难蒋方震，无奈袁世凯改派其为公府军事处参议，段祺瑞拒发委任状。④

"二次革命"的胜利，使袁世凯初步构建了"一元"集权权威，但其"一元"集权又开始面临内战中崛起的"多元"权力集团的挑战，各省的北洋军阀对中央财政权、用人权尤其是军事大权的分割是

---

① 陶菊隐：《北洋军阀统治时期史话》（第2册），生活·读书·新知三联书店，1957，第70~71页。
② 〔加〕陈志让：《乱世奸雄袁世凯》，傅志明等译，湖南人民出版社，1988，第184~185页。
③ 吴鼎昌：《大接管与财政之将来》，《庸言》第一卷，第13~14页。
④ 陶菊隐：《北洋军阀统治时期史话》（第2册），生活·读书·新知三联书店，1957，第86页。

第三章　有效性的危机：袁世凯权威合法性重建的政治困境及帝制复辟的缘起

其表征。"二次革命"中地方军事化的加剧为地方精英的权力扩张提供了更多的机会，而中央政府控制能力的不断弱化则增强了地方精英挑战中央的信心。伴随着自身实力的日渐增强，地方军阀凭借自身在"二次革命"中所获得的各种资源优势，不断地蚕食袁世凯中央政府的政治权力，并要求独立于中央政府的权力和威望，其"功高震主""尾大不掉"的局势由此形成。军权与财权是最为重要的两大权力，中央政府如果失去对地方军权与财权的支配，就不可能有效行使控制权。地方一旦拥有独立的军权与财权，往往会形成与中央分庭抗礼的局面，其结果是袁世凯中央政府贯彻各种政策和维持统一的中央集权政治框架的能力受到更加严重的质疑和挑战。可见，袁世凯所进行的努力，非但没有缓解中央权威有效性的危机，反而由于地方军阀离心倾向的增强而使中央权威有效性危机进一步加剧。

第四节　有效性危机的加剧：帝制复辟的缘起

"任何一位统治者的普遍或基本目标，也就是说，维持其足以对付任何反对者的权力地位，保证为其需要而动员资源的可能性。"[①] 袁世凯希望建立一个更集中、更统一的政权，他可以垄断政治决策和政治目标的确定。然而，袁世凯以自身集团之力打败了国民党的地方势力之后，却面临着新的分利集团如各省的北洋军阀的威胁和挑战。为了防止各地军阀对自由流动资源——不管是财富、威望、传播手段，还是政治权力与政治支持本身——的控制，袁世凯试图推行其所

---

① 〔美〕S. N. 艾森斯塔得：《帝国的政治体系》，阎步克译，贵州人民出版社，1992，第119页。

谓的地方体制的"政治改革","对所有其它权力中心施加调节,使之依赖于他们自己,或使它们受到削弱,以此来最大限度地减少它们变得完全自主或垄断社会资源的机会"①,以重新确立中央对地方的有效控制。与此同时,为了巩固既得权益,各地的北洋军阀强烈对抗袁世凯控制能力的扩展。

一 行政控制的弱化与中央贯彻能力的危机

行政管理权尤其是官员的任免权是体现中央政府权威的重要维度,中央政府通过任免省级政府官员,确保对地方行政的控制。为了防止各地北洋势力坐大,形成割据之势,袁世凯通过强化地方行政机构和在地方建立监控体系,并推行"废省改道"计划,缩小地方行政区域,把省由地方的自治体改为中央的行政体,扩大中央权力。

首先,袁世凯进行官制改革试图创立传统文职机构,以期将人事权收回中央。1913年的北洋政府关于地方制度的诸多组织令指出,省为国家行政区域即中央的行政体,而不是地方自治体;民政长为该省最高行政长官且由大总统任命,而不由民选。1914年的省官制也规定省为中央的代表行政机关。1914年5月,袁世凯发布《省官制》16条,规定各省设巡按使公署,省行政长官由民政长改为巡按使,巡按使大都是文官,包括有多年从政经验的官僚,行政公署改称巡按使公署,改道观察使为道尹,又下令裁撤各省原有之内务、实业等各司,在巡按使公署中,改设总务、内务、教育、实业等,使之仅负责处理文牍业务,以萎缩其工作。② 这一新官制对省行政机构的设置有重要变动,并且重新分派(省级行政单位)职责,加强各省巡按使

---

① 〔美〕S.N. 艾森斯塔得:《帝国的政治体系》,阎步克译,贵州人民出版社,1992,第121页。

② 《大总统令》,《政府公报》1914年5月12日。

第三章　有效性的危机：袁世凯权威合法性重建的政治困境及帝制复辟的缘起

的权力：规定巡按使为一省民政最高长官，一律由大总统任命，受政府委任；规定巡按使监督财政和司法行政，并定期向中央报告政情，其性质仅为中央派出之视察官；各省都督改称将军，督理本省军务，其性质仅为统率办事处派出代管当地驻军的指挥官。

之后，袁世凯又推出了废省改道计划，取消省在国家结构中的地位而以"道"作为地方政府最高建制。根据这个计划，将省一级废除，各省都督和民政长的名称、职权都将之失效，全国直辖80多个道，每个道只设立文职道尹一人，武职镇守使一人。每一镇守使所辖军队为一混成旅，至多不超过一师。这样，各地军人的兵力将受到一定的限制，中央控制的力量将大为增强，如此一来，袁氏强干弱枝的心愿自然就可达到了。[①] 所以，当北洋军进入江西、安徽、江苏、广东时，他仅仅给予统兵的李纯、倪嗣冲等镇守使和护军使之称，而不设都督之名，希望其先行废省计划。1914年5月9日，袁世凯开始把废省废督计划推向全国各地。5月23日，袁世凯发布教令第72号，正式公布了省官制、道官制以及县官制，在道官制中扩大道尹之职权，使之成为有实权之全道行政长官，6月2日袁世凯下令公布了各省所属道的区域表[②]。

这一做法旨在完全剥夺军阀干预民政的权力，但在"先入关者王之"的传统观念的驱使下，袁世凯的所为引起军人的反感。各省北洋军阀的极力反对，使袁世凯恢复文职机构的其他努力并无多大成效[③]。废除"省"而以"道"作为地方政府最高建制的打算，更是受到地方头面人物的强烈反对，他们采取了各种不同的办法极力反抗

[①] 陶菊隐：《北洋军阀统治时期史话》（第2册），生活·读书·新知三联书店，1957，第72页。
[②] 《中国大事积记》，《东方杂志》1914年7月第11卷1号。
[③] 钱端升、萨师炯：《民国政制史》（下册），商务印书馆，1946，第1~2页。

143

废督计划；有的称发清欠饷就交兵权，而实际上财政困顿的中央政府是没有清偿能力的；有的公然用制造兵变的手段来威胁袁世凯，借口兵变是由废督酿成的，如果实行废督，兵变的范围将扩大。用制造兵变的手段来维持个人权位，正是袁世凯自己教导他们的方法。① 在这种抵抗中，袁世凯的集权计划得不到有效的贯彻执行，而袁世凯也不敢再强迫推行，甚至不得不迁就事实。

二 军事控制的弱化与中央强制能力的危机

一般而言，"军队能够在改变和推翻政权的特定目标上发挥重要作用"，在特定条件之下，军队"能够导致破坏执政精英的基本政策和政治基本前提的结果"，"甚至能够改变政权的基本目标，并相应地改变政权的基本制度框架"。② 依靠充足的军事优势而夺取国家最高权位的袁世凯，对军队的重要性及其潜在能量再熟悉不过了，对于地方分治势力，尤其是军事割据势力，均将其视为心腹之患，必欲除去而后快。

为了削弱各省军阀的兵权，袁世凯采取了一系列军事措施。首先，为了把军政分开，改变军队官衔，新立将军职位。1914年6月3日，袁世凯正式颁布了裁撤各省都督令而授其以"将军"名号，虽然声明将军和都督的权力相等，但是将军仅与军衔挂钩。同时，袁世凯宣布22名"武"将军的名单，由其实际控制所属省份；另一批冠以"威"将军头衔的人则表示没有部队，也没有实际控制的省份。对所有这些人，都通称为将军，并可以相互替代。以上举措旨在

---

① 陶菊隐：《北洋军阀统治时期史话》（第2册），生活·读书·新知三联书店，1957，第75页。
② 〔美〕S.N.艾森斯塔得：《帝国的政治体系》，阎步克译，贵州人民出版社，1992，第178页。

第三章　有效性的危机：袁世凯权威合法性重建的政治困境及帝制复辟的缘起

"结束分裂的局面，开创和平的纪元"。① 袁世凯又在北京设立将军府，对原先各省都督等武人，分别授以各类将军之名称，削去了各省都督的地盘和兵权。② 虽然各省的北洋军阀将领失去都督名号，但实际的军事权力仍依然存在，将军不仅督理军务，而且照旧控制民政，又都"督理"本省军务。如"定武将军"张勋兼长江巡阅使，冯国璋督理江苏，龙济光督理广东，姜桂题兼理热河。又如山东的靳云鹏、湖南汤芗铭、陕西陆建章、广西陆荣廷等，他们纷纷模仿袁世凯在地方大权独揽，不断添募军队，成为一个省区的土皇帝，藩镇之势已成。可见，袁世凯的裁督计划未能起到任何实际作用，取而代之的将军制换汤不换药，只是改换了名称而已，绝大多数省份仍为武人当政。废督计划的执行因遇到极大的阻力而难以奏效。

在废督计划遇到阻力的时候，袁世凯决定重建由其掌控的军事统治。1914年5月，袁世凯建立统率办事处，大大削弱了陆军部的权力。为了削弱北洋旧将的兵权，实现中央军事集权，1914年10月，袁世凯组建了一支由自己统率指挥的新军——模范团，强调该团的常备兵对自己的效忠，并不断扩编军队。这一举动更印证了袁世凯统一军政的努力受挫的事实。而袁世凯逐步与其打江山的北洋系将领分割权力的措施，扩大了北洋内部的裂痕，这些将军们"不惟不受驱使，且还有走向反对方向的危险"③。因而，他们采取要求发清欠饷和制造各地兵变的手段，反抗袁世凯削督废省的计划，进一步弱化了袁世凯政府的军事控制能力。

---

① 《政府公报》1914年6月30日。
② 《政府公报》1914年7月1日。
③ 丁文江编《梁任公先生年谱长编初稿》，世界书局，1972，第421页。

三 财政控制的弱化与中央汲取能力的危机

经济利益既是中央与地方争夺的重点，也是解决中央与地方问题的关键所在。当政后，袁世凯对各省解款采取派款办法，但在与地方讨价还价的协商过程中，不得不一再让步，派解数逐渐递减。1913年为3241万元，1914年减为2937万元，1915年又减为2168万元，1916年派解省份从12个增为14个，派解款也仅为2604万元。① 但即使派解款数一再减少，各省亦不能全额缴解，1914~1915年为解款较多的年份，但也只有50%左右。但是，此时期的军事费用和债务费用急剧增长（见表3-1、表3-2），数目相当庞大，在当时的预算支出中，军费和债务费用合并一般占有70%~80%。中央财政混乱，连年入不敷出，中央政府财政汲取能力危机日益严重。

表3-1 北洋政府时期军费支出情况②

单位：百万元，%

年份	岁出总额	军事费 数额	军事费 占岁出百分比
1913	642.2	172.7	27
1914	357.0	142.4	40
1916	472.8	175.5	37

表3-2 北洋政府时期债务费支出情况③

单位：百万元，%

年份	岁出总数	用于支付债务费数	占岁出总数的百分比
1913	642.2	300.7	47
1914	357.0	98.6	28
1915	472.8	137.7	29

---

① 黄逸平、虞宝棠主编《北洋政府时期经济》，上海社会科学院出版社，1995，第69页。
② 杨荫溥：《民国财政史》，中国财政经济出版社，1985，第13页。
③ 《财政年鉴》（上册），商务印书馆，1935，第6、19页。

第三章　有效性的危机：袁世凯权威合法性重建的政治困境及帝制复辟的缘起

由表3-1、表3-2可知，处于军阀把持和外国帝国主义宰割下的北洋政府，军费支出浩繁，而财政收入的主要税源，或被地方军阀截留，或为抵偿外债或赔款，财政收入情况更趋恶化，加剧了北洋政府统治的动摇，北洋政府对地方财政的调度能力尽失。在此情势下，袁世凯迫切希望通过采取统一税制、统一财政等手段，削减各省都督的权力，维护和强化北洋政府的权威地位。

为了集权于中央，袁世凯设立了中央与地方财政行政机构。1913年春，设立中央财政国税厅总筹备处，各省份国税厅筹备处直属财政部，掌理国税，财政厅仅管地方收支。次年秋，又将财政司与国税厅职权合一，在各省设财政厅总理一省财政，隶属财政部。基层县级机构，对于县署下设财政局或科总理全县财政，此外又有征收局、常关分关、税务所、盐税局、官产分处等，机构重叠纷乱，各地设置不一。

1913年冬，财政部公布划分国家税、地方税法草案，规定国家税为供中央及地方行政所需诸经费而征收之租税，地方税为地方自治团体因处理自治事务诸经费所征收之租税。然而，这一财政体制并没有收到预期的效果，国税厅成立后，"各省行政长官多疑赋税等项一经解厅，即为中央之专款，不得不自由取支，或逶延不交，或既交之后于都概不出力，任其短绌"①。地方税划分之后，"所办自治学堂、实业等亦徒有其名，多归中饱"，不得已，1914年6月1日，将国家税、地方税名目取消，所有收入均"解交各省主管官署申度缓急，酌量支配"。② 1914年6月11日，袁世凯以大总统命令的形式公布了

---

① 《政府公报》1913年12月24日。
② 《财政总长呈请取消国税地方税名目并批令》，《政府公报分类汇编·赋税》(23)，转引自张静如、刘志强《北洋军阀统治时期中国社会之变迁》，中国人民大学出版社，1992，第65页。

《财政厅办事权限细则》,规定各省财政厅"直隶于财政部,凡支配款项及关于一切财政事务均受财政部之指挥,遇有重要事件得迳呈大总统"。财政厅长由大总统直接任命,"奉特别命令,受巡按使之监督",在规定范围内,"受巡按使之指挥"。①

所设财务行政系统确实是着意于中央集权的,如各省财政厅及各专门机构均规定直辖于中央财政部门或中央专管机构,其长官皆由中央委派,财政厅的设立标志着北京政府建立起了集权于中央的财政体制。但是,这种局面仅仅只维持了很短时间,而且这种财政体制也给予各省军政长官以财政监督权,为日后北京政府财政权的旁落埋下了伏笔。地方长官公然自行任命财政厅长,更有甚者,各省财政厅自行截留税款,增设苛捐,俨然成为独立王国,中央、地方财政各自为政,财政统辖体系荡然无存。可见,建立中央集权财政体系的努力落空,这一点从袁世凯政权的财政收支预算中可以看出(见表3-3)。

表3-3 袁世凯统治时期各年度财政盈亏状况②

单位:百万元

年份	岁入总额	岁出总额	预算盈(+)亏(-)
1913	334.0	642.0	-308
1914	358.0	357.0	+1
1916	452.0	472.0	-20

从上表可以看出,除个别年份外,中央财政普遍入不敷出,且赤字越来越大。实际上,1914年度的预算并不准确,为了达到预算上

---

① 《财政厅办事权限细则》,《政府公报分类汇编·赋税》(3),转引自张静如、刘志强《北洋军阀统治时期中国社会之变迁》,中国人民大学出版社,1992,第66页。

② 贾德怀编《民国财政简史》(下),商务印书馆,1946,第697~698页。

第三章 有效性的危机：袁世凯权威合法性重建的政治困境及帝制复辟的缘起

的表面平衡，岁入被有意提高，而岁出被有意压低，据梁士诒透露："惟各部出款，列数过少。迨实支时，间有超过原数者。"①

综上分析，袁世凯的北京政府是一个始终没能实现真正统一的形统实分的政权体系。在袁世凯统治的4年时间里，中央权威不断遭到地方主义的侵蚀和挑战。袁世凯推行的加强中央集权、强化中央权威和个人权威的努力，一旦触动传统权势集团的利益，就会招致极为顽强的抵抗，而中央政权又恰恰缺乏及时应对和化解这种抗拒的能力和权威。最突出的就是袁政府"在实行中央集权的同时，并没有完全摧毁地方精英的影响，使地方行政权有所缩小"，② 中央与地方的摩擦和冲突不断。当时就有人指出，虽然袁世凯极尽集权之能事，大权统一于一尊，但实际上是"皮相之空论"，其真相则是"中央对于地方，非命令的，而协商的，地方对于中央，非从属的，而对等的"③。例如，财政需各省财政委员的承诺，否则无效；军事用款，必得各省都督的同意，否则不能削减其丝毫。因此，袁世凯政府名义上虽然是一个中央政权，但实际上是一个典型的"软政权"④，其政治运作难以产生社会整合功能，更无法取得实际的社会绩效。由此，袁世凯的中央政权面临着更加严重的有效性危机。

---

① 黄绍绪、江铁等编《重编日用百科全书》，商务印书馆，1934，第1243页。
② 〔法〕白吉尔：《中国资产阶级的黄金时代（1911—1937）》，张富强等译，上海人民出版社，1994，第227页。
③ 章秋桐：《联邦论》，《甲寅杂志》第一卷第四号。
④ "软政权"是瑞典著名经济学家冈纳·缪尔达尔在研究南亚国家政权特征时提出的一个概念，他在《世界贫困的挑战》（北京经济学院出版社，1991）中提出了"软政权"的主要特征：社会下层的成员缺乏对立法和具体法律的遵守和实施，他们可以利用手中掌握的各种有限资源，逃避或违反法律的制约，为达到利己的目的而进行交易；掌握社会、经济、政治大权的社会上层成员可以任意地图谋私利。因而，任何"软政权"在政治运作上都难以产生社会整合功能，更无法取得实际的社会绩效。

四　摆脱有效性危机的诉求：帝制复辟的缘起

地方势力的崛起既是中央政治权威衰落的结果，同时又是中央政治权威彻底瓦解的原因，地方势力的强大直接破坏了中央政治权威的社会控制功能。袁世凯的北京政权恰恰陷入这样一个怪圈：中央权威有效性的流失，迫使其进行以军事征战弱化地方权威和以领袖个人独裁强化政府内部权威的努力，反而加剧了地方权威的对抗，致使中央政治权威面临瓦解的危险。当处于这一怪圈中的袁世凯政府耗尽和疏离了各种自由流动资源和政治支持时，各省军阀加大离心力度，企图垄断重要的经济和政治地位。于是，维护袁世凯政治权威的阶级基础开始瓦解，再也无法对社会进行有效控制。

就政治和经济处境来看，袁世凯中央政府一直面临着再来一次"革命"的压力：国民党和进步势力的体制外挑战；国家承受着因战争赔款而来的巨大经济负担；军队不再忠于中央政府；支撑袁世凯统治的北洋集团内部的离心和分裂。一般而言，只要秩序的合法性观念为当权者与被支配者共同拥有，秩序方可建构和维持。各省军阀的离心已经表明中央政府和地方政府对秩序重建难以达成共识，它们在控制与反控制的实践中，都意识到"谁拥有权力，尤其是军事权力，谁就具有合法性"。各省的北洋军阀的权力普遍化倾向，对于希望建立一个集中统一政权的袁世凯来说是一个致命的威胁。他感到自己的政权正受到外部压制和内部解体的威胁，并认为共和政治的体制无助于其有效性危机的政治解决。作为一个执政者的袁世凯总是对建立统一政权这种政治目标怀有一种向往，期望秩序的重建，为了挽回流失的中央权威，袁世凯急切地寻求超出民主共和范围的"新"的解决之道。他期望在"新"的解决之道中，自己可以垄断政治决策和政治目标的决定，而不受到任何政治势力的束缚和威胁。

第三章　有效性的危机：袁世凯权威合法性重建的政治困境及帝制复辟的缘起

对于受儒家思想浸染大半生的袁世凯来说，这种解决中央权威危机的"新"的解决之道的构建难以超出"传统主义"的范围。袁世凯试图借儒家政治原则来重建和统治这个儒家体制已经解体的国家，以改变外重内轻的政治格局，重建统一有序的集权网络。在路径依赖的惯性支配下，袁世凯的头脑中仅存的唯一政治选择就是：以君主制度体系作为"统一"的承载者。在袁世凯的经验和意识里，君主专制的制度体系下君主与国家是合二为一的，在国家政治权力的分配中处于绝对优势地位的君主，通过强化尊君方可构筑疆域统一、政令合一的社会政治秩序，能有效增强自身统治的正当性。基于此，处于有效性危机困境中的袁世凯决定诉诸传统的君主制度体系，妄图借用这一制度符号所曾具有的增强统治正当性的政治功能，来摆脱中央权威有效性危机的困厄。于是，袁世凯开始了将其独裁式的集权体系与帝制政制进行结合的政治行动。

小　结

革命政权的有效性危机消解了革命党人掌握国家政权的合法性，拥有优势政治资源的强人袁世凯进入民国政权，成为中华民国的国家元首。这样，"革命派缔造了民国的基石，袁世凯得到了民国的名器"。[①] 革命派并不甘心于这种结果，于是通过制定《临时约法》寻求一个制约袁世凯和实现自身政治理想的制度安排。

《临时约法》构建了一种"总统的表面特权"（尊严）与"内阁总理的实际权力"（效率）并存的二元体系。在这一二元体系中，国民党人主导的内阁和议会随意"扩大"权力而居于国家中心地位，

---

① 陈旭麓：《近代中国社会的新陈代谢》，上海人民出版社，1992，第345页。

使总统袁世凯的权力不断被虚化。这种畸轻畸重的权力结构束缚了袁世凯建立强有力中央政府的行动。于是，袁世凯通过制定《中华民国约法》，重新"塑造了制度在政体范围内变化的速度和方向"[①]，建立了军政独裁政权，以排除中央内部对抗性的阻力。但是，独揽大权的袁世凯政府很快又面临着军事化的、各自为政的地方分利集团的威胁，这使袁世凯进行国家整合的努力在向社会延伸的过程中遭遇了更大的对抗性阻力。结果，地方军阀削弱了袁世凯欲求的中央政府权威，使袁世凯独裁政权陷入"软政权"的境地。无计可施的袁世凯认为是共和制形式阻碍了其中央权威的建立，于是开始诉诸传统集权的权威模式来摆脱有效性危机。

[①]〔美〕V. 奥斯特罗姆等编《制度分析与发展的反思》，王诚等译，商务印书馆，1992，第3页。

第四章
有效性的企求：复辟帝制的合法性运作

第一节 有效性的企求：复辟帝制的政治诉求

北洋总统制政府的建立，使袁世凯由临时大总统成为正式大总统，又由正式大总统转为终身大总统。在这一政治体制下，袁世凯虽大权独揽，但并没有真正建立起全国性的中央权威，其政治上的成功并没有使中国摆脱危机，相反，由于体制外反叛精英的增加，尤其是北洋军阀内部分利集团的生成，中国内部的双重分离状态——中央不能控制地方、法律不能控制派系——更加严重。尤其是，在疲于应对外来势力挑战和内部动荡危机的过程中，袁世凯追求有效性的努力非但没有遏制住各省军阀的地方分权趋势，反而更加弱化了原本就十分脆弱的中央权力，北洋统治联盟内部的分裂加剧了中央权威的有效性危机。在"枪之所在，即权之所寄"的情势下，中央权力被各地方集团分割和削弱，袁世凯政府的"中央"地位面临被边缘化甚至趋向"秋千政府"的危险。

可见，在北洋总统制的"共和"框架下，袁世凯重构中央权威有效性的努力没有取得预想的效果，政府权威的丧失依然是当时极为严重的问题。而共和政治的框架体制却无助于这种危险和威胁的政治解决。面对这种现状，保守主义者把注意力转回到对政体甚至国体的政治思考上，开始质疑共和政体。在当时，政治精英的政治逻辑中除了"民主共和"与"君主专制"外，好像没有重新整合中国社会的第三条道路可选。极端保守主义者将民初秩序的紊乱统统归于共和政体，认为中国之乱来源于政体的变革，"国愈纷而无力统一，国愈贫而无术理财，政府无权不能行治，旧制尽扫而乱状日处"[1]，进而提出救中国的唯一出路也只在于恢复旧的政体和政府权威。现代保守主义者也认为，中国的一切危机皆为"共和之弊也"[2]，没有统一和安定的内部环境，中国的富强与统一只能是一句空话，中国问题的根本解决有待于国体的变更，而国家定于一是国体变更的原则，只有施行中央集权和君主开明专制，才能有效地保证中国的统一和安定。

作为保守主义者兼实用主义者的袁世凯，也在其政治智慧的限度内探求着"新"的解决之道。袁世凯认为，在共和政体框架下自己虽然是法定的国家元首，但是拥有和行使最高权力的共识模糊且极具不确定性，严重"阻碍"了其中央政府和个人权威的确立以及社会秩序的重建。因此，处于有效性危机中的袁世凯急切寻求超出民主共和范围的"新"的解决之道，期望在"新"的解决之道中，自己可以垄断政治决策和政治目标的制定，而不受到任何政治势力的束缚和威胁。而在他个人的政治常识里，国体只有"共和"和"帝制"两个模式，他自己，乃至他的智囊团，认为共和既然不合中国国情，那就只有回到帝制了[3]。

袁世凯在君主专制政体下生活了大半辈子，对君主专制政体的制度功能再熟悉不过了。其认为，对中国而言，效忠一个人，比效忠国

---

[1] 汤志钧编《康有为政论集》（下册），中华书局，1981，第816页。
[2] 刘晴波主编《杨度集》，湖南人民出版社，1986，第566页。
[3] 唐德刚：《袁世凯帝制思想如何形成》，《领导文萃》2015年第15期。

第四章　有效性的企求：复辟帝制的合法性运作

家或忠于抽象的约法更易于理解。① 因为在帝制之下，君主拥有不被限制的行动手段，是一切立法、司法和行政权力的本源，君主的权力应该具有单一性、至上性、广延性，禁止并行权力的存在；君主不仅控制中央政府，而且使地方自治权大为削弱，从而形成中央集权政治体系，在外力发生作用前，皇权既是国家主权的代表，又是中央政府政治权力的核心。而且，君主专制的政体架构提供了强化中央权威、抑制地方和臣下的权势的有效机制：在权力结构上以体现君臣高下尊卑的等级秩序作为合理性和合法性的基础；在君统传延上要严格依照血缘宗法准则和等级原则实行君权世代相袭；在意识形态上，利用传统道德观念，给人们的行为以道德规定，使臣下对君主忠贞不贰。②

在此思维惯性的支配下，面对各省的掌权人物的自主倾向和分权要求，袁世凯试图按照传统集权逻辑重新缔造一套行政系统，以牢牢地掌握全国财权、军权、政权。在他看来，君主专制政治形态所具有的上述有效机制和政治功能，由于更加强调国家元首的权力的一元性和神圣性，比共和政体宣称的人民统治权更能使地方精英的"本分"具体而明确，而且专制政体框架下的国家元首能够有效控制地方，因而更有助于中央政府权威的重建。袁世凯希望通过复辟帝制，"合法"地改变地方行政制度，以清朝时期的巡抚代替北洋政府下的都督和将军，从而使地方主义让位于中央集权，挫败国民党尤其是各省的北洋军阀的政治挑战，从而摆脱其苦于应对的有效性危机。

于是，袁世凯试图借儒家政治原则来重建和统治这个儒家体制已

---

① 《申报》1915 年 7 月 6 日。
② 〔加〕陈志让：《乱世奸雄袁世凯》，傅志明等译，湖南人民出版社，1988，第192 页。

经解体的国家，重新建立一个统一的、同质的统治，并为这一统治重新确立一个对袁氏王朝而非逊清王室的忠诚和效忠机制。辛亥革命后，中国政治的合法性呈现传统与现代二元政治价值的共存状态，具有过渡人特性的袁世凯兼具保守与进步的双重身份，决定了其所构建的北洋政府体制必定具有形式"民主"、实质"专制"的混合特征。在时代潮流的规约下，袁世凯不得不同时"操纵传统和非传统性的支持以维持其基本是传统型的合法性"①，以实现其有效性的企求。这意味着，在北洋总统制的"共和"框架下，双重合法性理念或程序的并存决定了袁世凯进行复辟帝制的政治运作具有传统与现代的双重特质：通过现代"民主"程序的借用，缔造传统的政治形态，完成国体的决定问题；通过传统"差序格局"秩序的重建，进行固化传统政治形态的制度建构。帝制复辟的双重政治运作是袁世凯实现其有效性企求的不同逻辑。

第二节　有效性企求的现代通道：
"民主"程序的借用

将"国情"（民意下的国情）与政体"挂钩"的思考路径在民初政治精英意识中积淀已久，并逐渐成为各种精英进行政治模式变革的惯性选择，而"尊重民意"不只是袁世凯的托词，实际上也是民初精英进行政治模式选择的逻辑起点和立论依据。袁世凯进行政治模式的变革首先也是以"国情或民意"为逻辑起点。承诺"共和"方案后，1913年10月6日，袁世凯在"民意"中"合法"担任大总

---

① 〔美〕S. N. 艾森斯塔得：《帝国的政治体系》，阎步克译，贵州人民出版社，1992，第28页。

统。登上大总统位置的袁世凯更加"守成",但是在民初的"宪政化"成果下,这种"守成"不得不在"民意"的程序下进行。同样,为了有效应对权威危机,袁世凯也不得不循着"民意"这一现代的"合法化"程序来缔造传统政治形态,试图通过"民意"来粉饰"民国"到"帝国"的变更合理性。在近代中国,"国情与民意如同一对孪生姐妹,因此,讲民意也就是说国情"①。袁世凯对"民意的运用并没有采取浮躁的态度,而是从具体国情出发"②,寻找国体变更的原因。因而,"尊重民意"构成了袁世凯论证国体变更的逻辑起点和思考路径。

一 尊重"民意":袁世凯论证国体变更的思考路径

袁世凯不惜重金聘请洋顾问以及国内保守主义者,咨询国情,制造"君宪救国"舆论,期望"国情"和"民意"的论证能够有效营造其变更国体的合法性。

1914年,美国人古德诺担任袁世凯的法律顾问,在《中国新约法论》和《共和与君主论》中提出了其"中国国情观"。1914年11月19日,古德诺在纽约法政学会宴会席上发表了《中国新约法论》演讲,他指出③:"盖中国数千年来权集于天子,天子依惯例以为治,而人民无立法之习惯","中国除自古以来个人政府而外,不知他种之政府也。目前之中国人民,鲜合群共动之能力。又中国社会上,其于经济一方足以自立,而又能关心公共利益之人,不若欧洲初用代议政治时之多。故其结果,于组织名实相符之代议机关极为困难,而专

---

① 张宝明:《自由神话的终结》,上海三联书店,2002,第43页。
② 张宝明:《自由神话的终结》,上海三联书店,2002,第69页。
③ 〔美〕古德诺:《中国新约法论》,见章伯锋、李定一主编《北洋军阀:1912~1928》(第2册),武汉出版社,1990,第939~945页。

制政治之发生，则甚易，中国之情势若是"；而"新约法大增总统之权，总统现为政权之中心点，在其任内人民尊其所出地位，类似前朝天子。立法部职权则为顾问性质，非主辖性质，处于被商地位，非处于自由建议地位"。古德诺认为《新约法》下的宪政安排更"与中国之历史、国情更为相合"①。可见，古德诺论及的国情是指国家元首行政专权的历史。针对古德诺所臆造的中国"国情论"，李大钊特撰《国情》一文加以批驳，认为古德诺所谓国情论"实乃逆乎国情也"，"谓国家即帝国其质，元首即终身其任……求国情于外人，窃恐此憾终难弭耳！"②

在强调行政专权是中国国情的构成部分的同时，古德诺又指出："中国老百姓不开化，不懂什么民主自由，非帝制不能加以统治。"③因而"极端赞成中国恢复帝制，建立君主政府"。④在其《共和与君主论》一文中，古德诺再次强调其"中国国情观"。他认为，"一国所用之国体，往往由于事实上不得不然之故"，"无论君主，或共和，往往非由于人力，其于本国之历史习惯与经济之情状，必有相宜者，而国体乃定"，但"民治卑下之国，最难于建立共和""勉强奉行，终无善果"；"中国数千年以来，狃于君主独裁之政治，学校阙如，大多数之人民智识，不甚高尚……四年以前，由专制一变而为共和，此诚太骤之举动，难望有良好之结果也"，故"中国如用君主制，较

---

① 〔美〕古德诺：《中国新约法论》，见章伯锋、李定一主编《北洋军阀：1912~1928》（第2册），武汉出版社，1990，第945页。
② 《李大钊全集》（第一卷），河北教育出版社，1999，第688、691页。
③ 唐在礼：《辛亥革命以后的袁世凯》，引自中国人民政治协商会议全国委员会文史资料研究委员会编《文史资料选辑》第53辑（合订本），中国文史出版社，1989，第219页。
④ 中国社会科学院近代史研究所译：《顾维钧回忆录》（第1分册），中华书局，1983，第110页。

共和制无宜","盖中国汝欲保经济之状况,不得不用立宪政治,而从其国之历史习惯、社会经济之状况、与夫列强之关系观之,则中国之立宪,一君主制行之为易"。①

古德诺的《共和与君主论》一文发表后,以杨度、孙毓筠为首发表的筹安会宣言以此作为立论的基础,也开始了国情与政体"挂钩"的论证。1915年8月,杨度发表《君宪救国论》一文,提出了自己的"中国国情观"及与之相对应的政体设计。杨度认为中国人没有实行民主共和的政治能力,并指出:"共和政治,必须多数人民有普通之常德常识,于是以人民为主体,而所谓大总统行政官者,乃人民所付托以治公共事业之机关耳","中国程度何能言此?多数人民不知共和为何物,亦不知所为法律以及自由平等诸说为何义。骤与专制君主相离而入于共和,则以为此后无人能制我者……加以君主乍去,中央威信远不如从前,遍地散沙,不可收拾。无论谁为元首,欲求统一行政,国内治安,除用专制,别无他策"。进而,杨度提出救亡中国的根本途径应是"先立君后立宪"。杨度认为"计惟有易大总统为君主,使一国元首立于绝对不可竞争之地位,庶几足以止乱",因而,在中国"非立宪不足以救国家,非君主不足以成宪;立宪则有一定之法制,君主则有一定之元首,皆所谓定于一也。救亡之策,富强之本,皆在此矣"。②

在这些声音包围中,袁世凯所垂询到的国情无非只是"人民程度的低下""中国人习惯于专制"等。这一国情观认为,数千年来人民习于帝政,由于中国缺乏民主传统,中国人没有实践民主政治的能

---

① 〔美〕古德诺:《共和与君主论》,见章伯锋、李定一主编《北洋军阀:1912~1928》(第2册),武汉出版社,1990,第945~952页。
② 杨度:《君宪救国论》,见章伯锋、李定一主编《北洋军阀:1912~1928》(第2册),武汉出版社,1990,第952~969页。

力，辛亥革命骤然由君主制度改变为共和制度，"不顾民情之向背，不考民心之顺逆，改帝制为共和"①，国无定主，引起了国家分裂和政局的混乱，这是由于"共和"违背了民意。于是，袁世凯认为习惯于专制的人民必定趋向君主，民心向背，为国体之根本，变"共和制"为"君主制"是合乎国情、尊重"民意"的。由此，对"国情"或"民意"的论证构成了袁世凯变更国体的"合法"性基础。

二 运用"民意"：袁世凯变更国体的实践路径

在以"民意"为逻辑起点论证了变更国体的合理性后，袁世凯又运用表达"民意"的程序，开始了变更国体的"合法"性活动。

首先是组织公民请愿团，向参政院请愿"改革国体"。筹安会成立后即通电各省代表以公民资格，组织公民请愿团体，并组织请愿联合会，向参政院陆续投递，要袁大总统登基做皇帝。如北京总商会联合各省商会发起"商会请愿团"，马为珑则发起"教育会请愿团"，安静生发起"妇女请愿团"。同时，奉天将军段芝贵，联合多省的将军、巡按使也要求袁总统早日变更国体。② 全国请愿联合会发表宣言说："民国肇建，于今四年，风雨飘摇，不可终日，父老子弟苦共和而望君宪，非一日矣！"③ 而参政院根据筹安会的"研究"和请愿团的"请求"，制定"国民代表大会组织法"，向袁世凯建议召开国民大会，迅速决定国体。于是，变更国体的"民意"水到渠成。

---

① 沈云龙编《民国经世文编》卷39，文海出版社，1970，第5056页。
② 章伯锋、李定一主编《北洋军阀：1912～1928》（第2册），武汉出版社，1990，第922~924页。
③ 《全国请愿联合会宣言书》，引自章伯锋、李定一主编《北洋军阀：1912～1928》（第2册），武汉出版社，1990，第976页。

国民代表大会之变更国体的投票是袁世凯运用"民意"的又一举动。"国民代表大会"是帝制活动名义上的统一指挥机关。根据《国民代表大会组织法》的规定,各省区、各团体的国民代表,从1915年10月25日起,开始选举国民代表,三天之内各省"国民代表"全部选出。1915年1月28日,国体投票开始,到11月20日全国各区国体投票全部结束。1915年12月11日,各省国民代表举行了改变国体的投票,在全体代表1993人中,赞成君主立宪的有1993人,无一人反对,无一张废票。① 在投票之后,袁世凯声称:"查约法内载民国之主权,本于国民之全体,既经国民代表大会全体表决,改用君主立宪,本大总统自无讨论之余地。"②

之后,参政院两次推戴或"公选"袁世凯为皇帝。各省在国体"投票"的同时,"推戴"了皇帝。各省同时声明道:"余等国民代表,代表国民之真意,劝今大总统袁世凯,进为帝位,并授以国内至大至尊之君权,天许以此位,传其子孙,以至万世。"③ 这种推戴虽然在"立宪"的法律程序下进行,但他们是将"天意"归结为"民意"④,试图借助天人合一理念论说当皇帝是顺从"民意"的。

三 借助"立法":袁世凯固化国体的程序路径

辛亥革命后,对"民意"的遵从、"民权"的维护以及"共和""分权"形式的追求,成为革命后政体设计的主流原则,更是革命后国家政治建设的限度,而各种"立法"活动则是能够体现这一原则

---

① 谢本书:《袁世凯与北洋军阀》,上海人民出版社,1984,第73页。
② 《政府公报》1915年12月12日。
③ 白蕉编著《袁世凯与中华民国》,人文月刊社,1936,第272页。
④ 张宝明:《自由神话的终结》,上海三联书店,2002,第10页。

和限度的最有力形式。由此，"立法"活动也就成为各个政权掌控者彰显和固化各自政治形态设计的程序路径。作为中华民国国家元首的袁世凯，正是诉诸"立法"这一现代形式，来固化其对政治形态的追求和设计。

袁世凯所建立的北洋政府是一个军阀地主阶级政权，这决定了其定会构建一套代表军阀地主阶级利益以及确保军阀地主统治地位的法律制度。于是，袁世凯进行了一系列具有现代形式的"立法"活动，将"民意"官僚化，"分权"形式化，从而将资产阶级完全排斥在政权之外。与此同时，清末的各种法律制度得以复归，资产阶级性质的各种法律制度更加虚化，在这一充斥着浓厚的封建精神和封建传统的法律制度下，袁世凯的独裁权力进一步内卷化。

首先，袁世凯通过立宪活动，使行政权力的扩张和国家权力一元化的进程披上"合法"的外衣。1912年8月，袁世凯利用了资产阶级所热衷的"立宪"程序，颁布了《中华民国国会组织法》、《参议院议员选举法》和《众议院议员选举法》，并组织宪法起草委员会，通过了《中华民国宪法草案》。1914年，袁世凯又通过设立约法会议，拟定出《中华民国约法》，于同年的12月又通过了由约法会议议决的《修正大总统选举法》。至此，袁世凯的独裁权力打破了"任期"的时间限制，"有任期"的集团权力逐步滑向"永续"[①] 的个人专制权力，并以法律的形式确定下来。

---

① "永续"一词，是萨孟武先生对"独裁政治"和"专制政治"的不同点进行比较时提出的，是指在专制政治下，统治者对国家权力的掌控，没有时空的限制。萨孟武先生指出，"专制政治"是"永续"的制度，而且其本人没有打算放弃其专制权，除非发生了人民革命。相反，"独裁政治"则为过渡的制度，即只存在于一定时期之内，这个时期过了之后，独裁者就自动放弃其独裁权，换言之，就是独裁者的权力受到时空的限制。详见萨孟武《政治学与比较宪法》，商务印书馆，1936，第101~104页。

第四章 有效性的企求：复辟帝制的合法性运作

接着，袁世凯政府援用清末法律，进行了具体的"立法"活动，如刑事立法活动、诉讼立法活动、民商立法活动，等等。（1）1912年3月，袁世凯发布了法制建设的施政纲领《暂时援用前清法律及新刑律令》，指出："现在民国法律未经议定颁布，所有从前施行之法律及新刑律，除与民国国体抵触各条，应失效力以外，余均暂行援用，以资遵守。"① 之后，袁世凯令司法部对《大清新刑律》进行删修，将其中与民国国体抵触的部分和带有明显帝制行政意味的名词概念加以删改②，从而使其维持着"民主共和"的现代形式。但在"二次革命"后，袁世凯政府加紧删修资产阶级的法律和命令，极力恢复封建法制，从而去除了法令的现代形式。（2）1912年，袁世凯政府又援用了清末颁布和草拟的诉讼法律，将清末的《刑事诉讼律草案》和《民事诉讼律草案》修改为《民刑事诉讼律草案管辖各节》。同时，袁世凯政府又陆续颁布了清王朝从西方资产阶级诉讼法中拿来的陪审制度、公开审判等，还照抄了西方诉讼法中的联系性。③（3）1914年，袁世凯政府在清末民律草案的基础上进行了民法典的编纂，之后，又仿照清政府的《公司例》和《商人通例》，颁行了《公司条例》和《商人通例》，这是对大清民商律的一次历史复归。

1915年帝制复辟后，袁世凯下令将辛亥革命以来所有的资产阶级法律和法令彻底清查删修。至此，袁世凯以"立法"这一现代路径的外在形式重构着政治形态的传统取向，在这种"外在形式"与"内在价值"存在冲突和张力的一系列"立法"活动中，袁世凯竭力

---

① 中国史学会主编《辛亥革命资料丛刊》，上海人民出版社，1957，第308页。
② 侯强：《社会转型与近代中国法制现代化：1840~1928》，中国社会科学出版社，2005，第130页。
③ 侯强：《社会转型与近代中国法制现代化：1840~1928》，中国社会科学出版社，2005，第132页。

建构中央政权权威的有效性。然而，也正是结构形式与价值内容的张力阻滞了帝制政权的有效性的实现，有效性的缺失注定了袁世凯帝制复辟的幻梦必然破灭①。

可见，辛亥革命以来所坚持和倡导的"主权在民"原则及其"民主"程序，成为袁世凯建立帝制和使皇权合法的工具。通过诉诸"民意"，袁世凯获得了"应然"的"天下独占"权位，并意在表明国体变更是合乎"天视民视、天德民德"传统的结果。但是，其"实然"地位的获得和维护，还需重建差序格局的秩序，只有通过重新构建等级秩序来明示君臣之别，才能弱化地方精英的分权势头。

第三节 有效性企求的传统通道：差序格局秩序的重建

"宪法秩序塑造了制度在政体范围内变化的速度和方向"②，袁世凯通过"立法"程序制定《中华民国约法》，否定了革命党的立国理念和政制框架。同时，袁世凯试图借助现代的"合法化"程序来缔造"旧"的政治形态，即完成国体的决定问题。通过"民意"这一现代的"民主"程序，在法理上，袁世凯成了一个大权独揽的君主（或皇帝）。但是，要真正实现和维护这种应然上的权力独操、地位独尊的绝对地位，袁世凯还必须借传统的逻辑构建与此国体相适应的运行机制，因为与皇帝有关的各种制度或机制已被嵌入封建官僚的意识里，这种制度和文化机制所构筑和维护的是政治权力的一元化以

---

① 马润凡：《"民主"程序的借用：袁世凯帝制建构的"现代"逻辑》，《吉林大学学报》（社会科学版）2010年第4期。
② 〔美〕V. 奥斯特罗姆等编《制度分析与发展的反思》，王诚等译，商务印书馆，1992，第3页。

及地方对中央的绝对效忠。因而，面对各省北洋军阀对自身独立权力地位和身份地位的追求所造成的政权内部的权力失衡，袁世凯试图通过恢复传统的制度和文化框架来重塑等级差序格局，并且通过恢复传统的制度和文化等政治符号来重新明示"普天之下，莫非王土；率土之滨，莫非王臣"的观念和秩序。

一　制度机制的传统建构：垂直体制对平行体制的置换

最高统治者及最高权力一元化，这是中国古代大一统的专制秩序所确立的基本政治原则。在这一政治原则下，中国传统政治体系的权力结构特征，是一切权力属于君主，君主是政治决策过程中最高、最后的决断者。与之相对应的权力机构的特征是：王权是最高权力机构，其他所有的政治权力结构无一例外地都是皇帝的办事机构和派出机构，各个政治办事机构都只对王权负责。① 中国广大的官僚和官僚机构在法理上都只是王权的办事员和派出机构。这种最高权力一元化的权力结构以及附属性的权力机构彰显了君主个人对国家权力和社会资源的独占性和排他性。那么，为了防止君权旁落和保证君主独头统治的正常运转，传统统治者建构了一套维护其独尊地位的政治和社会运行机制：采用尊君卑臣的措施，确保天子在等级制度中的至尊地位；在权力配置上，君权必须压倒臣之权，以确保天子对臣下的有效支配。② 其中，由上而下的垂直体制尤其是官制体系的确立，是君主政治最重要的运作系统。正是通过官职、官品、官禄的确定，官吏权责的划分和官吏任用程序的规定，帝王及其统治集团的意志得到了体

---

① 刘泽华：《中国传统政治哲学与社会整合》，中国社会科学出版社，2000，第159、266页。
② 刘泽华：《中国传统政治哲学与社会整合》，中国社会科学出版社，2000，第117页。

现,也正是通过这种垂直体制的建构,最高统治者强化了其对社会的控制:首先,它使一般臣民对专制君主乃至其他揽权人物,养成敬畏的心习;其次,使官僚势力彼此保持一定的平衡,防止任一势力凸显;最后,使全体人民"安分守己"。[①] 可见,传统政治体系下的这种制度框架强化着君臣纲纪,进而维护了最高统治者的政治自主性和有效性。

在与地方实力派的权力角逐中,谙熟传统制度框架的袁世凯试图利用君臣纲纪来维系、巩固自己的团体和控制其他军阀,以期确立真正有效的中央统治。于是,在由共和政体向帝制政体演变的过程中,中华民国的制度机制发生了垂直体制对平行机制的置换。

首先,为了消除权力机构的平行机制对其政治自主性的限制,袁世凯力图维持独立于官僚机器和官僚集团之外的私人官员和顾问圈子,以总统府的特设机构控制、分割、架空甚至取代既有权力机构,强化等级分类,建立一套与君主制相适应的等级制度。袁世凯于1914年5月下令撤销国务院,仿照前清军机处在总统府设政事堂,由国务卿掌管政事堂,规定一切军国大事皆由政事堂议决施行。同时,改变国务卿职权,把国务卿承大总统之命监督政事堂改为国务卿监督行政,向大总统负责;把大总统发布命令由国务卿副署改为由政事堂奉行铃印、国务卿副署,所以其只是对总统负责而已。各部总长只有执行部务之责,而没有预闻政务之权。[②] 政事堂被时人称为"承宣机关",它是袁世凯帝制政体中的最高行政机构,被时人称为"政治上最高机关,除关于军务事项外,为决定政治、财政、外交及其他

[①] 王亚南:《中国官僚政治研究》,中国社会科学出版社,1981,第65页。
[②] 《申报》1914年5月9日。

166

一切施政方针之策源机关"①。由此，袁世凯打破了中央内部权力结构的制约，恢复了权力机构对最高权力的附属和服务。正是通过这一举措，袁世凯有效地把行政权力集中在手里，而袁世凯这一举动的更大用意是给权力运行规定了范围，向各地军阀明示了其应然的最高权位。

其次，袁世凯创设了直接处于其控制下的、与官僚保持分离的"内廷"官员核心机构。一般地讲，"统治者控制官僚的努力，也表现为他们不断任命各种负责控制的官员上。君主首先任命的总是他们的心腹"。② 同样，袁世凯为了维系其最高权位，又仿照前清的体制，撤销总统府秘书厅，并任用亲信组成内史监，其人员组成如下（见表4-1）。

表4-1　内史监职员

官职	姓　名			
内史长	阮忠枢			
内史	夏寿田	闵尔昌	吴闿生	王式通
	张星炳	郑沅	陈燕昌	董士佐
	杨度	沈兆祉	王寿彭	刘春霖
	吴璆	刘燕翼	张国淦	谢煊
	沈祖宪	王振尧	高景祺	马吉樟
	杨景震	孟以铭		

资料来源：章伯锋、李定一主编《北洋军阀（1912~1928）》（第2册），武汉出版社，1990，第1120~1121页。

最后，仿照前清文武官秩，进行官制改革，册封旧体制下的官衔，为文职人员制定新的等级制度。1914年7月28日，袁世凯公布

---

① 杨幼炯：《近代中国立法史》，商务印书馆，1966，第205~206页。
② 〔美〕S.N.艾森斯塔得：《帝国的政治体系》，阎步克译，贵州人民出版社，1992，第164页。

了《文官官秩令》，把"官"与"职"分开，有有官有职的，也有有官无职的①。制定卿、大夫、士久秩官制，有国务卿、左右丞、肃政史及少监、丞、郎、舍等名目，官阶又分为上卿、中卿、下卿、上大夫、中大夫、下大夫、上士、中士、下士九等（见表4-2）。将辛亥革命以来各省都督改为将军，在北京设立将军府，各省民政长改为巡按使，各地区观察使改为道尹等。尤其是对行政各部官制的修改，削弱了各部的权力和地位，行政各部降为附属机构。通过官制改革，袁世凯试图重建秩品等级，这种秩品等级不但确立了各级官吏的不同政治地位和俸禄，更明示了君主在此等级制度中的至尊地位和各级官吏对君主的附属。由此，袁世凯控制住了人事任命权。

表4-2 文官官秩一览

官职	姓 名
上卿	徐世昌
中卿并加上卿衔	赵尔巽、李经羲、梁敦彦
中卿	杨士琦、钱能训、孙宝琦、朱启钤、周自齐、张謇、梁士诒、熊希龄、周树模、汪大燮
少卿并加中卿衔	章宗祥、汤化龙
少　卿	董康、庄蕴宽、梁启超、杨度、孙毓筠、赵秉钧（追赠上卿）、宋教仁（追赠中卿）

（此外还有上大夫、中大夫、下大夫、上士、中士、下士等）

资料来源：钱实甫编著《北洋政府职官年表》，黄清根整理，华东师范大学出版社，1991，第229页。

此外，袁世凯重构"爵秩等级"，以使各省将军之间产生差级，改变民国官制下各省将军地位平等的局势。袁世凯决定恢复旧体制下的显贵头衔，加封杰出的官员和将军，还特别制定了"封典"，即

---

① 陶菊隐：《北洋军阀统治时期史话》（第2册），生活·读书·新知三联书店，1957，第27页。

第四章 有效性的企求：复辟帝制的合法性运作

王、候、公、伯、子、男以及卿、大夫、士，后者又分为上、中、下三个等级，大封功臣，册封黎元洪为武义亲王，徐世昌、赵尔巽、李经羲、张謇为"嵩山四友"，封龙济光、张勋等人为五等爵①；又封一、二等轻车督尉70余人（见表4-3）。通过对身份荣衔的控制与名誉的封赠，袁世凯缔造了更直接地依附于他的新贵族，从而弱化了官僚对其行政官制的占有倾向。

表4-3 爵秩等级

一等公	龙济光、张勋、冯国璋、姜桂题、段芝贵、倪嗣冲
一等侯	汤芗铭、李纯、朱瑞、陆荣廷、赵倜、陈宧、唐继尧、阎锡山、王占元
一等伯	张锡銮、朱家宝、张鸣岐、田文烈、靳云鹏、杨增新、陆建章、孟恩远、屈映光、齐耀琳、曹锟、杨善德
一等子	朱庆澜、张广建、李厚基、刘显世
一等男	许世英、戚扬、吕调元、金永、蔡儒楷、段书云、任可澄、龙建章、王揖唐、沈金鉴、何宗莲、张怀芝、潘榘楹、龙觐光、陈炳焜、卢永祥
二等男	李兆珍、王祖同
一等伯	雷震春
一等子	陈光远、米振标、张文生、马继曾、张敬尧
二等子	倪毓棻、张作霖、萧良臣
一等男	吴金彪、王金镜、鲍贵卿、宝海全、马联甲、马安良、白宝山、崐源、施从滨、黎天才、杜锡钧、王廷桢、杨飞霞、江朝宗、徐邦杰、李进才、吕公望、马龙标、吴炳湘
二等男	吴俊陞、王怀庆、吴庆桐、冯德麟、王纯良、李耀汉、马春发、胡令宣、莫荣新、谭浩明、周骏、刘存厚、叶颂清、张载阳、张子贞、刘祖武、石星川
三等男	石振声、何丰林、臧致平、吴鸿昌、王懋宾、唐国谟、方更生、张仁奎、陈德修、殷恭先、周金城、李绍臣、康永胜、常德盛、张殿如、马福祥、张树元、李长泰、许兰洲、朱熙、孔庚、方有田、陈树藩、陆裕光、杨以德

资料来源：钱实甫编著《北洋政府职官年表》，黄清根整理，华东师范大学出版社，1991，第227~228页。

---

① 《洪宪封爵题名》，引自章伯锋、李定一主编《北洋军阀：1912~1928》（第2册），武汉出版社，1990，第1117~1118页。

总之，袁世凯所进行的对制度机制的传统建构，驱使一切权力向王权集中。在一系列制度机制的传统建构中，民国官僚的"呈"让位给了庄重古老的"奏"，古代君主制度下的"臣"取代了官僚政治术语下的"官"。这表明袁世凯初步建立起了政治整合的传统制度机制。

二 政治符号的传统建构：等级关系对平等关系的置换

政治符号是表征政治现象、政治制度、政治人物、政治观念、行为或态度等的一些简单而具体及易于感觉、辨识和理解的符号。[①] 拉斯威尔（H. D. Lasswell）等人认为，"政治符号存在政治科学之中……对权力过程直接发挥它的作用，而有助于权力的建立转移或维持，并且所有政治符号，无不在权力关系上显示出因果关系"。[②] 他指出，政治符号是一种使用政治力量的工具，而且某种政治符号的出现总是与社会价值重新分配有关，同时政治符号和政治惯例与文化中所有的符号和惯例是相互关联的。[③] 可见，政治符号具有重要的政治功能：彰显政治象征的作用，形成政治态度之作用，引起政治认同之作用，更重要的是具有支配政治行为之作用。[④] 运用政治符号可以加强民众对权力主体的效忠，而使国家（政府）的公权力得以扩充和巩固，更有助于政治合法性和秩序的建立。因此，政治系统和政治领袖便制造和利用政治符号，以此为媒介和手段，去影响和控制所属的

---

① 马起华：《政治符号与知觉的认同》，《民主评论》1964 年第 5 期。
② H. D. Lasswell and Abrahan Kaplan, *Power and Society-A Frame Work for Political Inquiry*, Connecticut: Yale University Press, 1963, pp. 103-104.
③ H. D. Lasswell, *World Politics and Personal Insecurity*, New York: The Free Press, 1995, Chap. 10.
④ 陈恒明：《中华民国政治符号之研究》，台湾商务印书馆，1986，第 68~77 页。

成员和群众。①

但是，符号或象征不是自动生成的，而是在社会中学习形成的。因此，一种象征所指何意，纯依使用该象征的团体成员对它的了解而定②。而且，在不同的时期，政治符号有不同的表象。在传统中国帝制时代，服制、国旗、国号、仪式与典礼是都是很重要的政治象征符号，其中最能明示君王权威及其推动、支配中国社会的政治符号是"礼"，而"礼是什么？用现代话来说，就是政治上的权威，怎样维持政治上的权威？则制定朝仪，因为严肃的朝仪，可以使人发生敬畏的情绪"。③ 在传统中国，"礼"体现着尊卑等级的政治社会关系，"道德仁义，非礼不成；教训政俗，非礼不备；纷争辩讼，非礼不决；君臣上下，父子兄弟，非礼不定；宦学事师，非礼不勤，班朝治军，莅官行法，非礼威严不行；祷词祭祀，供给鬼神，非礼不诚不庄"。④ 通过运用"礼"符号，可以使帝王保有尊荣，使民众维持敬畏之心，从而强化社会政治的等级规范，确立君主的特权地位，以实现有效的统治。礼制本身就是政治等级的产物，一般通过各种制度仪式如郊祀之礼、登基之礼等表现出来，并成为历代王朝统治者维护其统治权威的重要途径。

为了有效控制自身集团的"自主"性的政治行为，袁世凯也试图通过恢复古代那些习之已久的仪式，重塑君臣之间的等级秩序，并期望人们会像臣民一样回应对他的忠诚。于是，袁世凯开始利用传统政治符号为媒介和手段，来加强民众尤其是各地军阀对其权力主体的效忠，以扩充和巩固自己的帝制政权。

---

① 马起华：《政治社会学》，正中书局，1981，第260页。
② 郑瑞泽：《社会心理学》，中国行为科学社，1970，第176页。
③ 萨孟武：《水浒传与中国社会》，三民书局，1971，第121页。
④ 《礼记·曲礼》。

首先,袁世凯准备祭天仪式,恢复祭天典礼。这是古代一种只有天子主持的祭奠,祭天是皇帝的特权,因为只有皇帝才能代表人民向天祷告。在古代中国,祭天是权力的宣示和统治者身份的象征,谁掌握了主祭权,谁就拥有了国家的统治权,而"祭祀"活动的政治象征意义不仅在于反映了信仰,更重要的意义在于它宣示了既存政治秩序的合理性,并通过特定的仪式不断强化这种秩序。① 1914年12月23日,按照皇帝出巡的路线,沿路皆铺上了黄沙,袁世凯驱车前往位于北京南郊的天坛,率领百官举行一个经过改编的古代祭典。袁世凯试图通过一系列的祭天礼仪,明示和强化自己作为上天之子的合理性,同时也把相应的君臣之分的角色强加给社会各个精英阶层,"要求大小官员按部就班,上下有序"②。但对于这些象征,袁世凯只是泛泛地拿来利用,而不去注意它在儒学、天道中的本意。袁世凯仅是借传统的礼制符号来强化社会政治的等级规范,重新构建统治集团的等级秩序,从而弱化地方军阀的地方军事化倾向。

接着,袁世凯运用立国正名的符号,追求"新朝"政权的正统。一个国家的建立、政权的获取,首先就是要正名如立国名、定国歌、国旗等,而立国正名的观念,对中国人而言,是一件非常重要的事。③ 因为国号、国旗不仅代表了一个政权立国的精神,更是彰显了政权拥有者的正统。"中华民国"这一国号代表一种天下为公的民主立国精神,凸显了人民主权的正统。袁世凯为构建"普天之下,莫非王土的私天下"的政治秩序,于1915年12月31日,下令改正朔,宣布1916年元旦起改为"洪宪"元年,据袁世凯的解释,"洪宪"

---

① 刘泽华:《中国传统政治哲学与社会整合》,中国社会科学出版社,2000,第4、31、32页。
② 黄仁宇:《万历十五年》,生活·读书·新知三联书店,1997,第3页。
③ 陈恒明:《中华民国政治符号之研究》,台湾商务印书馆,1986,第167页。

第四章　有效性的企求：复辟帝制的合法性运作

即伟大的宪章时代①。这一国号的确定，意在明示帝国政权的政治秩序特征，即共是一个拥有"宪法"，君民都有"法"可循的君主法治国家，而不是过去的君主专制。与国号变更相对应的是国旗样式的变动。1915年12月中旬，议决国旗为长方形，中以红十字划分四小幅，左上角黄色，右上角黑色，右下角白色，左下角蓝色。② 最终，"新朝"所用的国旗，是在五色旗上加红日一轮，是取"五族共戴一君"之意③。

之后，袁世凯开始准备登基典礼并议定朝服。从历史上来看，每当战乱过后，新兴的王朝所做的第一件大事就是"改正朔，易服色"，以理顺全社会关系，实现有效的统治。在"新朝"建立后，大典筹备处规定朝贺各官，文官著燕尾服，武官著军用大礼服、蓝袍青马褂。④ 只有袁世凯的衣服是绣团龙的黄色缎子袍，因为黄色的龙袍常常被看作中国皇帝的标准服装。上述的服制仪式，使群臣"知之皇帝之贵"，使群臣之间各有等差并在等级秩序中安于职守，由此实现社会稳定、达成社会整合。"典礼是一种象征性的陈述形式"⑤，政治典礼是政治信念的模式化和行为化。袁世凯试图通过"登基大典"来强化帝位及"洪宪"王朝的正统性。

政治符号是政治力量使用的一种工具。袁世凯试图借用传统的符

---

① 〔美〕P.S.芮恩施：《一个美国外交官使华记：1913~1919年美国驻华公使回忆录》，李抱宏等译，商务印书馆，1982，第146页。
② 章伯锋、李定一主编《北洋军阀：1912~1928》（第2册），武汉出版社，1990，第933页。
③ 陶菊隐：《北洋军阀统治时期史话》（第2册），生活·读书·新知三联书店，1957，第135页。
④ 《洪宪朝贺典礼节文》，见章伯锋、李定一主编《北洋军阀：1912~1928》（第2册），武汉出版社，1990，第1118页。
⑤ H.J. Wechsler, *Offering of Jade and Silk*, New Haven: Yale University Press, 1985, p.20.

号象征，强化社会等级规范，重新构建统治集团的等级秩序，从而弱化地方军阀的军事化倾向。但政治符号效力的持续保持，离不开与之契合的意识形态的内化与支撑。

三 意识形态的传统建构：儒家思想对民主思想的置换

以孔子的仁-礼结构以及三纲五常为核心内容的儒家文化，构成了中国传统文化的主干结构。维持等级制的儒教纲常，作为政治伦理化的中国封建专制政治的基础，与大一统社会秩序（尤其是传统专制政体）同构。儒家意识形态确立了统一帝国的基本理想，并且为其统一的维持提供了制度和文化的框架。① 儒家学说作为官方的意识形态，扮演着一个合理化工具角色，它不但强调官员应具备"诚"的私德，还关注官员的这一私德的表现方式——"忠"。这使得儒家学说在打造阶级服从关系和政治秩序的一元化上具有很强的政治功效。因而，历代居于高位者都认为，在这一意识形态中，他们可以找到解决任何问题的答案，因而，都对这一意识形态抱着"定于一"的观念。② 这一传统价值体系在两千年历史长河中一以贯之，不断形成大众可以理解的价值符号和语言措辞，并逐渐内化为人们的心理定式。"一旦接受此类有助于社会协调和凝聚的价值符号的刺激，往往易于在人际关系中，接受这种价值符号指向的指导，从而有助于重建社会转变过程中所需要的社会规范和秩序稳定。"③ 那么利用传统对人心的影响，以及运用传统的价值符号在人心中的权威合法性，便可

---

① 〔美〕S.N. 艾森斯塔得：《帝国的政治体系》，阎步克译，贵州人民出版社，1992，第234页。
② 〔美〕斐鲁恂：《中国人的政治文化》，胡祖庆译，台北风云论坛出版社，1992，第10~12页。
③ 许纪霖：《智者的尊严：知识分子与近代文化》，学林出版社，1991，序言，第3页。

第四章　有效性的企求：复辟帝制的合法性运作

进行广泛的社会动员。

面对民初政局的混乱，袁世凯在通过恢复传统的制度框架以及象征符号来重塑等级差序格局的同时，也着力于意识形态的传统建构。他试图通过恢复儒家文化的封建伦常及其政治整合功能，重新建构和维护一种层次性宝塔式的等级隶属关系，以固化各精英阶层的忠、孝、信的儒家道德规范，最终达成对各地方精英尤其是北洋军阀的有效控制。

袁世凯指责革命党人的民主主义思想所提倡的"无秩序之平等，无界说之自由"，使忠孝节义等"吾国数千年之教泽扫地无余"，导致"纲纪法度，荡然无存，礼义廉耻，亦各被弃"[①]，所以共和民主的国家构想不适合中国的国情。为了实现其所谓的"救国救民"主张，袁世凯试图寻找一种既合乎中国"国情"，又有益于安定治乱的权威理论。在其意识里，中国的"国本"是儒家的道德传统而不是法律，因而提出："中国数千年来立国根本在于道德，凡国家政治、家庭伦纪、社会风俗，无一非先圣学说发皇流衍。是以国有治乱，运有隆污，惟此孔子之道，亘古常新，与天无极。"[②] 孔孟之道是"国家强弱，存亡所系"。因此，应将孔教立为国教，目的也在"保守国性……维持国俗，顺和国情者也"[③]。重振这样的道德传统，就可以固定国本，那时天下就可以大一统，定于一。[④] 为了维护"国本"，袁世凯"固守着儒家思想，同时更试图借着儒家政治原则来统治这个儒家体制已经解体的国家"[⑤]。

[①] 李宗一：《袁世凯传》，中华书局，1980，第 270~271 页。
[②] 《政府公报》1914 年 9 月 26 日。
[③] 沈云龙编《民国经世文编》卷 39，文海出版社，1970，第 5058 页。
[④] 白蕉编著《袁世凯与中华民国》，人文月刊社，1936，第 183~189 页。
[⑤] 〔加〕陈志让：《中国军阀派系诠释》，引自张玉法《中国现代史论集》（第五辑），联经出版事业公司，1980，第 20 页。

维持权力运作模式的工具，不外是权力与思想。孔学是中国思想传统的最高权威，皇帝是中国传统权力的最大权威，二者之间具有不可分割的内在联系。历史上的历代君主都借助祭孔巩固君权，封建帝制与孔子偶像、孔子思想是历史的一个耦合物。因此，袁世凯完成意识形态的重构也必然要借助孔子偶像和孔子思想。1912年9月，袁世凯发布《通令国民尊崇伦常文》，宣称"中华立国以孝悌忠信礼义廉耻为人道之大经"①。同年12月，袁世凯身穿祭服亲率文武百官在北京文庙，按照封建皇帝的祭天意识，大搞祭孔朝圣活动。这一切都是"为规范民心无形之轨道"②。1915年2月，袁世凯统令全国学校恢复被南京临时政府废止的"尊孔读经"，规定"国民教育以孔子之道为修身大本"，把"尊孔读经"列为"教育宗旨"。对此，鲁迅曾一针见血地指出："孔夫子之在中国，是权势者们捧起来的，是那些权势者或想做权势者们的圣人"，"从二十世纪开始以来，孔夫子的运气很坏的，但到袁世凯时代，却又被从新记起，不但恢复了祭典，还新做了古怪的祭服，使奉祀的人们穿起来。跟着这事而出现的便是帝制"③。

通过这一系列措施，袁世凯试图将儒家思想合法化并唯其独尊，但并没有获得预想的成功。儒家意识形态是由"以家庭伦理为中心、以忠孝仁义为基础的价值观，大一统仁政的社会观和'天不变、道亦不变的哲学观'"三部分构成的。在儒家一体化结构中，"王权的直接支援意识来自天命和大一统思想，中下层组织的直接支援意识是儒家伦理。只有在大一统王权确立相当长时间后，王权才能慢慢获得

---

① 《正宗爱国报》1912年9月20日。
② 《福建省公民陈壁等请愿书》，《君宪纪实》第1册。
③ 《鲁迅全集》（第六卷），人民出版社，1981，第316~317页。

儒家伦理的支持"。① 但在甲午中日战争以后，"天不变道亦不变"的观念开始土崩瓦解了，儒家传统思想受到了前所未有的冲击。虽然儒家的家庭伦理和价值系统没有受到致命冲击，但儒家意识形态中的社会观和哲学观开始面临认同危机。民国初年，资产阶级民主主义对封建专制主义进行过一次极大的冲击和否定：近代留学生照搬西方思想武器，猛烈冲击儒家思想学说，结束了上千年来儒家思想独尊的局面，在中国出现了各种思想学说多元并存的格局②。这使儒家思想的认同危机更为严重，从社会的"中心"向"边缘"退却并逐渐瓦解，它无法再支持传统的"天命"和"大一统"。而革命党人对儒家意识形态的进一步质疑，更消解了昔日儒学的神圣灵光，王权的权威合法性无法再从儒家思想中获得滋养。

随着传统政治信仰的动摇，政治价值观念发生分化，人们的思想"挣脱了制度文本的约束而获得了极大的解放，人们的价值取向不断多元化"。③ 在立宪主义、共和主义、无政府主义等各种思潮不断勃兴的情势下，儒学丧失了重塑和维护国家权威的功能。因而，袁世凯试图借儒家文化的封建伦常，维护一种宝塔式的统治系统和等级隶属关系，以重新维系各精英阶层尤其是北洋军阀对其王权的臣服和忠顺的努力落空了。

第四节 "工具化"取向：帝制复辟过程的特质

为了回应其苦于应对的有效性危机，在新旧价值体系和权力框架

---

① 金观涛等：《开放中的变迁》，香港中文大学出版社，1993，第200页。
② 杨齐福：《科举制度与近代文化》，人民出版社，2003，第252~253页。
③ 杨齐福：《科举制度与近代文化》，人民出版社，2003，第260页。

并存的状态下，袁世凯选取了实现其有效性企求的双重逻辑，试图通过"传统"与"现代"的双重通道，重塑一元化和君主化的政治权力以及垂直式的、金字塔形的官僚政治体系。在此过程中，资产阶级立宪精英康有为和杨度，因分别为传统政治形态的重建提供了意识形态和制度架构的助力，而被视为袁世凯复辟帝制的"御用文人"、一种重建传统政治形态的"功能性存在"。其实，袁世凯本人也已被立宪精英当成一个"工具"，一个在中国推进现代化的"功能性存在"。①

具体而言，当康有为试图借袁世凯这个强权人物恢复儒家意识形态，来消除心乱，推动中国走向君主立宪道路之时，袁世凯则想借助康有为之力彰显其为"君主"的"合法性"；当杨度试图依托袁世凯这个"君"的向心力来消除内乱，推动中国稳步踏上立宪共和之路时，袁世凯则借其力量论证了君主制的"有效性"。可见，新旧精英都竭力把对方视为实现自己政治设计的"功能性存在"，正是立宪精英和袁世凯之间的这种"互为利用"关系推动着洪宪帝制建构的进程，因而，"工具化"取向构成了帝制复辟过程的主要特质。

值得注意的是，立宪精英的传统选择是以"宪"为本，而袁世凯的传统诉求则是以"君"为本。我们不禁要问，是什么驱使着目标取向如此迥异的新旧精英走向"联姻"之路？彼此之间的"工具化"诉求有何不同？这种"联姻"的工具性后果又是什么？这些问题构成了下文分析的主要内容。

一 获取合法性的"功能性存在"：袁世凯"御用"立宪精英之动机

总统独裁政权的建立仍无力扭转袁世凯政府的"中央"地位边

---

① 韩毓海：《一九一五：复辟时期的文化界》，《读书》1997年第5期。

缘化趋势，而北洋军阀集团内部分利倾向的加剧直接威胁着袁世凯的国家元首地位。处于有效性危机中的袁世凯感到共和政体无助于其对最高权位的永久垄断。于是，作为保守主义者兼实用主义者的袁世凯，在其政治智慧的限度内寻求一种超出民主共和范围的"新"的解决之道。在袁世凯的制度选择集合中，以"君"为本的君主专制是其唯一的模式选项。因此，在路径依赖的惯性制约下，袁世凯试图通过恢复君主专制政体的权力结构打破共和政体对其权威重建的制约，企图恢复和利用儒家意识形态结构的整合能力把政治结构中的组织力量耦合起来，以重新构建其所需要的政治社会秩序。而立宪精英的"尊孔倾向"和"君主救国"主张，为袁世凯政治诉求的实现提供了契机。

为了借助传统政体的合法性来解决其政治统治的有效性危机，袁世凯诉诸儒家的"天命"观——以"对皇帝尽忠、对父母尽孝"为核心内容——使"在中华帝国的每个男人、妇女和儿童的心目中，皇帝被赋予了绝对的、超自然和全能的力量"。[①] 而此时，受辛亥革命后民国名存实亡局面和1914年第一次世界大战的影响，康有为的立国理念发生转变，开始重新思考民族出路。他认为西方无"君"的民主共和思想导致民心大乱，无助于民族危机的解决，更无助于中国资产阶级政体的确立，并认为只有立"孔教"为国教，才能维持君主立宪制的有效运行，也才能挽救危亡局面，这一"尊孔"倾向暗合了袁世凯政治上的统治需要。于是，康有为的以"宪"为本的"尊孔"倾向被袁世凯转化为以"君"为本的"尊孔"活动。这样，康有为就成为一个"帮助"袁世凯获取传统合法性的"功能性存在"。

[①] 辜鸿铭：《中国人的精神》，黄兴涛等译，海南出版社，1996，第48、59页。

在为恢复君主专制政体而寻求儒家意识形态支撑的同时，袁世凯又开始寻求"民意"对这一政体架构的认同，而立宪精英杨度的"君主救国"主张恰好为袁世凯变更国体的诉求提供了理论支撑。杨度认为，正是不符合中国国情的"无君主"的共和制导致了民初政局的混乱，符合中国"国民程度"的"虚君"共和政体则能有效地稳定政局和挽救民族危机。于是，杨度撰写《君宪救国论》，宣扬以"宪"为本的君主制的有效性，并提出救亡中国的根本途径是"先立君后立宪"。由此，杨度的《君宪救国论》就为袁世凯变"共和制"为"君主制"提供了符合"民意"的理论依据，其以"宪"为本的君主政体设计也被袁世凯转化为以"君"为本的建构君主专制的实践活动。

由此可见，资产阶级立宪精英被袁世凯视为其获取合法性的"工具"，而且大多数人因此而斥责立宪精英的"保守性"和"反动性"。但是，斥责之余，我们应当意识到，以立宪政治为鹄的并具有精细政治眼光的立宪精英，未必窥不见袁世凯政权的传统本质。既然如此，为何立宪精英还"愿意"充当袁世凯当政的"工具"？原因在于，在袁世凯"利用"立宪精英获取其复辟行为的合法性的同时，立宪精英也把袁世凯当成一个实现其政治设计的"工具"。

二 推进现代化的"功能性存在"：立宪精英"利用"袁世凯之取向

辛亥革命后民主立宪尝试的失败，尤其是对西方国家强大根源的新体悟，使立宪精英回应中国民族危机的方式发生了改变——由探究如何建立民治政府而致富强转为关切如何建立效能政府而致现代化。

第一次世界大战之前，为寻找民族出路而焦虑不安的立宪知识分子，认为西方强大的根源在于其自由民主的制度形式，所以一直把自由民主作为强国的实现工具而大力倡导，并认定民主政体也是一种能使中国强大的制度形式。可见，他们之所以接受自由民主，"并不因为它有利于个人的价值，而是因为它有利于实现一个生气勃勃的社会和一个强大的国家"。①而共和立宪尝试的失败弱化了他们对民主效能的认同，并开始重新追寻新的政治设计。第一次世界大战中德国的后来居上，宣示了另一种使国家强大的有效路径——"国家主义"可以"创造历史"，决定着现代化进程。第一次世界大战改变了立宪精英对西方强大根源的认知，他们开始认为，国家作为推动现代化的工具强大且有力，且国家此种功能的增强必须依靠强有力的政府，而强有力的政府又有赖于强有力的个人来实现。于是，他们开始寻找可以创造这种组织化力量或具有工具化的政府权威的有力人选，并把能够代表国家的可能人选，视为推进中国现代化进程的一种"功能性存在"或工具。

在当时的中国，国家元首袁世凯成为立宪精英的最佳人选。因为在立宪精英的经验意识里，袁世凯是"统一""秩序"的象征和民国外交秩序的代表，而且袁曾以其政治实力以及弃旧从新之举，为清末民初新旧秩序的交替做出过贡献。因此，资产阶级立宪精英希望通过袁世凯这一手握大权的强势人物，在"虚君"共和的形式下统一中国，进而把中国拉入宪政的轨道。可见，在资产阶级立宪精英那里，作为"国家干预"化身的袁世凯已经被视为一种推进现代化进程的"工具"。但立宪精英之间"利用"袁世凯的出发点却不尽相同。

---

① 〔美〕易劳逸：《1927~1937年国民党统治下的中国流产的革命》，陈谦平等译，中国青年出版社，1992，第196页。

在以"仁"为核心的"道德历史世界观"①的支配下，康有为在"认知层面承认西方文明的强性，而在价值意义的选择层面则坚执中国文化价值的优越"。② 因而康有为所设想的国家共同体是建立在儒家文化原则之上的，即认为文化——一种帝国政府和儒家正统思想的特定文化——是定义一个共同体的标准，换言之，康有为认为人们识别政治共同体的观念是以文化特征为基础的，而不是革命者所坚持的遗传的种族主义特性即完全以民族为基础。③ 面对国势衰微、人心混乱的败象，康有为抛却民主共和立国理念和坚持中国传统的立场更为坚定。康有为力倡孔学所具有的"救国救人心、救国救天下"的有效性，并呼吁在此文化基础上建立以"虚君"共和为制度形式的政治共同体。可见，康有为构建现代国家的传统逻辑，即以儒家有关政治共同体之文化主义观念作为立国的基础，而对这一传统逻辑的选择，恰恰反映了其政治设计"既受到有关民族国家之现代话语所

---

① 对康有为思想有深入研究的张灏先生认为，以"仁"的理念为核心的"道德历史世界观"，是康有为在将儒学与西方自由主义思想相结合的基础上，通过重新诠释儒学而形成的。这一世界观着力强调以"仁"为核心内容的儒学具有普遍价值意义：能够凝聚改革的力量；能够维系人心；还是推动个人和社会达于至善，进入"大同"的手段。同时，张灏先生还从知识分子回应中国民族危机的"历史情境"和人生世界意义之"存在情境"的角度，揭示了道德主义对康有为回应民族危机模式选择的主导作用。详见〔美〕张灏《危机中的中国知识分子：寻找秩序与意义》，高力克等译，山西人民出版社，1988，第二章。
② 高力克：《历史与价值的张力——中国现代化思想史论》，贵州人民出版社，1992，第172页。
③ 〔美〕杜赞奇：《解构中国国家》，沈文静译，引自复旦大学历史系中外现代化进程研究中心编《近代中国的国家形象与国家认同》，上海古籍出版社，2003，第216~218页。

第四章　有效性的企求：复辟帝制的合法性运作

左右，又为有关限定共同体的历史原则所左右"[①]。因而，康有为对孔学的推崇绝不仅是对王权的一味怀旧，更是对儒教文化立国理念的重新张扬。在当时的政治环境下，要实现"孔教救国"这一安邦定国的大计，康有为不得不倚重当权者及其国家政权的力量。袁世凯政治上的"尊孔"之举也恰好暗合了康有为的"尊孔"倾向，因此，康有为把袁世凯视为一个能够为其"孔教救国"理想的实现提供助力的"工具"。基于此，萧公权对将康氏视为"民国之敌"的观点提出了异议，认为康有为的立宪主张不同于清廷的立宪，清廷的立宪仅仅是维护专制、阻挠民主的手段，而康有为的立宪虽然以保皇为手段，却是以真民主为目的。[②]

与康有为不同，杨度仍把西方引入的民主当作其理想设计的支点。但与康有为相同的是，杨度回应民族危机的模式选择也为传统的历史原则所左右。在德国"国家主义"思潮的影响下，杨度寄希望于"君"的向心力，"希望依靠自上而下的政权力量，把中国改变成为君主立宪型的近代集权国家"[③]。在杨度看来，辛亥革命后政局动荡的根源在于共和政体对构成中国"国情"的"君主"的废除，各界的反袁言论恰是社会向心力因为缺失君主而弱化的标志。因为共和政体对国家元首人选规定上的不确定性，引发一些野心家或武人对国家元首位置的觊觎和争夺，这种争夺直接导致效率政府的难产，引发民主政治的危机乃至国内分裂。因此，杨度认为，救国的方法在

[①] 〔美〕杜赞奇：《解构中国国家》，沈文静译，引自复旦大学历史系中外现代化进程研究中心编《近代中国的国家形象与国家认同》，上海古籍出版社，2003，第223页。

[②] Kung-chuan Hsiao, *A Modern China and a New World*: *K'ang Yu-wei*, *Reformer and Utopian*, 1958-1927, The University of Washington, 1975, pp. 193-207.

[③] 许纪霖：《智者的尊严：知识分子与近代文化》，学林出版社，1991，第202页。

"宪"而不在"主",在中国这样一个多民族的国家,要想使各少数民族与汉人"同处一国政府之下",必须依赖"君主羁縻之"①,拨乱之后,立宪才可得。可见,在杨度设计的君主政体里,君主不是专制君主,而只是高拱于上的名义上的国家元首,他希望借"君"的向心力提高民主政体的效率,推动中国稳步踏上宪政之路。由于缺乏社会基础的有力支撑,立宪精英试图影响现实进程的政治设计只能依赖国家政权力量的扶持。因而,具有精细政治眼光的杨度,即使窥探到袁世凯政权的传统本质,但为了借助袁世凯的政治权势实现其"君主救国"的宪政理想,也仍把袁世凯视为推动现代化进程的"工具"。

可见,救国的立足点不同的杨度和康有为,都把袁世凯及其政权视为一个实现"虚君"共和理想的"工具",即将"作为历史理性最有力的体现的'国家'诉诸于一个人的意志(即一个单一人格化的权力),这种理性的多么'非理性'便昭然若揭了"。② 而正是这种"非理性"的存在为袁世凯"御用"立宪精英提供了可能空间:袁世凯试图利用康有为的"孔教救国"主张恢复传统的意识形态;企图利用杨度要求变更国体的"君主救国"主张,恢复君主专制政体。至于康有为和杨度的"立宪"主张,则被袁世凯过滤掉了。

在"工具化"取向的支配下,新旧精英都把对方视为实现其理想的"功能性存在"。但这一政治选择的"工具性后果",并非立宪精英救国理想的实现,而是袁世凯从总统独裁制转向君主专制的达成。

---

① 彭明等编《近代中国的思想历程(1840~1949)》,中国人民大学出版社,1999,第388页。
② 韩毓海:《一九一五:复辟时期的文化界》,《读书》1997年第5期。

第五节　君权专制：洪宪帝国的政权结构与性质

不同的政治重心直接决定了国家与社会的政治整合方向：近代还是古代①。建立了军事独裁的袁世凯仍然无法在政治整合中发挥作用，为了确立自己对内最高权力的绝对合法地位，袁世凯试图利用帝制和军权专制推进国家与社会的整合。在帝国官僚体制下，"天下者君主一人之天下"，"作为人主，皇帝是世俗的权威；作为天子，皇帝是神圣的权威；作为君父，皇帝又是伦理的权威。一言蔽之，朕即国家，朕即法律。皇帝高踞于权力金字塔的顶端。地方听命于中央，中央听命于皇帝"。② 于是，袁世凯重新厘定主权的归属，以一元主权取代分权政制和多元主权，重建君主主权，并试图把自己及其家族幻化为君主的唯一载体，建立一个名副其实的帝国制度。

根据袁世凯的解释，"洪宪"即伟大的宪章时代③。这一国号的确定，意在明示帝国政权的政治秩序特征，即其是一个拥有"宪法"，君民都有"法"可循的君主法治国家，而不是过去的君主专制。本来，立宪的目的在于防止专制政体的出现④，但在洪宪帝国的政体架构中，"立宪"的目的被异化了。《中华民国约法》是一部几

---

① 姜义华：《论近代国家与社会非同步发展的政治整合》，引自复旦大学历史系、中外现代化进程研究中心编《近代中国的国家形象与国家认同》，上海古籍出版社，2003，第13页。
② 陈旭麓：《近代中国社会的新陈代谢》，上海人民出版社，1992，第316页。
③ 〔美〕P. S. 芮恩施：《一个美国外交官使华记：1913~1919年美国驻华公使回忆录》，李抱宏等译，商务印书馆，1982，第146页。
④ 张慰慈：《政治学大纲》，商务印书馆，1923，第250页。

乎将所有权力都归于袁世凯个人的宪法。在此约法中，袁世凯重新规定了组织结构与职权：国家元首总揽一切大权，甚至拥有专制君主的授爵位之权；废止国务院，在国家元首之下设立国务卿；立法机关设立一院制，名曰"立法院"；还规定设立一个"参政院"做总统的咨询机关，代行立法院职权，而参政院的参政权纯由总统委任。由此，新约法使袁世凯收揽了实权而成为事实上的皇帝，袁世凯通过对政府组织结构及其职权关系的重新规定，重建了专制政府，从而使"立宪"的目的发生了异化。

为了巩固洪宪帝国，袁世凯追求自上而下的垂直集权，建立了以皇权为核心的官僚政治。袁世凯首先建立了一套与君主制度相互适应的等级制度：仿照前清军机处在总统府设政事堂以作为附属于皇帝的最高行政机构，并规定一切军国大事皆由政事堂议决施行；创设了其直接控制的与一般官僚保持分离的"内廷"官员核心机构——内史监；册封旧体制下的官衔，建立"勋位"，恢复封建封号，任命元帅、亲王、公爵、伯爵、男爵，以缔造"帝国的贵族"这一新的统治阶层；通过官制改革，重建秩品等级，等等。接着，袁世凯通过构筑一个以袁氏家族为核心的皇朝体系，赋予自己帝王的正统性：仿造古代中国的帝王纪年，重新改民国纪年为帝王年号"洪宪"，试图以自己的皇权重新记录历史；通过"登基大典"强化帝位及"洪宪"王朝的正统性；恢复了附生于帝制的种种制度如世袭制度、太监制度、宫女制度、包衣制度；等等。

袁世凯对制度机制的传统建构，驱使一切权力向皇帝集中。洪宪帝国的建立改变了最高权力的归属：皇帝成为一切权力的起点和终点，而且其权力不受任何限制；官僚权力的合法性来源于君主，官僚只对皇帝负责。在洪宪帝国体制下，国家主权属于皇帝，其政治制度发生质变，已不再具有资本主义属性。由此，袁世凯的帝制自为终结了刚刚建立起来的共和国。

一般来说,"任何政治制度都包括吸收和排斥两个方面。根据资源、主张和程序,它们决定谁可以被接受为它们的决策和执行过程的正当参与者;……制度把它的代理人(代表)和他们的期望固定化;而且制度会延长行为者的时空状态"。[①] 以皇权为中心的最高统治权,缺乏公共性,其本质是一种私权力,即要求天下、国家为一家一姓所有。在帝国体制下,袁世凯坚持对国家和臣民拥有无限权力,并将个人及其家族利益等同于国家的利益。为了将袁氏家族的利益转化成国家利益,袁世凯必须垄断国家政治和军事力量。于是,袁世凯关闭了一切可以进入政府的民主渠道,运用严厉的控制手段清除了先前活跃在国内政治舞台上的民众阶层;在剥夺了民主精英政治权利的同时,袁世凯还强化对官僚阶层的垂直控制,以保证家族对最高权力的永久垄断。此外,袁世凯不断推行强化君主专制统治的政策,试图把袁氏家族的权力继续向前推进。

辛亥革命已经宣布了国家的民族性和国家权力的公共性。袁世凯的称帝使国家权力操控于一人之手,其过度强化个人专制的企图违背了时代潮流,更触碰了民初中国社会的底线:(1)袁世凯的帝制行为突破了辛亥革命后政治制度选择的限度,引起了民主派人士的反抗;(2)帝制强调独自掌权的政治范式,袁世凯强调国家权力的袁氏家族化,打破了军阀官僚集团的整体利益规范,因而导致了刚刚建立不久的政治中心走向分裂;(3)无视法律牵制的袁世凯,在社会、经济、行政各个方面实施空前的集权,推进帝制,不但加剧了帝制政权同资本家关系的紧张,还激化了帝制政权同农民的对抗。由此,袁

[①] 基尔摩·奥唐奈:《论委任制民主》,见刘军宁编《民主与民主化》,李柏光等译,商务印书馆,1999,第50页。

世凯的帝制行为引起了整个国家、整个民族的一致反抗。

在皇权体制下，皇帝的权力从中心呈同心圆状向外无限扩展，国家权力可以无限地、同质地渗透到每一个地方，这使中央政权在整合过程中可以有效延伸各地。袁世凯本想利用传统皇权的这种辐射威力实现中央政权的有效整合，但是，在由总统独裁制转向君主专制的过程中，袁世凯驱使政权利益由北洋集团共享转为由其个人及其家族所独占。利益容纳范围的急剧缩小，导致体制内外的精英及社会底层的疏离倾向和离心运动日盛。[1] 而"一种制度发挥作用的范围在于它吸收和排斥与它相关的一系列潜在的参与者的程度的大小"。[2] 在精英和社会底层的反抗运动中，派系纷争不断，国家与社会分裂加剧，帝制政权最终在无法进行有效政治整合的危机中走向崩溃。

小　结

袁世凯是一个半新半旧的官僚，他对于民主政治不能说一点不懂，但这个从旧时代走过来的人，是有专制情结的。[3] 有着大半辈子宦海生涯的袁世凯，对"大一统"的集权模式已习以为常。在其观念里，一元总是与治世、多元总是与乱世固定地联系在一起。因此，他认为民初的国势衰败、政局混乱以及人心离散情形，与政治的多元化、人心的多元化与文化的多元化不无关系。

基于此，当感到自己的政权正受到外部危险和内部解体的威

---

[1] 〔法〕谢和耐：《中国社会史》，耿昇译，江苏人民出版社，1995，第523页。
[2] 基尔摩·奥唐奈：《论委任制民主》，见刘军宁编《民主与民主化》，李柏光等译，商务印书馆，1999，第50页。
[3] 廖保平：《在帝制和共和之间徘徊的袁世凯》，《协商论坛》2011年第1期。

第四章 有效性的企求：复辟帝制的合法性运作

胁，而共和政治框架又无助于政治解决时，袁世凯企图恢复其熟知的作为传统权威基础及其象征符号的帝制，重新确立一个对袁氏王朝的忠诚和效忠机制，以回应其苦于应对的有效性危机。在新旧价值体系和权力框架并存的情势下，袁世凯建构了实现其有效性企求的双重逻辑。首先，袁世凯通过"民意"这一现代的"民主"程序，在法理上成了一个大权独揽的君主（或皇帝），获得了应然的"天下独占"权位。但要真正实现和维护这种应然上的权力独操、地位独尊的绝对地位，袁世凯还必须借助传统逻辑构建与此国体相适应的运行机制，重建差序格局秩序。于是，袁世凯通过恢复传统的制度和文化框架来重塑等级差序格局：（1）通过对中央与地方官制以及相应权力结构的传统建构，实现了制度机制由垂直体制对平行机制的置换，确保自身在等级制度中的至尊地位以及地方对中央的附属和绝对效忠；（2）为了有效控制自身集团的"自主"政治行为，袁世凯试图通过恢复古代那些习之已久的仪式，强化社会政治的等级规范，重新构建统治集团的等级秩序，来强化民众尤其是各地军阀对中央的效忠；（3）不能容忍文化多元化状态的袁世凯，开始重新构筑官方意识形态大厦，通过文化体制尤其是儒学意识形态的传统构建，力图以"忠""孝""信"等儒家道德规范来重构等级隶属性的封建行为规范，进而达成对各地方精英尤其是北洋军阀的有效控制。

本想"利用"袁世凯的力量实现各自救国理想的康有为和杨度，却被袁世凯"御用"了：被袁世凯过滤掉"立宪"前提的"孔教救国"和"君主救国"主张，维护和推进着袁世凯帝制自为的政治运作。因而，"工具化"取向构成了复辟政治运作过程的突出特质。

通过一系列的政治运作，袁世凯意在表明："帝国与民国并不矛盾，帝国是在民国的基础上发展起来的。"① 而事实上，袁世凯试图把初建的民国拉回到千年循环的传统轨道。袁世凯的帝制自为终结了新生的共和国，洪宪帝国的建立改变了政权利益归属的面向，触及了整个社会的禁区。结果，袁世凯帝制政府成为下一次革命的对象。

---

① 陶菊隐：《北洋军阀统治时期史话》（第1册），生活·读书·新知三联书店，1957，第130页。

第五章
有效性的崩溃：洪宪帝制合法性的终结

第一节 反叛精英的多元化与中央政治整合能力的丧失

君主国体的确立，其实质是一场更激进的中央集权运动。袁世凯试图重新构建"臣君""官庶"等级分明的制度化的身份关系，以垂直的统属关系来弱化地方政府的"自我扩张倾向"，进一步削弱地方军权，进而完全垄断分散在地方社会内部的各种资源。这一构建中央权威的帝制运作，触动了地方军事精英最敏感的利益神经。于是，地方军事精英开始了"背离"中央政府乃至公开"分赃"国家的活动。

一 目标的裂变与利益的张力：徒党由"疏离"到"背离"

（一）利益的"共生与共享"：北洋集团"团结"的重要支点

在袁世凯的权力结构中，军人是极为重要的构成部分，军人阶层在政治体系中处于支配地位。其中，支撑袁世凯权力结构的军人大致有以下四种：（1）出身于北洋的"嫡系"官员，如段祺瑞、王士珍、冯国璋、靳云鹏等——由于北洋派军人多集中在陆军部，因而陆军部成为袁世凯维持其统治的核心——大部分在陆军部高级职位上任职；

（2）出身军事学堂的非北洋派军人，如全国经界局督办蔡锷等；（3）出身行伍的张勋；（4）出身绿林的陆荣廷、张作霖等。这些都是握有军事实权的地方军阀，并依靠地缘关系（如同乡）、血缘关系（如同族）、业缘关系（如师生关系、同学、同事以及结拜兄弟）等方式纽合为北洋军阀集团。然而，利益是"三缘"关系得以存在和纽合的根本支点和目标，此关系支撑下的北洋军事集团注定极其脆弱。辛亥革命后，清帝被赶下台，皇帝没有了，传统的君臣观失去了依附，"三纲五常"也随之动摇。加之军阀的结合是以人为中心，这种以人为中心的结合，并没有条约或法律关系，[①] 因此，幕主选择幕僚的要求首先是"忠"，其次是"才"，效忠模式的维护不是靠思想凝聚，更不是靠法律约束，而是全凭感情或恩惠回报。幕主要能够为幕僚不断升官发财提供条件，否则，幕僚的忠诚就会打折扣[②]。同样，袁世凯与部属的关系主要以利益关系为转移，而不是以某种意识形态为纽带。[③] 这使得军阀集团内部荣损与俱，彼此互相利用，以期实现各自的权力和利益诉求，而且这种关系随着权力的不断再分配而发生变化：当集团首脑与部属的利益不一致或发生冲突时，就会出现集团首脑对部属的排挤；当部属利益得不到满足尤其是有受损危险时，就会出现地方军事精英对中央军事精英的疏离和反叛。

可见，以"三缘"关系为纽带所形成的权力分配系统及构成的统治集团，是以利益的"共生或共享"为重要支点的，这就要求军事集团中包括集团领袖在内的各行为体必须遵守整体利益规范，否则权力结构就会瓦解。所以，北洋军阀集团的团结是极其脆弱的，只要

[①] 张玉法编《军阀政治》，联经出版事业公司，1980，第98页。
[②] 张学继：《论近代军阀幕府》，《浙江社会科学》2002年第1期。
[③] 邓亦武：《洪宪帝制前袁世凯与部属的关系——兼论袁世凯的用人术》，《武汉理工大学学报》（社会科学版）2004年第6期。

袁世凯一旦有违反利益"共生"原则的举动，就会面临权力基础瓦解的危险。正如曾长期追随袁世凯的唐在礼所指出的："袁世凯这人有极大的统治欲望，同时喜欢运用权术，又极考究选择手段，而且过去的确尝着不少甜头。因此，当他为了达到自己的要求和目的时，就会断然下手，实际不知不觉玩弄手段已到不择手段的地步，他这种做法持之既久，与他接近的人就不免人人自危，只好看在金钱、势力的面上去侍奉他，实在对他的感情越来越淡，对他的厉害越来越怕。在这样的恶境中，后来他自然就走上一条一意孤行这条绝路，直至身死名败为止。"①

在利益"共生""共享"关系的规范下，松散凑合在一起的各军事力量，期待着他们所"投资"的集团首领能够有效实现集体利益目标，回报他们以实实在在的好处。然而，毕竟军阀是一种以个人为中心并有持有军队、割据地盘而维持自己的利益等天然倾向的特殊集团，而且军阀自处的最高原则是保存实力，只为自己的生存和扩张而战。② 军阀的这种倾向和特质，决定了被约束在同一集团内部的军阀都有无限制地扩张一己实力的欲望。在此欲望支配下，各省军阀介入政治的直接目标，不是增强中央整合社会的能力，而是获得更为丰厚的利益，从而进一步增强自己的实力。相反，中央军事精英则试图通过扩张中央权力来增强权势，从而能够对羽翼渐丰、权势较重且有可能威胁到自己地位的部属进行有效约束和打击。尤其是，在北洋军阀集团由地方性军事集团一跃成为统领全国政权的政治军事集团后，中央与地方精英的这种利益攫取的"零和"取向，不断弱化和僭越原

---

① 唐在礼：《辛亥革命以后的袁世凯》，引自中国人民政治协商会议全国委员会文史资料研究委员会编《文史资料选辑》（第53辑），中国文史出版社，1989。
② 张玉法：《中国现代政治史论》，台北东华书局股份有限公司，1988，第165~166页。

本就极具脆性的利益"共生与共享"的团体规范,二者政治取向和目标的分化甚至对立越发明显,从而使北洋军阀集团面临随时瓦解的危险。

(二)"自然目标"的凸显:帝制政治运作中利益目标的裂变

利益诉求目标的裂变,是中央军事精英和地方精英的政治取向分化对立的主要根源。在迫使清帝退位的过程中,北洋幕僚全力支持和完全效忠其幕主袁世凯且充当了政权转移的主要力量,袁世凯则通过厚薪饷、结团体等手段回报支持和效忠自己的军队特别是各级军官。北洋政权建立后,袁世凯依靠幕僚进行军事征战排斥异己、收集地方权威,而献力于军事征战中的各级军官也尽力支持袁世凯的国家统一目标,因为这种统一的"武功"确实能够给他们带来实实在在的好处,获取更多的不断升官发财的机会。在此种利益互换和利益互惠的关系的支撑下,袁世凯掌握了全国政权,根据整体利益规范的原则,各级军阀官僚也获得了掌控地方的机会,各自拥有一支为自己争权夺利而服务的军队,盘踞一方。可见,建立北洋政权追求和维护的是北洋集团的集体目标,因而,中央与地方的军事精英在夺取和建立全国政权这一集体目标的过程中利益取向是一致的,且在此过程中幕主和幕僚的利益诉求均得以满足,北洋政权的各种法令和措施也得到了较好的贯彻和执行。

然而,在北洋政权统治时期,中央军事精英与地方精英之间的整体利益规范危机开始凸显。为了增强最高主权的自主性,"防止社会中任何一个群体或阶层对自由流动资源——不管是财富、威望、传播手段,还是政治权力与政治支持本身——的控制达到足以威胁统治者之控制的程度",[1] 袁世凯就开始了以领袖个人独裁整合政府内部权

---

[1] 〔美〕S. N. 艾森斯塔得:《帝国的政治体系》,阎步克译,贵州人民出版社,1992,第120页。

威的活动。袁世凯试图通过最大限度地减少各级军官垄断社会资源的机会，使之依赖自己，或使其他军阀受到削弱，从而牢固确立自己支配全局的地位。在中央军事精英的利益诉求发生变化的同时，盘踞一方的各路军阀巩固和加强个人的权力与利益的要求也日益强烈，他们充分利用各种有利条件扩张地方权势。由此，散落于各省的各路军阀派系形成了不同的分利联盟，对中央政治权威构成致命威胁。

在利益取向的分化冲突中，地方军事精英对中央的忠诚开始大打折扣。针对袁世凯政府为紧缩各省权力而进行的集权举动，各省军阀逐渐"疏离"中央军事精英，并开始对抗中央政令，这令袁世凯感到其政权面临着内部解体的威胁。当某一政权"受到外部危险或内部解体的危险的时候，自我维护就即时地作为主要目标在政权中占有主导地位"，[①] 为了稳固统治，执政精英的目标取向往往会由贯彻集团目标转为竭力维护其权力与权威地位的"自然目标"。面对各省军阀分利取向的挑战，袁世凯的"自我维护"取向越发强烈，其竭力谋求对不同领域的全面控制，并且对他"认定为对手、或者具有独立于他的潜在可能的那些阶层，实施强硬的管制性政策"[②]。1914年5月，袁世凯撤销当时由段祺瑞控制的总统府军事处，另设"陆军大元帅统率办事处"，任段祺瑞、王士珍等为办事员，轮流在该统率办事处值班，一切军事要务由值班人员呈报袁世凯定夺。此举表面上是集陆、海、参谋三部，统筹军事，实则削减了陆军部的权力，使段祺瑞被架空。此外，袁世凯还组织模范团培养新兴军事势力以对抗段祺瑞势力。

---

① 〔美〕S.N. 艾森斯塔得：《帝国的政治体系》，阎步克译，贵州人民出版社，1992，第256页。
② 〔美〕S.N. 艾森斯塔得：《帝国的政治体系》，阎步克译，贵州人民出版社，1992，第257页。

同时，为了铲除所有潜在的权力中心，袁世凯极力强调"整体"的统一性。在袁世凯看来，集中权力是理所当然的，只有把国家权力"统一"在自己手中，国家才能巩固。因此，他企图通过恢复和借用传统政治符号和以君臣大义为核心的儒家意识形态，来重塑地方军阀对其的基本忠诚，并以"力谋国权之统一，以期巩固国家之基础"①为措辞，开始重新构建"臣君""官庶"这些等级分明的制度化的身份关系，以垂直的统属关系达成对各省北洋军阀的有效控制，最终维护一己控权地位。这意味着，袁世凯恢复帝制的结果是构建"袁氏圣朝"。在"洪宪"王朝体制下，袁世凯家族把持最高权力的归属和传递，垄断着全国所有政治社会资源，而各省军阀的实权地位完全被剥夺且沦为皇帝之下辅助处理政务的官吏，一如清朝的官吏一样，有行政权而无决定权。至此，中央政权的目标发生了裂变，即由利益"共享"的集体目标裂变为"自我维护"的"自然目标"。

可见，袁世凯进一步的激进集权活动追求的是个人意志和利益的实现，完全不顾北洋集团的整体意志和利益规范，这使那些在袁世凯身上"投资"的北洋军阀丧失了回收大于他们投资利益的机会和希望。而由帝制复辟所引发的"集团目标"向"自然目标"的裂变，深深伤害了希求自我决定权的北洋军阀的情感②。于是，北洋集团内部的利益矛盾和张力日益凸显。

（三）利益的张力：北洋军阀的"背离"与袁世凯权力结构的崩溃

由于在北洋政府中把控要职，且在武力统一过程中攫取了大量资源的军阀幕僚，很容易产生"取得完全独立和不受控制的权力地位

---

① 孙曜编《中华民国史料》，文明书局，1929，第57页。
② 马润凡：《目标的裂变与利益的张力》，《信阳师范学院学报》（哲学社会科学版）2009年第6期。

第五章　有效性的崩溃：洪宪帝制合法性的终结

和身份地位，对这些地位加以垄断"① 的倾向，他们自我扩张的意图日益明显，不断强调和声张其在政治、经济和政治领域中的自主性和独立性。可见，地方军阀所关心的不是"君主与共和问题，而是个人的权利地位问题"②，是谋取能为自己带来更多权势和利益的行政职位问题。因此，追求"自我决定权"的各地军阀，对中央统治者的任何集权举动都极其敏感，总认为其地位受到了中央集权意向的威胁。在此敏感心理下，地方精英与中央精英之间的利益张力出现，受"有兵就有权"思想的深刻影响，兵权的归属又成为其利益矛盾交织的焦点。当北洋军阀割据一方自雄时，必须要有兵力来维护地盘和发展自己的势力；而当他们掌握全国政权时又必须运用兵权以实现武力统一，巩固自己的统治权。③ 因而，当袁世凯的集权措施危及其权力尤其是军权的时候，北洋各派则以袁氏之道即凭借军事实力来角逐政治权力，甚至要挟、抵制中央政府的扩张。

但在北洋总统制框架下，这一利益张力所引发的政治斗争还没有采取公开的形式，各地北洋军阀的对抗也没有完全"背离"和僭越既定的政治架构。这是因为，虽然北洋总统制的建立赋予袁世凯皇帝般的权力，但这一总统独裁政权在名义上仍是一个多数人（北洋集团）的政权：从最高权力归属上看，国家最高权力集中在一个集团的代表手中，且在一定程度上还受到"宪法"和"民意"等形式上的制约；从政权利益取向上看，总统独裁制下的北洋政权维护的是北洋军阀集团的整体利益，虽属于专制，但也属于集体专制。因此，袁

---

① 〔美〕S.N. 艾森斯塔得：《帝国的政治体系》，阎步克译，贵州人民出版社，1992，第 174 页。
② 陶菊隐：《北洋军阀统治时期史话》（第 2 册），生活·读书·新知三联书店，1957，第 116 页。
③ 来新夏：《北洋军阀史》（上册），南开大学出版社，2000，第 24 页。

世凯在以个人集权方式重建政府内部权威的过程中，其最高权力的地位虽然不断受到各地军阀的质疑，各地方军阀的自我扩张倾向也受到袁的抑制，但二者都能从这一总统式的集权体制中获得伸张各自利益诉求的"合法"渠道：袁世凯通过强调总统行政权力的至高无上来压制其部属的扩展势头；各级军官或是希求通过"总统选举"的体制安排来等待最高权位的降临，或是以"打天下，坐天下"这一传统惯例在各省进行着集权为王的活动。所以，中央与地方的军事精英还未完全打破维系集团"团结"的整体利益规范。

但是，袁世凯的帝制运动改变了国家政权的权力归属和利益取向。为了实现自我维护的目标，通过复辟帝制的政治运作，袁世凯以自我权力扩张和实现其个人及其家族利益为目标，把集体性政权转化为个人家族政权。一般而言，一个政府"不仅必须立即保住那些帮助他取得政权的集团，而且要把那些过去一直反对他的人争取到自己这方面来，或者至少也要帮助这些人安于新的秩序"。①而袁世凯所建立的帝制政府，在排斥异己力量的同时，不仅没有有效维护北洋集团的利益，反而通过等级、统属关系的重新构建剥夺了各级军阀幕僚甚至心腹幕僚的实权和利益，从而把自己的心腹也拒之门外。这一将个人利益凌驾于北洋集团之上的个人专断行为，严重违背了北洋集团的整体利益规范，并引发了地方实力派对袁世凯中央政府的完全背离：他们在拒绝向中央统治者提供资源或支持的同时，开始公开背离袁世凯的洪宪王朝。

所以，当袁世凯想以帝制统一中国，将削弱地方军权的计划逼向滇、黔、桂之时，各省北洋军阀既不再为袁世凯提供基本的传统性支持和合法性，也不再提供其所需要的自由流动资源，致使袁世凯帝制

---

① 《马克思恩格斯选集》（第1卷），人民出版社，1972，第712页。

第五章　有效性的崩溃：洪宪帝制合法性的终结

政府的政治整合能力几近丧失。以下典型事例充分展现了这一困局。如，当袁世凯派心腹入主地位重要的湖北、天津两省时，掌握湖北军政实权的北洋军第二师长王占元，极力抵抗袁世凯的人事调动，甚至挑起了驱逐长官的暗潮。无奈之余，袁世凯发表了湖北、天津两省将军的对调令进行妥协。对调令的发表，不但为袁世凯的部下驱逐长官开了一个恶例，而且凸显了袁世凯个人权威的危机。① 又如，袁世凯派兵进攻云南护国军时却在调兵遣将中遭遇了困难：心腹大将段祺瑞称病不出，消极抵制；另一员心腹大将冯国璋则远居南京，冷眼旁观。无奈，袁世凯不得不在新华宫丰泽园组织"征滇临时军务处"，自己出面主持对滇军事。更有甚者，在此时期主动向他请缨南下作战的北洋军阀们，往往不是真心去攻打护国军，而是借题要饷要械，有的要求增募军队。当袁世凯试图抽调张勋的军队时，张勋则借口徐州防务吃紧而拒绝出兵。② 再如，1916 年 2 月 12 日，袁世凯许诺封公封侯而换得张作霖同意出兵湖南，而当袁世凯满足张作霖补充饷械的要求后，张作霖则指使奉天商会等团体打电报挽留他维持东三省秩序而拒绝出兵。③

更让袁世凯难以接受的是其最为倚重的心腹大将的反叛。"袁世凯的两个北洋最初将领段祺瑞、冯国璋在倒袁运动中起了关键作用，他们同被取消的国民党议员和其它反对派领袖一起要求袁世凯退位。"④

---

① 陶菊隐：《北洋军阀统治时期史话》（第 2 册），生活·读书·新知三联书店，1957，第 119~122 页。
② 陶菊隐：《北洋军阀统治时期史话》（第 2 册），生活·读书·新知三联书店，1957，第 162~165 页。
③ 陶菊隐：《北洋军阀统治时期史话》（第 2 册），生活·读书·新知三联书店，1957，第 169 页。
④ 〔美〕兰比尔·沃拉：《中国：前现代化的阵痛》，廖七一等译，辽宁人民出版社，1989，第 174 页。

"段以清室退位为己全功，方将俟袁氏任满而自代。"冯国璋反对帝制的理由是"清室退位，男爵取消，汉口下关两次纵火，众怨沸腾，乃徒为他人谋得万世一系之皇帝，心固不甘……"① 可见，他们之所以反对帝制，是因为袁世凯复辟帝制变天下为一家之私，使为袁世凯打天下的自己捞取巨大利益的希望破灭。随后，原本支持洪宪帝制最为积极的人，也因大势所迫转而反对袁世凯，其中以陈宦、汤芗铭为典型。大多数手握重权、举足轻重、影响较大的文臣武将或离心离德，或积极反对，江苏的冯国璋、山东的靳云鹏、江西的李纯、浙江的朱瑞、湖南的汤芗铭向袁表示他们不支持帝制。而徐州的张勋又按兵不动，唐继尧、陆荣廷等更是直接参与和指挥了反袁的护国战争。由此，袁世凯的权力结构彻底瓦解。

由此可见，在袁世凯"家天下"的私欲与北洋集团的共同利益规范之间的冲突对立中，袁世凯曾拥有的北洋集团的支持和认同快速消解，帝制政权的有效性危机加剧。"四面楚歌"中的袁世凯帝制政权受到了更多人的质疑。满洲皇室的忠实拥护者康有为指责说："今公对清室则近篡位为不顺，对民国则反共和为不信，故致天怒人怨，不佑不助，不吉不利，公之近状，必无幸免矣。然则与其为国人之兵逼而退位，何若公自行高蹈之为宜耶。"② 伍廷芳更是谴责袁世凯为了自己的权力和地位，而"以万民之膏血，博一己之尊容，逼令将士倒戈，国民解体，影响全国，几成一局残棋。谓前清政治不良，谁料于今尤甚"③。在幕僚和部属的反对浪潮中，1916 年 3 月 22 日，袁世凯以中华民国总统的名义颁布废除洪宪帝制的申令，并召集参政院

---

① 中华民国史料纪要编辑委员会编《中华民国史事纪要》（1915 年），中华民国史料研究中心，1981，第 989 页。
② 白蕉编著《袁世凯与中华民国》，人文月刊社，1936，第 361 页。
③ 白蕉编著《袁世凯与中华民国》，人文月刊社，1936，第 350 页。

第五章　有效性的崩溃：洪宪帝制合法性的终结

会议，签署撤销帝制令文。袁世凯希望依凭这道申令以及总统人选的公布，来消除对抗因素，重新达到政治整合的目的。但是，随着地方主义恶性发展，在护国运动中独立或假独立的各省军事精英，则乘胜追击，加大夺取权力和扩张地盘的力度，致使"社会分赃国家，国家崩落到社会里"①。这表明，"袁世凯这个'选'出来的君主，……不具备君权神授这个传统的恩准，又不为人民意志所赞同，于是只好依靠武力。……而1915—1916年的事件导致了各省掌握军权的人物证实了北京无能，进一步损害了使权力向中央集中的努力，加强了地方主义势力"②。在地方势力的强力反对中，袁世凯的帝制政府摇摇欲坠。

二　共和政体的夭折：国民党由"政治化"到"军事化"

袁世凯彻底抛弃共和制度，回归君主"立宪"制，但袁世凯恢复的不是民权制约下的虚位元首"君主"，而是传统专制的权威象征"皇权"。热望民主而反专制的国民党对此不能容忍。在国民党人士看来，"君主或皇权"与"共和"是绝对对立的，是根本不相容的；"民权主义，就是政治革命的根本"③，而皇权与民权存在根本的利害关系，皇权不可能代表平民的利益，皇权的存在影响民主政治的存在和发展，腐败堕落为皇权专制政体的派生物，就连"开明专制"也是革命党人最不愿意听的议政词语。在国民党人的心目中，共和主义的理想高于其他一切解决方案，这一理想建构容不得一丝君主的气

---

① 〔日〕深町英夫：《近代广东的政党・社会・国家——中国国民党及其党国体制的形成过程》，社会科学文献出版社，2003，第272页。
② 〔美〕兰比尔・沃拉：《中国：前现代化的阵痛》，廖七一等译，辽宁人民出版社，1989，第175页。
③ 孙中山：《三民主义与中国前途》，见《孙中山选集》（上卷），人民出版社，1956，第75页。

息，因而，他们认为中国问题的根本解决无法依靠旧有的政体，只有革命这一道路才是救中国的唯一出路，并且要求政治革命必须将君主的影子抹除干净。而袁世凯的帝制行为是将旧君主换掉，成立新君主，而君主无论新旧都无法"开明"，只有专制的份儿。① 袁世凯的所作所为一次又一次地激起国民党人的反感和失望。他们不能容忍袁世凯的专制，认为"君主者乃我国历史上扰乱之祸根也"②，复辟帝制除了会引起争权夺利、互相厮杀之外，更会导致全国分裂，那么，改变这种局面的有效性办法是"以兵止兵"，用武力降服旧势力，建立新秩序③。革命就是要革袁世凯的命，如同第一次将皇帝赶下台一样，必须做彻底清除。由此，革命阵营中的火气、激情自然不可避免。④

于是，"二次革命"后被袁世凯驱逐出政权的国民党，从以选举争夺政权的议会政党，重新转变为以武力夺取政权的革命政党。这一转变不仅意味着国民党的性质发生了由"纯政治化"向"军事化"的转化，更意味着革命党人士必将再次运用激进策略，通过不断革命夺回国内政权，进而伸张近代民主权威的普遍性。孙中山很快就在袁世凯的守成、反激进中成为反帝制斗争的发起者。国内的国民党组织被军事精英政权破坏后，以孙中山为核心的部分革命精英在国外组织中华革命党，进行着恢复共和政体，维护"国本"《临时约法》的军事活动。"宋教仁案"发生后，革命派的反袁宣传就指出袁想树立皇帝权威。如徐天复指出："专制之世，君主独尊，视人民如牛马，视

---

① 张宝明：《自由神话的终结》，上海三联书店，2002，第69页。
② 黄季陆：《革命文献》（第47辑），中央文物供应社，1969，第467页。
③ 徐宗勉、张亦工：《近代中国对民主的追求》，安徽人民出版社，1996，第169页。
④ 张宝明：《自由神话的终结》，上海三联书店，2002，第41页。

第五章 有效性的崩溃：洪宪帝制合法性的终结

军队如家奴。牛马有不受羁勒者，则令其家奴鞭笞之屠宰之，宜也。今吾国固共和也，而亦如是"①。孙中山最早指出袁世凯公开称帝的可能性，他在1914年秋制定的《中华革命军大元帅檄》中指出：袁世凯"假中央集权之名，行奸雄窃国之实"，"卒以非法攘攫正式总统，而祭天祀孔，议及冕旒，司马之心，路人皆见"。②

"二次革命"失败后，孙中山在日本集合国民党中的激进派并组织一个革命政党——中华革命党，重新建立革命政权，力图恢复同盟会的革命精神，把革命事业从头做起，开始了军事反袁活动。中华革命党以倒袁为首要目标，以实行民权、民生两大主义为宗旨，以扫除专制政治、建设完全民国为目的，通过军政、训政、宪政三期完成革命。作为总理的孙中山，在中华革命党党务部发布的第八号通告中揭露袁世凯为称帝而卖国的企图，通告指出："此次交涉之由来，实由夫己氏（指袁）欲称帝，要求日本承认，日本政府欲先得相当之报酬，……夫己氏隐许诺之，故有条件之提出。……即以寻常人所谓以救国为前提者，要亦舍去夫己氏之外，而别无方法也"。③ 1915年5月10日，孙中山又致函区慎刚、邓泽如等道："袁氏承认'二十一条'后则必称帝，从此中华民国名义亦将归消灭。内地不平之声甚烈，……洵为吾党不可失之时机。"并提醒"党中重要人物，已冒险深入内地，急思发动，成败在此一举，不能复待"。④ 同年8月，当筹安会公开鼓吹帝制时，孙中山指示中华革命党党务部发布第十六号通告："共和真髓，实无一存，所存者不过其名而矣！""能速革命，

---

① 《民立报》1913年7月14日。
② 《孙中山全集》（第三卷），中华书局，1984，第130页。
③ 李希泌等编《护国运动资料选编》（上册），中华书局，1984，第48页。
④ 《孙中山全集》（第三卷），中华书局，1984，第170页。

而后有国，否则事机一去，噬脐不及"。① 此外，在护国战争中，孙中山或动员各省独立，以削弱中央政府之势，或从事武装暴动，以丧各级官员之胆，中华革命党的势力主要分布在广东、江苏、江西、福建、山东、奉天等。在中华革命党的军事反抗中，袁世凯不得不取消帝制。

总之，袁世凯的帝制行为导致共和政体夭折，为了恢复甚或重建共和制度，进而谋求民主政治的实现，民权派人士又重新沿袭同盟会的革命精神，组建新的革命政党，开始了体制外的军事夺权活动。这进一步加重了袁世凯的中央权威危机。

三 秩序诉求的幻灭：进步党由"渐进"到"激进"

稳定的秩序始终是进步党人进行政体设计的落脚点。针对如何促使中国完成向现代化转化的问题，以梁启超为首的进步党人的思维重点不在共和或君主，而在如何寻找一个能维系政治整合的载体，或一种具有现实操作意义的稳定秩序的杠杆。因此，当革命派力图确立"毕其功于一役"的方略时，进步党则试图寻求比较温和的方式，通过逐渐改良政治制度实现中国现代化的平稳转型，进而挽救国家危亡。但是，袁世凯复辟帝制、变更国体之举打破了进步党人的理想设计和秩序诉求，进步党人的救国路线发生了根本转向：由"渐进改良"到"激进革命"，由"强调中央政府在社会整合中的主导作用"到"强调地方政权的重要"。

在进步党人看来，建立强有力的中央政府，不仅可以避免社会混乱、经济停滞及大规模的动荡，还能促进中国的进步与发展。基于此种考虑，梁启超一再地强调建立强有力政府的意义，他指出："要而

---

① 李希泌等编《护国运动资料选编》（上册），中华书局，1984，第51、52页。

第五章　有效性的崩溃：洪宪帝制合法性的终结

论之，国家之置政府，非以为美观也，将以为治事焉。故人民之对于政府也，宜委任之，不宜掣肘之；宜责成之，不宜猜忌之。必号令能行于全国，然后可责以统筹大局；必用人有全权，内部组织成一系统，然后可以观后效也。此无论在何国，莫不有然，况我国承历年废弛之余，国家威信久坠地，重以新丁破坏之后，秩序全破，国家结合力至薄弱，故建设强有力之中央政府，实今日时势最大之要求。"[1]为此，他一直反对突变，主张渐变，强调在秩序理性的前提下稳步推进中国现代化的进程。在梁启超的心目中，民主共和仅仅是一种象征，民主共和与他一直倡导的"君主立宪"并没有本质差异，他认为："国体与政体绝不相蒙，能行宪政，则无论为君主为共和，皆可也。不能行宪政，则无论为君主为共和，皆不可也。……夫天下重器也，置器而屡迁之，其伤实多，吾滋惧焉，故一面常欲促进理想的政体，一面常欲尊重现在的国体。此无他故焉，盖以政体之变迁，其现象常常为进化的，而国体之变更，其现象常为革命的。谓革命可以国利民福，吾未之前闻。是故吾自始未尝反对共和，吾自始未尝反对君主，虽然吾无论何时皆反对革命，谓国家之大不幸莫过于革命也。"[2]

同时，进步党人士也担心，国体的变更难获得国民全体特别是知识阶层的认同，贸然复辟帝制除了丧失部分支持之外，对建立强有力的中央政府并无助益，很可能导致中国内部的瓦解，甚至会招致外来势力的干涉。因此，梁启超指出："国体而到必须变更之时，则岂更有反对之余地，除乘机徼利借口生事之乱党外，决无人昌言反对者，吾敢断言也。虽然变更国体一次，则国家必丧失一部分热心政治之正人，吾又敢断言之。……若更有第二次之变更国体，前之遁弃者，固

---

[1] 梁启超：《饮冰室文集》（之二十八），广益书局，1948，第62页。
[2] 丁文江、赵丰田编《梁启超年谱长编》，上海人民出版社，1983，第722页。

断不复出，而继此而遁者恐视前更多耳。果尔则亦殊非国家之福也。"① 可见，进步党人反对帝制并非基于共和原则，其反对国体变更的理由与其说是帝制与共和的性质不同，不如说他们最担心的是秩序的混乱、建设事业无从进行。② 因而，当国民党人指责袁世凯"复返帝制"不合时宜，"果未熟而摘之，实伤其根；孕未满而催之，实戕其母"③ 之时，以梁启超为核心的进步党也开始了反对袁世凯称帝的活动，并于1915年9月在天津密谋武装反袁，同袁世凯彻底决裂。同时，梁启超认为中国要实行"现代政治"，条件之一是"在特别势力行动出常轨外者，政治家之力能抗压矫正之"④，建立和发展自己一派的武装力量，并占领一定的地盘，来"抗压矫正"以袁世凯为代表的旧军阀势力的越轨行为。于是，梁启超打算以云南为基地，积极劝说陆荣廷出兵讨阀袁世凯，促使桂省护国军出师北伐，进军湖南。可见，随着秩序理想的彻底破灭，以梁启超为首的进步党人士抛弃了"开明专制"的渐进变革路线，转而诉诸公开战争等激进方式，开始了对抗袁世凯帝制政府的活动。

总之，国内各政治势力基于不同诉求所进行的反袁活动，实质上是地方势力向由内部因素引发的中央权威危机发起的一次增强化运动，直接促使袁世凯帝制政权的终结和护国战争的胜利。"护国战争的胜利，与其说是民主共和力量的成功，不如说是地方势力再次崛起，中央集权的权力体系再次打破的标志。"⑤ 此后，近代中国的中央权威呈碎裂化的趋势，大大小小的传统型权力中心纷纷出现，中国

---

① 丁文江、赵丰田编《梁启超年谱长编》，上海人民出版社，1983，第723页。
② 马勇：《梁启超辛亥前后思想变化的实质与表象》，《东岳论丛》1996年第3期。
③ 《护国文献》（上），贵州人民出版社，1985，第268~269页。
④ 梁启超：《饮冰室文集》（之三十三），广益书局，1948，第39页。
⑤ 许纪霖、陈达凯主编《中国现代化史》，上海三联书店，1995，第380页。

第二节 社会力量的反抗与中央财政汲取能力的丧失

反帝制运动掀起后,云南、贵州、广西、广东、浙江、四川、陕西、湖南等各省模仿辛亥革命模式,再次以"独立"的方式宣布与袁氏中央脱离关系。介入欧洲战事的外国列强也拒绝袁世凯的借款,急需军费供给和因筹备大典而耗资巨大的袁世凯政府的财政濒临崩溃。丧失汲取能力的袁世凯政府不但没有为民众提供基本的社会稳定和生存保障,反而导致社会经济秩序更加混乱,民不聊生,这使为求安宁而对袁世凯抱有有效性期求[①]的广大民众彻底失望了,他们以积极抗争的方式发泄着自己的不满,最终终结了袁世凯刚建立起的"泡沫王朝"。

一 扩张与紧缩：帝制政府财政汲取能力的丧失

自成立以来,袁世凯政府就面临着严重的财政危机,到1916年财政危机更加严重,其每年的财政收支与支出情况印证了这一点。1913年财政收入33400万元,支出64200万元,亏30800万元;1914年财政状况好转,收入35800万元,支出35700万元,盈余100万元;1916年财政收入45200万元,支出47200万元,亏2000万元。[②]扩充军事实力,养兵蓄械,黩武征战和筹备帝制典礼是导致袁世凯政府开支持续庞大的主要原因。云南爆发护国讨袁战争后,袁世凯为加

[①] 本书中,描述袁世凯本人的期待时,笔者使用"有效性企求"一词;描述民众对袁世凯的期望时,用"有效性期求"一词。特此区分。

[②] 贾德怀编《民国财政简史》(下),商务印书馆,1946,第697~698页。

大对滇用兵，急于筹措军费，使国库开支陡然困迫起来。在支出方面，仅军队每月加饷就需要560余万元；帝制活动更是消耗大量国家经费，筹安会用二三百万元，粉饰3个主要殿堂，耗资270万元，两件龙袍80万元，国玺12万元。登基大典预算达6000万元。① 这笔费用的由来，有借款，有救国储金等，有各种税款及鸦片专卖之类。② 巨大的开支使袁世凯政府债台高筑，在1912年至1916年的四年期间，外债累积达15亿元之多，同期在国内以各种名目发行的公债亦有1亿余元。③ 而1916年的财政预算赤字近8900万元，每年的实际税收不超过1.5亿元，而实际支出不少于4.7亿元。④ "正当收入不敷十一，困乏之状已达极点"⑤，在此情况下，袁世凯只得依靠贷款和发行不能兑换的银行券来为帝国成立筹集资金。

在财政支出急剧膨胀的同时，地方财源支持和国外援助的阻断，致使袁世凯政府的财政收入急剧紧缩。云南军起义后，各省或宣布独立，或以维持地方秩序为名强行截款，"不但新借款今已绝望，并盐税余额亦不能提"⑥。各省军阀也心存观望，"托词防务，截留军饷，一文不解"，使袁世凯丧失了各省财源的支持。各省军阀依靠烟土经营获取军政费用，甚至派兵保护，中央政府一再标榜的裁厘减税也流于形式，各省以经费无继为由纷纷恢复已经裁撤的厘卡，并抗拒裁厘

---

① 白蕉编著《袁世凯与中华民国》，人文月刊社，1936，第347~348页。
② 黄毅：《袁氏盗国记》，国民书社，1916，第138~139页。
③ 张侠等编《北洋陆军史料（1912—1916）》，天津人民出版社，1987，第428页。
④ 贾士毅编著《民国财政史》，中华书局，1924，第76、198页。
⑤ 《财政部档案》，引自中国人民银行总行参事室编《中华民国货币史资料》（第1辑），上海人民出版社，1986，第191页。
⑥ 《梁启超与蔡锷第三书》，见章伯锋、李宗一主编《北洋军阀：1912~1928》（第2册），武汉出版社，1990，第1147页。

的进行。① 在中央与地方的财政矛盾中,财政部曾严令各省征收机关汇报并上交"较之国家正供款项尤多"的非正当收入,置"上好之下必甚"的常情于不顾②。与此同时,袁世凯帝制政府也丧失了外部财源的支持。袁世凯政府财政本来仰赖外国政府,但护国战争爆发后,列强对袁世凯是否有能力维护和平安定表示怀疑,纷纷撕毁各项经济合同,断绝对袁世凯的一切援助,帝制政权的维持举步维艰。袁政府的财政总长周学熙在给参政院呈文中描述了这一窘境:"至如水旱偏灾,时时见告,迄今未已。以言法律,方在萌芽;以言兵力,仅足支柱;至于财政艰窘,已达极点,而内费外债,相逼俱来,东邻协约,北蒙自治,藩篱洞开,权利侵削,国势之飘摇极矣。"③

财政是政权活动的基础。中央税和地方税的划分,因中央与地方的分权矛盾加剧而流于形式。袁世凯为称帝而收买各省军阀,将各省国税厅、财政司合并为兼管国地两税的财政厅,更加剧了中央对税收的失控。在财政支出扩张和财政收入紧缩的矛盾困顿中,袁世凯政府的财政陷入崩溃,帝制政权丧失了赖以生存和维持的物质基础,帝制统治的终结已成定局。

二 求安与抗争:民众对帝制政府有效性的否定

袁世凯帝制政权统治下的中国,四分五裂,危机四伏,政局混乱,如此执政结果令国人大失所望。帝制政权不但没有给予资产阶级所欲求的工商业发展以权威扶持,反而施以专制性的政治干预,将财政支出的负担转嫁到广大民众身上。一贯求安的工商业者和农民,可以容忍袁世凯拥有几乎与封建帝王一样的专制权力,但不能容忍复辟

---

① 《申报》1916年1月8日。
② 《申报》1916年2月24日。
③ 张国淦:《北洋述闻》,上海书店出版社,1998,第204页。

帝制所招致的内乱与外患，更不能容忍袁在损害他们利益的情况下当皇帝。面对帝制政权对其生存底线的突破，农民和工商业者不再对袁世凯安邦定国的能力抱有任何幻想，并开始了积极抗争。

（一）农民对帝制政府的否定

在政局混乱、四分五裂的近代中国，陷入生活困顿中的广大农民最关心的是维持生计，而不介意是实行共和还是重建帝制。可见，当时农民认同政权选择的基点不是政体价值的"普世性"，而是政体功能的有效性，即能否有效维持其生存的底线是影响和决定农民大众是否认同和支持政权的主要因素。然而，袁世凯政府对农村推行涸泽而渔的剥削方式，激起了挣扎在死亡线上的广大农民对其政权的抗争，由此，袁世凯失去了农民这个最可能认同和维持其帝国生存的社会群体。

伴随着袁世凯政权向农村的延伸，军阀地主和官僚地主阶层产生，改变了民国以来的封建土地占有关系。随着官田、旗地、荒地等公有土地的自由买卖和垦殖，北洋政府的各级官吏利用特权强占土地，各地大小军阀上至督军，下至师长旅长，甚至小小的民团司令，也都在各自势力范围内掠土为王，占地为主。他们很快成为一批拥有大量土地的新兴地主。例如，袁世凯在其家乡河南的彰德、汲县、辉县等地，拥有田产400顷，仅彰德一处就占据了所有耕地的1/3以上；段祺瑞在东北边境圈占荒地20万顷。徐世昌在辉县有田产50多顷。督军倪嗣冲、张敬尧在他们的家乡山西以及安徽阜阳、霍邱等地各占有土地七八万亩。江苏督军李纯先后占地100余顷。[1] 冯国璋在苏北与张謇合办盐垦公司，占地达75万亩。[2] 在新兴地主军阀官僚利用手中的政治特权和军事暴力侵占土地的过程中，土地高度集中的

---

[1] 章有义编《中国近代农业史资料》（第2辑），生活·读书·新知三联书店，1957，第13~19页。

[2] 郭沫若主编《中国史稿》（第4册），人民出版社，1982，第215页。

第五章　有效性的崩溃：洪宪帝制合法性的终结

趋势进一步加剧，越来越多的农户丧失土地（见表5-1），农民阶层内部急剧分化，租佃范围有所扩大，自耕农减少，佃农和半佃农的数量增加（见表5-2）。

表5-1　农户与荒地数量的变化

年份	农户（万）	荒地（万亩）
1914	5940	190000000
1915	4670	290000000

资料来源：阮湘主编《中国年鉴》，商务印书馆，1924，第1134、1137页。

表5-2　苏皖地区农户所占土地的比例变化

单位：%

区域\年代	江苏昆山			江苏南通			安徽宿县		
类别	自耕农	半自耕农	佃农	自耕农	半自耕农	佃农	自耕农	半自耕农	佃农
1905	26.0	16.6	57.4	20.2	22.9	56.9	59.9	22.6	17.9
1914	11.7	16.6	71.7	15.8	22.7	61.5	42.5	30.6	26.9

资料来源：王建新主编《中国劳动年鉴（1990—1991）》，中国劳动出版社，1993，第447页。

土地税是军阀政府最重要也是最稳定的财政来源。为了筹措军费，弥补财政赤字，袁世凯政府力图掌控这一税源，对农村推行涸泽而渔的剥削方式，强征各种苛捐杂税，提高地租，使佃农所遭受的地租剥削进一步加重（见表5-3）。再加上军队到处骚扰，农民苦不堪言，纷纷抛弃田产流浪求生。

表5-3　苏皖地区地租剥削指数（1914年）

区域\项目	钱租指数	谷租指数	分租指数
江苏昆山	-	157	-
江苏南通	207	155	155

续表

区域 项目	钱租指数	谷租指数	分租指数
江苏奉贤	145	-	-
安徽来安	150	-	-
安徽宿县	81	-	158

资料来源：王梦奎等《中国经济》，五洲传播出版社，2004，第72页。

可以看出，伴随着基层社会的瓦解，贫穷的全部重压最终都落到农民大众身上。袁世凯当政时期，军阀地主依凭强力兼并土地，进行地租剥削，致使农民遭受的地租剥削非但没有减轻，反而急剧加重。军阀侵夺和兼并官田、民田的暴力性，直接影响并改变了近代中国农村地权的分配。军阀地主的占地规模远远超过了旧官僚豪绅和商人地主，成为新兴的大地主阶层。与此同时，大量农民丧失土地，荒地不断增多，农业生产遭到严重破坏，广大民众生活在水深火热之中。

为争取和维护最基本的生存和安定，挣扎在死亡线上的广大农民掀起了反袁斗争。在袁世凯帝制自为及其败亡过程中，各地民众反对袁世凯政府剥削的斗争不断发生。1915年下半年至1916年上半年，山东、河北、奉天、吉林、黑龙江、甘肃等省均爆发了反对政府清丈土地、增加地捐的抗捐抗税斗争。

（二）工商业者对帝制政府的否定

工商业者企求社会安定以保证他们财产的安全，并希望有个稳定的工商业发展的社会环境。为此，大部分商会曾支持袁世凯镇压"二次革命"。然而，工商业者支持袁世凯不是因为他们相信袁世凯能真正效忠共和，更不是因为他们喜欢专制主义，而是"因为他们忍痛付出代价换来的共和并没有给他们带来实际利益。他们对新生共和国的失望越来越大于对它的希望"。① 这一失望,还源于他们参与国家立法的基本权利也被层层限制。② 为了改变这种受挫境况进而维护自身利益,工商业者寄希望于具有实力的袁世凯,这也是工商业者为实现自我保护而做出的现实选择。当然,这一选择的经济目的远远大于其政治诉求,反映当时工商业者对安定秩序的渴望超过了对民主政治的追求。

同样,为了将工商团体有效纳入帝制政权的网络,袁世凯政府也一反政治上的排斥异己势力的做法,在经济上做出支持国货、振兴实业的具有开明导向与进步特征的经济政策,并由政府以法规形式出台。由此,1913年至1915年成为民国初年比较系统地制定与颁布经济法规则例的主要时期。据初步统计,北洋政府时期颁布的经济法规共计76项,其中47项是1915年9月以前颁布的③。这些法规包括以下内容:鼓励倡导兴办公司,扶植保护幼稚民族工矿企业;确立保息、专利、示范与奖励制度;鼓励垦荒,规划水利,奖励植棉、制糖、牧羊、造林、捕鱼等农副业生产;提倡国货,裁厘减税,鼓励出口;引进外资,吸引侨资;改革币制,提倡新式金融业。④ 由此形成了政治"压制"与经济"宽容"的背反现象。财政上"赋出于田"向"赋出于工商"的转变,为的是扭转北洋政府"破落户的财政"状况⑤。可

---

① 徐宗勉:《失败者的探索——近代中国民主化进程研究》,九州出版社,2004,第45页。
② 1912年临时参议院通过的选举法中关于议员选举中财产的规定,遭到资本家的普遍反对,工商界修改选举法的提案被否决,这使得资本家在第一届国会中所占席位极少,大约不超过全体议员的3%。详见张亦工《第一届国会的建立及阶级结构》,《历史研究》1984年第6期。
③ 汪敬虞主编《中国近代经济史(1895—1927)》(中册),人民出版社,2000,第1533页。
④ 汪敬虞主编《中国近代经济史(1895—1927)》(中册),人民出版社,2000,第1536~1555页。
⑤ 千加驹编《旧中国公债史资料》,财政经济出版社,1955,第10页。

见，经济"宽容"蕴含着强烈的中央集权主义，是北洋政权为北洋集团的利益而作出的理性的策划和选择。然而，袁世凯政府要发展壮大的实业，实为"兴办公业"也即官营业①，其最终目的是压制和排挤民族资本的国家资本主义，从而使"宽容"的经济条例流于形式。

为了巩固中央集权和壮大国家资本主义，北洋军阀政权加强对"机、船、路、矿"四项主体行业的渗透、控制，乃至占有。北洋政府以"振兴实业"为名所筹经费多半用作军费，而且比重越来越大。1912年军费占中央财政支出总数的33.87%，1913年为26.87%，1914年为38.08%。②在此情势下，政府资助资本主义工商业发展是根本不可能的，工商资本家迫切希望的"振兴实业"的经费完全落空，民办企业被摧毁殆尽。更令其难以接受的是，袁世凯政府沿用厘金制度，升征"统捐""落地税""产销税"等变相厘金，并且"十里一卡，二十里一局，剥削留难，无所不至"，以致各地关卡林立，严重制约了工商业的发展。此外，还明令增收常关税，其他出自中央和地方政府的各种苛捐杂税更是与日俱增。所有这一切阻碍和破坏了近代实业的发展，严重损害了资产阶级的经济利益，处于生存窘境中的工商业者发出感叹："厘捐愈重，商业愈减，金融愈滞，是直使我商人无生活之希望"③。

对财源的争夺与政治斗争密切关联，多重矛盾滋生。(1) 中央与地方的矛盾更加凸显。在财政困难的前提下，中央和地方的矛盾势必集中表现为对财政来源的争夺。如当湖北省拟将汉冶萍煤铁三厂矿

---

① 汪敬虞编《中国近代工业史资料》(第2辑)，下册，科学出版社，1957，第933页。
② 章伯锋、李宗一主编《北洋军阀：1912~1928》(第2册)，武汉出版社，1990，第511页。
③ 《生活日报》1914年4月15日。

第五章 有效性的崩溃：洪宪帝制合法性的终结

收归官办，不承认其商办性质时，在湖北省内部立即涌现出强烈的纯粹商办的呼声。① 又如湖南官矿收归国有一事，在该省各界引起轩然大波，群起力争，取消国有。湘矿督办陶思澄表示"湘省官矿万不可该隶中央"②。更严重的是，在中央政府严格限制滥借外债并集权于中央的情况下，各地势力为防止中央政权独占借款和税收，依旧大加搜刮、截留。中央政府欲控制却力有不逮，地方军阀派系左右政局的力量逐渐加大。中央集权与地方分权无休止的争斗，"究其实不过大小军阀制祸国殃民耳"，而"所谓财政，早已变成大小军阀穷兵黩武之经济基础"。③（2）军政、军民矛盾开始升级。北洋政权不仅霸占财政支出的绝对份额，更插手各项实业，与各地工商业者展开了针对铁矿业开采权的激烈争夺，再加上各地政府仅按照自己的利益需要更改法规和政策，结果是广大商民的利益要求得不到任何保障，他们对政权产生了幻灭感。（3）官商矛盾进一步激化。这一矛盾源于政府与民争利、夺民之业。中央政府重聚敛轻建设、加强控制垄断的偏好，使得民初许多重大的实业项目，如铁路、矿业、电信、航运，沦为军阀政府抵借外债和混战政争的工具，广大商民的经营权利和财产权遭受严重剥夺。由于政府在政策执行中的反动，商办实业在帝国主义与军阀封建性统治的夹缝中生存，无异于腹背受敌，结果，民初实业陷于困境。④

本来，"民国初期的产业政策就是要使清末中国资产阶级向清朝政权提出的要求，通过自觉的双手而得到实现"⑤，但上述的种种矛

---

① 《申报》1913年1月17日。
② 《申报》1915年12月19日。
③ 朱斯煌主编《民国经济史》，银行学会1948年编印，第175页。
④ 汪敬虞编《中国近代工业史资料》（第2辑），下册，科学出版社，1957，第1569~1581页。
⑤ 〔日〕野泽丰：《资产阶级与产业问题》，《纪念辛亥革命七十周年学术讨论会论文集》（下册），第2491页。

盾反映了工商业者对中央政府幻灭感的产生，而正是这种幻灭感驱使工商业者加大了疏离和反叛北洋政权的力度，北洋政权使资产者安心归附的整合计划也由此落空。工商资产阶级的不满，见之于行动的就是抗捐和罢工。各省工商业资产阶级一反"二次革命"中对袁世凯的支持态度，先后举行了反对苛税的同盟罢工。1915年4月，山东济宁2000多个商店反对官府强迫购用印花，全体罢市；5月，江苏江都商民反对落地税罢市，安徽芜湖商民因常关提高税率罢市，广东七十二行商集会反对印花苛税。① 工商界反对袁世凯的行动随处可见。在南京、上海、广州等地，无论是人力车夫还是富有的商人，都极其反对袁世凯的统治，愿意出钱、出人，阻止袁世凯在损害他们利益的情况下当皇帝。

（三）工人阶级对帝制政府的否定

面对来自英、德、美、日等国的廉价机制工业品的竞争与挑战，近代中国手工业生产迅速破败。加之近代工业的发展又很不充分，大量手工业者和破产农民被抛出了传统的手工生产过程之后，却又无力转换为近代工业或资本主义农业的雇佣劳动者。同时，在生死线上竭力挣扎的广大工人还得背负北洋政权"残破财政"的包袱。

袁世凯政府发行大量无准备金的纸币和军用票，造成通货膨胀。仅据1914年公布的数字，21个省地方银行发行纸币即达16300万元。广东一省发行达3000万元，而一元纸币的实际价值仅三角九分。湖南发行纸币亦有3600多万元，超出准备金41倍。"百物昂贵，民无所资以为生"②。在湖南，1915年与1884年相比，米一升由十文涨到八九十文，棉布一尺由二十文涨到四五十文，公盐一斤由五十文涨

---

① 《新闻报》1915年6月5日。
② 《东方杂志》第十三卷五号。

到一百余文。① 这严重地打击了民族工业的发展，并导致各种工业的职工人数减少。据统计，全国职工人数1912年为66万余人，1913年为63万余人，1914年为62万余人，1915年为61万余人。② 处于生活困顿中的工人阶级开始奋起反抗。1914年10月，上海招商局、太古、怡和三轮船公司船员要求增加工资并罢工。同年12月，上海人力车夫反对增收车租举行同盟罢工。1915年3月，湖北大王岩煤矿工人反对延长工作日，要求增加工资并罢工。1916年3月，北京财政部印刷局工人要求增加工资并罢工；5月上海翻砂工人要求增加工资并罢工等。③

第三节　帝制终结与中央政治权威的碎裂化

一　"国体"战争对帝制政权的终结

在追求有效性的过程中，袁世凯政权在把新兴社会阶层——资产阶级、知识阶层和无产阶级——排斥在体制外的同时，也把其专制政权的社会基础——地方军阀和农民阶层——异化在政权之外。袁世凯将自身幻化为"皇帝"的政治运作，不仅改变了国家权力的来源和运行方式，还改变了权力的归属，恢复君主（皇帝）主权。这突破了三重限度。

其一，袁世凯的举措突破了统治集团整体利益规范的限度。在实

---

① 谢本书：《袁世凯与北洋军阀》，上海人民出版社，1984，第78页。
② 《支那政治经济年表》，转引自谢本书《袁世凯与北洋军阀》，上海人民出版社，1984，第79页。
③ 参见刘立凯、王真《一九一九至一九二七年的中国工人运动》，工人出版社，1953。

现其有效性企求的"现代"和"传统"通道的追求中，袁世凯中央集权的目标逐渐发生了异化，即由有限期的总统独裁滑向无限期的君主专制，重新将新的王朝家族——袁氏王朝——界定为最高权力的唯一归属主体。这种集权行为具有浓厚的"家天下"色彩，使袁世凯为其家族谋私利的本质暴露无遗。袁世凯为追求自身利益最大化而直接削减其他军阀集团利益的行为，触犯了北洋集团的整体利益规范，因而突破了军阀地主支持袁世凯当政的最低限度，由此，北洋集团的体制内反叛活动开始公开化。

其二，袁世凯的举措突破了政治改制的时代限度。辛亥革命以暴力方式宣告：君主帝王符号以及帝制官僚作为革命的对象已经被送入博物馆。这就设定了民国政治建设的限度：无论从价值理念，还是制度设计上来说，革命后的国家建设只能以非帝制的方式进行，即建立没有皇帝的民主制度。袁世凯的帝制行为突破了政治改制的时代限度。于是，基于对"国民程度"与"政治模式"选择的反思，国民党与进步党纷纷提出救国方略：以孙中山为首的国民党人不再排斥"国权"，重新启用"军事化"的夺权方式；以梁启超为首的进步党人则重新强调"民权"，开始走上"激进化"的立国道路。

其三，袁世凯的举措突破了民众对其有效性期求的限度。袁世凯建立的帝制政权，不但没有给予资产阶级所欲求的工商业发展以权威扶持，反而施以专制性的政治干预，进一步剥夺了民众生存的经济资源和人身自由。袁世凯帝制政权的如此做法，严重损害了民众尤其是资产阶级的实际利益。资产阶级可以容忍袁世凯拥有几乎与封建帝王一样的专制权力，但不能容忍的是复活帝制所招致的内乱与外患，更不能容忍袁世凯在损害他们利益的情况下当皇帝。由此，民众对袁世凯安邦定国的有效性不抱任何幻想，袁世凯政权的合法性也随之削弱。

可见，帝制政权根本无法满足任何一个阶层的经济和政治要求，从一开始就引起各社会阶层的质疑和不满，致使复辟时期的制度难以运转。而帝制政权对社会各阶层，尤其是对各省军事精英利益的侵犯，促使不满复辟制度的各种社会力量迅速联合起来，共同发出了"推翻帝制政权"的声音，并进行了由西南军事精英发起的推翻洪宪帝制、恢复共和体制的"国体"革命即护国战争。在社会各阶层的否定声中，袁世凯帝制政权丧失了政权得以维系的所有资源：军事上的胜利、人心与情感。北洋军阀内部分化加剧，袁世凯中央权威的有效性彻底丧失，帝制政权的终结已成必然。

二 中央政治权威的碎裂化

护国战争是反对洪宪帝制、恢复共和政体的战争，也是地方军事精英发起的否定中央政府的战争。统率各省军队的地方军事精英独占一方，建立地方独裁政权，对地域社会实施实际统治，并成为推翻洪宪帝制的主要力量。

可见，袁世凯试图通过重构一个以君权为中心的一元化、整体性权能结构，来构建有效中央权威的政治选择，非但没能扭转自晚清以后就存在的地方（军阀）势力坐大、中央权威衰落的颓势，反而加深了中国社会政治秩序的衰败与解体。其结果是，在帝制政权失去存在合理性的同时，袁世凯个人的军事政治权威也丧失殆尽。洪宪帝国的瓦解表明以激进集权的方式解决中国危机的无效性，于是，地方精英开始声张和强调以"地方分权"解决中国问题的必要性和有效性。

于是，各地方势力强调中国的国基在于省，主张扩大各省的自治权，地方主义由此再度形成高涨之势。云南、贵州、广西、广东、浙江、四川、陕西、湖南等各省皆模仿辛亥革命模式，再次以"独立"

方式宣布与袁氏中央脱离关系。各省之军政首长，不但恢复了辛亥年都督的称号，而且又展开省内集权的"自治"活动。在地方势力竭力伸张"地方自治"的合法性的过程中，分利集团多元并存的政治局面出现，大家势均力敌，任何势力都不具有重建中央政治权威的优势和能力。因此，中央权威的有效性危机依然构成近代中国政权建设无法绕开的"政治瓶颈"。于是，近代中国又踏上了寻求能够重建强有力中央权威的政治重心的漫长道路。

小　结

集权与专制的区别在于，专制强调权力的归属而集权强调权力的运行。袁世凯通过"立宪"活动所确立的总统终身制，以一元主权取代分权政治制度和多元主权，重新界定君主（皇帝）主权，并试图把自己及其家族幻化为君主的唯一载体，建立一个名副其实的帝国制度。在此帝国制度下，"袁世凯如他所希望的那样成了一个传统主义的皇帝，成了中国皇帝世系中的一员，并一切都遵循着古代皇帝的式样"[①]。然而，这一政治改制突破了袁世凯得以"合法"当政的三重限度：突破了统治集团整体利益规范的限度、突破了政治改制的"非帝制"限度和民众对其有效性期求的限度。由此，北洋集团的体制内反叛活动开始公开化，革命党人、进步党人的体制外挑战更趋暴力化，民众也开始否定和反抗袁世凯帝制政权。

可见，当袁世凯试图通过借助和模仿传统皇帝的权力运作，来启动各种政治资源以构建有效的中央政府权威时，却发现各省北洋军阀

[①] 〔美〕列文森：《儒教中国及其现代命运》，郑大华等译，中国社会科学出版社，2000，第153页。

的离心倾向强烈而坚定，他不明白，为何自己竭力促使北洋集团对其"效忠"的努力却导致这种"效忠"的瓦解，并使自己的"新朝"面临着合法性和有效性的双重危机。可以说，袁世凯重新诉诸传统行政集权方式，非但没有消除晚清以来的地方割据，建立中央集权国家，反而加剧了政治权力的弥散化趋势。政治权力的弥散化使得国人继续不断追求和建构集权的权威政府，但是，合法性与有效性的张力依然构成近代中国政权建设无法绕开的政治瓶颈。

第六章
虚幻的有效性：洪宪帝制合法性终结的政治思考

第一节　权威有效性的缺失：近代转型中政治重心构建的困境

一　国家生存"呼吁"有效的中央权威

在实现从传统的国家形态向拥有独立主权的民族国家转型的过程中，世界各国以不同的逻辑重新构建新的国家秩序。现代化的先发国家如英国、法国，在拥有充足的国家生存空间的情况下，其内部社会的现代化要求即个人自由和个人理性构成了其构筑民族国家秩序的逻辑起点。而对近代中国而言，新国家秩序的构建有着不同的逻辑。19世纪末20世纪初的中国社会固然需要个性的解放和公民的自由，中国的政治也急需多元化的民主。但是，在外部生存空间急剧缩小的危势下，中国迫切需要的是国家的独立，缺乏的是"强有力的、足以统一全国的政治权威"，以维护民族群体的生存。①

---

① 许纪霖：《智者的尊严：知识分子与近代文化》，学林出版社，1991，第224页。

第六章　虚幻的有效性：洪宪帝制合法性终结的政治思考

可见，国家生存空间的不同，决定了近代中国与西方先发国家进行国家建设的序列选择存在差异。近代中国面临两大历史课题：一要推翻专制君主，争人权、要自由；二要解决民族生存和国家统一问题。一个有权威的、能够对社会发展进程实施有效领导的中央政府，是完成国家统一、维护民族生存的前提和保障。因而，在清王朝崩溃后的天下大乱形势下，建立一个对外能有效地捍卫主权、对内能有效维护政治经济秩序的中央政府，是近代中国政治转型中的首要问题。

国家生存"呼吁"有效中央政权的建立，而强有力的中央政权又急切"寻求"强有力的政治重心来建立。然而，在近代中国早期现代化进程中，这样的政治重心却始终难以形成。在清末民初的社会转型中，随着传统的"地主－士大夫－官僚"政治系统被摧毁和联结国家与社会的科举制度被废除，近代中国陷入统治集团整体缺失的困境，与国家政治具有高度同构关系的社会领域随之陷于无组织状态。于是，清末民初的中国呈现出"全面危机状态"[①]。各大政治势力均以维护国家主权及生存为由，纷纷提出各自的体制选择，展开了对政治重心的争夺，都企图建立以自己为主导的中央政权。但由于都不拥有压倒一切的力量优势，能够主张普遍性的主体极其有限，致使多重权威竞争状态出现。在近代中国，任何政治体制选择都必须能够建构和增强中央政权的效力，即对外能有效地捍卫主权、对内能形成和维护一个稳定的政治经济秩序。这是内忧外患的中国为可能的政治重心设定的有效性限度。拥有有效性支撑的合法政权，不但能够增进民众对其政治秩序和政治制度的认同，而且能够有效维

[①] 邹谠：《二十世纪中国政治：从宏观历史与微观行动的角度看》，牛津大学出版社，1994，第50页。

护和拓展执政者的政治权威。相反，权威有效性的长久缺失，不仅会消解现存政权的合法性，更易剥夺当权势力再次成为政治重心的可能空间。可见，中央权威的有效性限度限定并筛选着可能成为政治重心的政治势力。

二 有效性缺失"过滤"构建的政治重心

有效性的缺失，不仅瓦解了晚清政权的合法性，而且否定了其集权政治模式。鸦片战争以来，晚清政府在应对外来势力挑战和内部动荡危机的过程中，中央财政控制权、军事控制权和行政控制权力等大权一一旁落，致使地方军政势力崛起和国家力量集中化程度急剧下降。为了克服中央权威有效性的危机，晚清当局沿用传统危机处理机制，即"变"制度与人事而"不变"立国理念，推行了旨在加强中央集权、实现社会整合的"新政"。然而，这一集权措施收获的却是悖反性结果：清朝贵族采取的排斥汉族势力的集权措施导致中央内部精英的离心；推行的地方自治，给了士绅强化权力并渗透于地方政权的有利契机，使传统的集权网络断裂。可见，在外部生存空间日益缩小和内部立国理念多元化的客观情势下，这种传统危机化解机制无力克服中央权威的有效性危机。

无力实现国内统一的晚清当局，更无力阻止外国在华势力对中国政治运作的渗透和控制。结果，外国在华势力成为中国权势结构的既定组成部分，而外来势力实际和隐约的控制力量，常常造成中国政治力量的自我禁抑即对中国问题的解决不得不考虑外国在华势力的影响。[①]清王朝为此付出了"失道"的代价：以革命党人为首的地方势力，以暴力方式否定了清政权的政治重心地位及秩序安排，使"中

---

① 罗志田：《民族主义与民国政治》，《开放时代》2000年第5期。

第六章　虚幻的有效性：洪宪帝制合法性终结的政治思考

国从天下性的文化社会变成政治性的现代国家"①，"国家的文化道德目标转变为集体成就和增强活力的政治目标"②。由此，清王朝所构建的具有文化优越性的"普遍国家"被终结了。

随着传统集权政治的解体，资产阶级民主派试图充当新政治格局的整合中心，构建以自己为主导的现代集权政治，以填补晚清政府垮台后的中央权力和权威的真空。民主人士"以有益社会的理由来证明自己拥有权威的正当"③，宣扬新社会秩序的优越性，并试图构建"民主-竞争"的整合模式。但是，以追求新的国家基本秩序为目标的辛亥革命并未解决所有制问题，无法满足各阶层对经济政治秩序的最基本要求，更未能解决如何建设与治理国家的问题。而国民党这一政治重心力量单薄，无法应对旧势力的挑战，也无法抗衡集结了较多工商界代表人物和官僚政客的立宪派对政治重心的争夺，因而"民主-竞争"的整合结构"使得原本就力量有限的近代社会发生分裂"④。可见，在"民主-竞争"的整合模式下，社会对抗不仅没有得到缓解，反而加剧，社会不平等不仅没有弥合，反而加深⑤。在此社会分裂和内部纷争中，民主派构建强有力中央政权的困局产生。

革命政权有效性的缺失，使得革命党的制度改造难以实施，其立

---

① 金耀基：《从社会系统论分析辛亥革命》，引自张玉法主编《中国现代史论集·第三辑》，联经出版事业公司，1980，第109页。
② 〔美〕张灏：《梁启超与中国思想的过渡（1890—1907）》，崔志海等译，江苏人民出版社，1993，第211页。
③ 〔美〕帕尔默、科尔顿：《近现代世界史》（上册），孙福生等译，商务印书馆，1988，第410页。
④ 〔法〕白吉尔：《中国资产阶级的黄金时代（1911—1937）》，上海人民出版社，张富强等译，1994，第211页。
⑤ 陈明明：《所有的子弹都有归宿——发展中国家军人政治研究》，天津人民出版社，2003，第320~321页。

国理念和制度框架也未得到最终确定。在国家四分五裂、社会危机和政局混乱依旧的情势下,"社会对强固的中央权威的需求不断扩大,对政府动员、整合、调控能力的期望日趋强烈"①。人们将重建生存秩序的希望寄托于拥有资源优势的、以袁世凯为首的军阀地主官僚。民国政治怪相由此产生:革命与建设不是由同一群体完成的。被寄予众望的袁世凯,开始利用总统专制独裁的方式推进国家与社会的政治整合,改变国家权力控制的无力状态,并建立以自己为主导的国家政治秩序。

三 有效性危机"消解"军阀独裁政权的合法性

出于对革命政权的失望和对生存秩序的渴求,人们将重建生存秩序的希望寄托于当时声望实力俱有的袁世凯的身上,当时的袁世凯的确比革命党人拥有更多的优势来塑造强有力的中央权威。在民众期求有效性的心理驱使下,权力更迭发生,袁世凯获得了北京临时政府的政治中心地位。依凭自己控制的官僚政治资源、军事资源和外国人的"好感"等政治资源,袁世凯开始了建构强有力中央权威的实践,而国家元首的一元集权是其建构中央权威的理想诉求。然而,《临时约法》所构建的"总统的表面特权"(尊严)和"内阁总理的实际权力"(效率)并存的二元体系,使袁世凯拥有的政治资源优势不断流失,并束缚了其构建政治重心的行动。

于是,袁世凯通过改变民国政治的制度建构,来改变中央集权的向度,建立北洋总统制集权政府。这一政治体制将中央权力集中到以袁世凯为代表的军阀官僚手里,民主派被排斥在政治权力之外。但袁

---

① 陈明明:《所有的子弹都有归宿——发展中国家军人政治研究》,天津人民出版社,2003,第321页。

第六章　虚幻的有效性：洪宪帝制合法性终结的政治思考

世凯政治上的成功并没有使其摆脱权威的有效性危机，因为那些替袁世凯建功立业而坐大的北洋将领们逐渐成为新的地方分利集团。各省军阀凭借自己对地方军事、财政、人事任免等的独立支配权，成为一股与中央分权的强劲政治势力。可见，袁世凯在依靠北洋军事势力消解国民党地方分权势力威胁的同时，却意外"培养"了新的地方分利集团，而这一分利集团凭借自身在二次革命中攫取的资源优势，要求获得独立于中央的权力和威望，极大地侵蚀并挑战了中央政府贯彻政策和维持统一的能力。

北洋分利集团在伸张自我权位的过程中逐渐割地自雄，致使袁世凯进行国家整合的努力在向社会延伸的过程中遭遇了更大的对抗性阻力。在中央对地方的控制与反控制中，国家整合不能达于地方，袁世凯军事独裁政权陷入"软政权"的境地。缺乏内部整合力的袁世凯政权更难抵御来自日本的挑战。在军事独裁的总统制政权下，中央不能控制地方和法律不能控制派系等双重分离情形更加严重。在此分离状态下，袁世凯难以建立一个能进行有效统治的中央权威，更无力扭转国家权威不断弱化的趋势。结果，有效性的危机否定了以袁世凯为首的军阀官僚作为政治重心的合法性。

为了维系自己作为政治重心的地位，袁世凯急切地寻求克服有效性危机的"新"的解决之道。在路径依赖的惯性制约下，袁世凯不是选择向前进即在"共和"框架下提升中央政权的治国能力，而是选择向后退即通过复辟帝制来"维持其足以对付任何反对者的权力地位，保证为其需要而动员资源的可能性"[①]，来摆脱政权的有效性危机。

---

① 〔美〕S.N. 艾森斯塔得：《帝国的政治体系》，阎步克译，贵州人民出版社，1992，第119页。

第二节　洪宪帝制：袁世凯追求
　　　　有效性的范式选择

一　君主专制：袁世凯制度集合中的唯一选项

袁世凯采取军政独裁方式着力追求有效性的努力，不但没有遏制各省军阀的地方分权趋势，反而进一步弱化了原本就十分脆弱的中央权力，而统治联盟内部的分裂更加剧了中央政权的有效性危机。发现自己的政权正受到外部威胁和内部解体的威胁的袁世凯，认为共和政治的体制无助于这种危险和威胁的政治解决，并开始置疑共和政体。他认为，在共和政体框架下自己虽然是法定的国家元首，但是共和政治体制下的国家元首的最高权力不明确，严重"阻碍"了其中央政府和个人权威的确立以及社会秩序的重建。在袁世凯的意识中，正是总统制这一"共和"政体动摇了其政治重心的主导地位，造成中国政局的混乱，要摆脱有效性危机，就必须超出民主共和范围寻求一种"新"的解决之道。

袁世凯在其政治智慧的限度内探求着"新"的解决之道，在其头脑中除了君主专制这个选项外，好像没有整合中国社会的第二条道路可选。在君主专制政体下历练、沉浮了大半辈子的袁世凯，对君主专制政体的制度功能再熟悉不过了。袁世凯认为，对于中国而言，效忠一个人，比效忠国家或忠于抽象的约法更易于理解。[①] 因为在帝制之下，皇权既是国家主权的代表，又是中央政府政治权力的核心；君主是中国秩序和谐与持续稳定的保障和象征；君主是一切立法、司法

[①] 《申报》1915年7月6日。

第六章　虚幻的有效性：洪宪帝制合法性终结的政治思考

和行政权力的本源，使国家权力可以无限地、同质地渗透到每一个地方；更重要的是君主的权力具有单一性、至上性、广延性，禁止任何并行权力的存在。在他看来，君主专制所具有的上述"有效"机制和政治功能，由于更加强调国家元首的权力的一元性和神圣性，比共和政体宣称的人民统治权更能使地方精英的"本分"具体而明确，有助于中央政府权威的重建。于是，处于有效性危机困境中的袁世凯，诉诸传统的君主制度体系，妄图利用传统皇权的辐射威力，挫败国民党尤其是各省军阀的政治挑战，实现中央政权的有效整合。

在路径依赖的惯性制约下，困境中的袁世凯诉诸传统的君主制度体系，妄图借用这一制度符号所曾具有的提升统治正当性的政治功能，来摆脱中央权威有效性危机的困厄。于是，袁世凯开始了将其独裁式的集权体系与帝制政体进行结合的政治行动。他将其独裁式的集权体系与帝制政体框架进行结合，试图借儒家政治原则来重建和统治这个儒家体制已经解体的国家，恢复以君主政体为象征的传统政治秩序，并将这一政治秩序命名为"中华帝国"。由于袁世凯所构建的是一个对"袁氏王朝"而非"逊清王室"的忠诚和效忠机制，因而，其将中华帝国的国号新定为"洪宪"，而非仿照像大清国那样的传统王朝之名。

"君主专制"是袁世凯政治智慧限度内的唯一选项，在袁世凯的头脑中君主专制的印象清晰有力。在路径依赖的惯性制约下，袁世凯依照旧大厦的样子，重建帝国秩序，以回应其苦于应对的有效性危机，只不过是摈弃了帝国秩序的旧主人，因为，袁世凯认为只有以自己为中心的君主制才能代表中国的"未来"。

二　代表"未来"：袁世凯制度选择的自我认知

当袁世凯抱怨共和政体对其权威重建的桎梏时，当时的保守主义者（包括传统的和现代的）也开始置疑共和政体的有效性。极端保守主义者将民国秩序的紊乱统统归于共和政体，认为中国之乱来源于政体的变革，"国愈纷而无力统一，国愈贫而无术理财，政府无权不能行治，旧制尽扫而乱状日处"①。他们提出恢复旧的政体是救中国的唯一出路。现代保守主义者也认为中国的一切危机皆为"共和之弊也"②。他们认为共和政体废除了中国"国情"最重要的组成部分"君主"，致使社会因为失缺君主而缺乏向心力，而共和政体对国家元首人选规定上的不确定性，引发了一些野心家对国家元首位置的觊觎和争夺，这种争夺直接造成政府难产和国内分裂。因此，现代保守主义者主张，中国问题的根本解决，有待借助"君"的向心力来有效保证中国的统一和安定。

对民主共和制度的诋毁和指责，不仅来自清室遗老和立宪派，甚至一些革命派人士也因为不能容忍民初的种种弊端，而附和了民国初年要求恢复旧秩序的呼声。社会呼吁厚集中央，以求稳定，自然寄希望于当时声望实力兼具的袁世凯，即便是采用专制手段也无所谓，以免出现"将以内乱外患而四分五裂"之状。避乱求安的心理在商人头脑中更是占主导地位，只要社会安定，他们并不在乎袁氏终身长任总统，即便是当个实际上的"皇帝"也罢。因此，在帝制过程中，各地商人还一度列名于劝进表，通电拥戴。北京商会总理冯麟还发起庆祝会，领衔推出劝进表。而当时的中国农民作为整体仍旧陷于对皇帝的迷信，而很少有人能够认识到共和制度的优越性。因而，袁世凯认为，数千年来人民习于帝政，必定有趋向于君主之意，"以君主制度立国，人民心理，久定一尊"，而辛亥革命"不顾民情之向背，不

---

① 汤志钧编《康有为政论集》（下册），中华书局，1981，第816页。
② 刘晴波主编《杨度集》，湖南人民出版社，1986，第566页。

考民心之顺逆，改帝制为共和"①，引起了国家分裂和政局的混乱，这是由于"共和"违背了民意。因此，袁世凯认为，恢复"君主制"是合乎国情、尊重"民意"的。

总之，在当时的社会背景下，对许多人来说，只要能满足他们即时生存的要求，并不介意是实行帝制还是共和制。保守主义者对君主制的呼吁，商人对共和的失望和对安定的渴望，以及农民对共和的冷漠和对皇帝的留恋，使袁世凯自认为自己代表着集权的"民意"，也代表着就任君主的"民意"，那么他所构建的洪宪帝制当然也就代表了中国的"未来"。

的确，在民国初年集权政治成为民国政治的暂时诉求，但是，这种诉求反映的仅仅是当下，而不代表未来。袁世凯采用君主制与军权专制相结合的集权方式，所构建的洪宪帝国突破了民主派、北洋集团、底层民众所设定的三重限度，从而引发整个社会的反抗。

第三节 虚幻的有效性：洪宪帝国的软肋

一 "君主主权"对政治改制限度的突破

袁世凯恢复以君主政体为象征意义的中国传统政治秩序，并将这一政治秩序命名为中华帝国。在此帝国秩序下，国家主权属于君主。袁世凯的帝制行为突破了民主派对政体选择的限度。

在由封建专制向民主共和发展的时代潮流效应下，帝王符号及其制度安排的合法性不断弱化甚或完全丧失。在共和派的政治观念里，共和制与帝制是完全对立和相互排斥的。袁世凯的北洋政府虽类似帝

---

① 沈云龙编《民国经世文编》卷39，文海出版社，1970，第5056页。

制之"开明专制",但由于保留了"共和"的外衣,革命党人还可以接受,而袁世凯对"君主"制度符号的恢复,极大地触犯了革命党人制度选择的"禁区"。在革命党人看来,"君主或皇权"与"共和"是绝对对立的,是根本不相容的,而维新变法的失败更凸显了传统君主制度体系进行秩序重建的局限性。因而,在革命党人设计的解决中国问题的共和主义方案中,容不得一丝君主的气息。于是,革命党人以暴力方式宣告了传统的"制度再造"这种危机修正机制的失败,并将君主帝王符号以及帝制官僚推下了历史舞台,甚至将君主的影子也密封在博物馆中。由此,"非帝制"权威的政府,成为辛亥革命后国家政权建设的政治基调,任何君主形式(帝制)秩序所凝聚的政治权力都不能扮演统治正当性的替身。因此,面对袁世凯重新再造帝制官僚以及重立新君主的帝制行为,"革命阵营中的火气、激情自然不可避免",[①] 反感和愤怒之余,革命党人又义无反顾地发起将不共戴天的袁世凯赶下台的革命。

袁世凯再造君主主权的行为,也突破了立宪党人政治改制的限度。立宪党人的思维重点不在共和或君主上,而在于寻找一个能有效实现政治整合和建构稳定秩序的载体,实施宪政。虽然,西学的东渐扩大了立宪人士的制度选择集合,但在君主立宪派的意识中,君主具有直接或间接地造福国家的效力。因此,他们试图借助"君"的这种向心力来消除内乱,推动中国稳步踏上立宪共和之路。但袁世凯所构建的洪宪帝制,恢复的不是民权制约下的虚位元首"君主",而是没有任期和法律限制的国家主权拥有者"皇帝",构建的是集权的传统政体而非集权的现代政体。袁世凯以一元主权重新取代分权政体,并使皇帝成为一切权力的起点和终点的帝制行为,驱使立宪精英摈弃

---

① 张宝明:《自由神话的终结》,上海三联书店,2002,第41页。

"国权"而走向"民权"的立宪之路。

追求和平立宪的失败，使民主派人士的情绪愈来愈高涨，他们试图以革命方式使资产阶级重新摆脱这种被排斥的孤立状态，以解决前面的"遗憾"。这种趋向激进化的解决社会与政治问题的方式，加剧了洪宪帝国的危机。

二 "权力私化"对集团利益限度的突破

袁世凯的北洋总统制政权，是经过北洋各派军阀的打拼而建立起来的，北洋集团由地方性军事势力而一跃成为统治全国的政治军事集团，并形成了一种"共生共享"集团利益规范。在这种利益"共生""共享"关系的规范下，松散而不稳定地缀合在一起的军阀各派最关心的不是"君主与共和问题，而是个人的权利地位问题"[1]，以及他们所"投资"的集团首领袁世凯能否以有效实现集体目标的形式，回报他们以实实在在的利益和好处的问题。

但是，袁世凯由总统独裁向君权专制的跨越，突破了这一集团利益规范的限度。因为这一跨越改变了政权利益的面向。在北洋总统制下，袁世凯虽然拥有皇帝般的权力，但由于总统人选通过一定的任期更换，北洋将领都有希望通过"总统选举"的体制安排来获得最高权位。这样的制度安排使国家最高权力集中在一个集团的代表手中，虽属于专制，但也属于集体专制，北洋集团这个整体代表着国家，相应的，总统独裁制下的北洋政权维护的是北洋军阀集团的整体利益。

面对各省军阀的分利取向的政治挑战，袁世凯的目标取向由贯彻集团目标逐渐转化为竭力维护其个人权力与权威地位的"自然目

---

[1] 陶菊隐：《北洋军阀统治时期史话》（第2册），生活·读书·新知三联书店，1957，第116页。

标"。袁世凯试图通过重新构建"君臣""官庶"等级分明的制度化的身份关系，以及垂直的统属关系来恢复以君主政体为象征意义的中国传统政治秩序，以期弱化地方势力的"自我扩张倾向"。而在"新朝"帝国中，袁世凯家族把持最高权力的归属和传递，垄断全国政治社会资源，这使得北洋政权的目标发生了裂变，即由利益"共享"的集体目标裂变为追求专制者个人利益的"自然目标"。袁世凯强调国家权力的袁氏家族化的行为，使那些在袁世凯身上"投资"的北洋军阀丧失了回收"利润"的机会和希望。利益容纳范围的急剧缩小，引发体制内外的精英及社会底层的疏离倾向和离心运动[①]。

袁世凯依靠属下的忠诚掌控军队并以金钱、地盘、官阶来维系，这种私人效忠本质上是一种多层次的利益交换关系而非政治信仰的结合，因此终究是靠不住的[②]。北洋各派模仿袁世凯，凭借所拥有的军事实力来角逐政治权力，甚至要挟、抵制中央政府。于是，地方军事精英开始"背离"中央政府，甚至开始了公开"分赃"国家的活动。袁世凯诉诸君主专制以期再塑中央权威有效性的努力，反而导致自身权力的弥散化趋势加剧。由此，袁世凯帝制政府陷入异常严重的权威危机，袁世凯的个人权威也随之丧失殆尽。

三 "危机转嫁"对社会支撑限度的突破

在袁世凯不断集权、破坏民主共和的过程中，工商阶层的支持和农民的冷漠构成民国社会的一个奇特现象。这是因为他们认同未来政权的基点不是政体价值的"普世性"，而是政体功能的有效性。具体而言，出于对南京临时政府有效性的失望，渴求良好发展秩序的工商

---

① 〔法〕谢和耐：《中国社会史》，耿昇译，江苏人民出版社，1995，第523页。
② 马建标：《袁世凯与民初"党争"》，《近代史研究》2012年第3期。

阶层和企求维持基本生计与安定的广大民众，将希望寄托于袁世凯，这构成了袁世凯得以掌权的主要社会基础。

但是，无力实现中央权威有效性的袁世凯专制政权，不但没有力量给予资产阶级所欲求的工商业发展以权威扶持，反而施以专制性的政治干预，在社会、经济、政治各个方面实施空前的集权，推进帝制。更令人不能接受的是，面临财政拮据窘境的袁氏政府，通过施行在全国强行征税的政策，将大部分的负担强压到了商人的头上。袁世凯帝制政权的如此做法，严重损害了资产阶级的切身利益。资产阶级可以容忍袁世凯拥有几乎与封建帝王一样的专制权力，但不能容忍复活帝制所招致的内乱与外患，更不能容忍在损害他们利益的情况下当皇帝。于是，资产阶级很快就对袁世凯政权感到绝望，并又转向革命寻找新的依托。

面临财政拮据窘境的袁氏政府将夺利触角伸向农村，加重了农民负担，激起了对政治一向冷漠的民众与帝国的对抗。作为小生产者的农民既是革命的重要力量，又是保守的社会力量，这两种不同作用的转换是以能否符合农民的土地要求为转移的。从一定意义上讲，辛亥革命只是解决了中国从传统走向现代的制度形式与价值取向问题，但并没有触动传统社会的土地所有制，从而使不断失地的农民成为保守力量。本来，农民的保守性是革命后君主制得以恢复的重要社会基础，但袁世凯政府对农村推行的涸泽而渔的剥削方式超出了农民生存的临界点。挣扎在死亡线上的广大农民掀起了为争取生存的反袁斗争，由此，袁世凯失去了农民这个最可能认同和维持其帝国生存的社会群体。

任何政治形态的生存与有效运作，都依赖稳定的阶级支持力量和塑造该阶级的文化价值体系和政治制度体系。而洪宪帝国的生存和有效运作的支撑性条件完全丧失：民主派的反对否定了洪宪帝国的权威结构形式，北洋各派的背叛抽空了洪宪帝国的阶级支撑，民众的反抗瓦解了洪宪帝国生存的社会基础。由此，洪宪帝国丧失了构建政治社会秩序的价值和能力，帝制政权有效性的幻想和袁世凯自恃代表"未来"的狂想随之彻底破灭。

小　结

我们不能否认，在秩序和民主两大发展目标引发的强大的"交叉压力"下，建立一个强有力的中央权威是民国当时政治、经济及各方面状况综合而形成的合乎逻辑的要求。但是，袁世凯试图借用帝制权威的传统合法性来自动生成其在近代社会的有效性的集权之举，不但没有增强对国家的控制能力，反而导致政治权力的弥散化趋势加剧。这一体制选择由于突破了近代社会"合法性"的限度，帝制政府无力奠定有效的政治体制的基础，合法性与有效性的张力同样成了袁世凯帝制政权终结的催命符。

洪宪帝制是对辛亥革命的否定，护国运动又是对洪宪帝制的否定。袁世凯不惜牺牲对外自主的主权，通过重构一个以君权为中心的一元化、整体性权能结构来重建国家政治秩序的政治选择随之化为泡影。护国运动实质上是各地方势力向业已因内部因素引发的中央政治权威危机发起的一次增强化运动，直接终结了袁世凯帝制政权。因而"护国战争的胜利，与其说是民主共和力量的成功，不如说是地方势力再次崛起，中央集权的权力体系再次打破的标志"。[①] 这表明，激进集权方式解决中国危机的无效性，使得地方精英再次强调"地方分权"解决中国问题的有效性和合法性。

[①] 许纪霖、陈达凯主编《中国现代化史》，上海三联书店，1995，第380页。

第六章 虚幻的有效性：洪宪帝制合法性终结的政治思考

伴随着袁世凯人格化军事政治权威的丧失，多元分裂的政治中心出现，且都竭力证明其具有实现国家统一和夺取中央政权的能力。这种多中心政治加剧了国家的分裂，近代中国再度陷入"全面危机"的状态①。在此局面下，任何政治势力都难以获得压倒一切的力量优势，致使中央政府成为各军阀派系增强自己打击对手的能力的一个工具。中央权威的有效性危机依然构成近代中国政权建设无法绕开的"政治瓶颈"。于是，历史在转了一圈之后又回到了原来的起点，近代中国又踏上了寻求能够重建强有力中央权威的政治重心的漫长道路。

---

① 邹谠：《二十世纪中国政治：从宏观历史与微观行动的角度看》，牛津大学出版社，1994，第69~70页。

第七章
合法性与有效性张力下的近代中西复辟现象比较

综观近代世界由专制政治向民主政治转型的历程，我们不难发现，在各种政治力量围绕统治权的较量中，以帝国、王朝复辟为形式的专制集权政体与民主的、不稳定的民主共和制政体相互排斥并交替出现。作为一种逆政治发展的政治复辟现象，其发生和存在虽然非常短暂，但它却是近代世界早期政治发展曲折、中断的突出现象。根据复辟主体的政治诉求及近代革命引发变革的内容，将近代政治复辟现象分为两种类型：王朝的复辟和专制制度的复辟，前者是指传统统治者的复辟，后者是指传统权力机制的复辟。其中，三个国家的政治复辟现象最为典型：英国的斯图亚特王朝复辟、法国的拿破仑新王朝帝国的建立和两次波旁王朝复辟、中国的洪宪帝制和清室复辟。它们从不同侧面凸显了近代政治转型过程中三个国家政权建设的困境。

制度复辟与王朝复辟同属于近代资本主义革命后所产生的集权政治现象，这一集权政治诉诸的是君主、专制和人治的价值，要恢复的是旧专制原则和专制秩序，是一种逆政治发展的复辟运动。作为政治不发达的产物，二者相隔不久发生，帝国政权垮台后是王朝复辟的发生，而且二者都凸显了近代资本主义革命后的政治社会的"断裂"与"危机"。但是，由于制度复辟渴求的是传统制度的运作机制的效

第七章　合法性与有效性张力下的近代中西复辟现象比较

能,而王朝复辟诉诸的是正统王朝(及其家族)的效能,所以,这两类政治复辟现象之间必然存在很多的不同之处。基于此,本章尝试通过近代复辟现象的系统比较,深入探究制约近代世界由专制政治向民主政治转型的瓶颈,以及引发三个国家由"朝代国家"向"民主国家"转型差异的内在因素,从而进一步凸显袁世凯帝制复辟发生与终结的客观逻辑。

第一节　制度复辟与王朝复辟：
近代政治复辟类型之比较

一　制度复辟与王朝复辟的不同点

(一)复辟运动的发动主体不同

王朝复辟运动的主体是传统农业社会价值理念支配下的旧贵族官僚集团,他们是以血统世系为主要特征的特权阶级。这些特权阶级在资本主义革命中丧失了统治地位,但他们内心深处对特权地位和利益的向往和对曾经赋予其特权的王权的效忠不曾消失,像以往一样渴望看到国王能再次掌权。其中,散落于各地的极端保王党与流亡的国王和宫廷保持密切联系,不断进行复辟活动的尝试。因为,资产阶级革命理想的实现一定会威胁到这一阶级的特权和利益,而共和国框架下的"军事独裁"使革命理想破灭,驱使旧贵族官僚集团意识到他们的共性大于分歧,并再度团结成为王朝复辟的基础。在内战后的英国,"国王的被俘和处死引起的不满非常强烈,激起了保王党分子更加炽热的忠诚之情"[1]。在大革命后的法国,

---

[1] 〔英〕查尔斯·弗思:《克伦威尔传》,王觉非、左宜译,商务印书馆,2002,第205页。

拥护旧制度、维护封建专制和特权的"贵族派"和主张君主高于宪法的"王政派"，成为王朝复辟政权的阶级基础。在辛亥革命后的中国，清王朝复辟政权的支持者是具有浓厚的封建性的旧贵族官僚集团。

而制度复辟的发起者是军事独裁者，其阶级基础则是军阀官僚集团。在资产阶级革命后社会的动荡与变乱中，这一军人阶层具有最强的整合能力，又实际占据权力中心。但是，处于过渡时期或转型时期的军阀官僚又具有双重特性，他们既不是严格意义上的共和主义者也不是纯正的正统主义者，而是兼容二者特征的"过渡人"。在民国初年的中国，袁世凯帝制复辟政权的阶级主体是军阀官僚集团，而这一集团的最大特点是具有较明显的买办性，所以，袁世凯帝制政权构建的是一套代表军阀地主阶级利益以及确保军阀地主统治地位的法律制度。作为国家元首的拿破仑掌握国家机器和军队，军队和警察是其稳定国内秩序的最基本手段，他所构建的世袭帝国颠覆了资产阶级政权的政治外壳，并赋予军官成员以新的身份等级。但也正是制度复辟的支持者即军阀官僚集团所具有的"过渡人"特性，使制度复辟政权的基础十分脆弱，因为支持制度复辟政权的军阀官僚集团是有条件的，即他们追求的不是"国王一个人的统治，而是整个阶级的统治，如果国王再次走上建立个人专制的统治，冲突就会重新爆发"①，那么复辟的阶级基础也就不复存在了。

（二）复辟运动的政治诉求不同

不同政治主体的政治偏好、价值观念的不同，直接决定了王朝复辟与制度复辟的政治诉求不同。王朝复辟运动的倡导者力图恢复战争前就存在的正统王朝（及其家族）的统治，因为"封建王朝一旦复

---

① 钱乘旦、许洁明：《英国通史》，上海社会科学院出版社，2002，第178页。

辟，他们就马上可以运用复辟主权把变革了的所有制倒退回去"①。可见，王朝复辟的发动者最关注的是正统王朝（及其家族）的原有效能，正统王朝的复位实际上代表了特权者们可能再次收回在革命中失去的权力、土地以及等级特权的希望。于是，英国出现了保王党人反对共和国的复辟活动。1650年，英国成立了一个保王党的中央委员会，并在每个郡都派遣了代理人。而最有可能与保王党人联合起来反对政府的是长老派，有钱有势的长老派希望建立一个君主立宪的国家，谴责共和国为"异教徒的民主"，拒绝效忠于它，虽然议会会强迫他们这样做。国王的处决使保王党的队伍进一步扩大，苏格兰的长老派和英格兰的长老派公开同保王党人合流，并公开宣称效忠于查理二世，加紧进行反对共和国的阴谋活动。同样，在法国，1814年，以塔列朗为核心的临时政府以极快的速度拟定出一份简明的但具有比较明显的"正统主义"倾向的宪法大纲，其中规定法国将实行世袭君主制，由波旁家族成员担任国王，于1814年5月3日及1815年7月8日，法国出现了两次波旁王朝的复辟，复辟的旧王朝声明："波旁家族的其他成员恢复原有的地位"，并且"旧贵族恢复他们的封号，新贵族保留其封号并且可以继承"②，旧贵族重新掌握政权。在民国初年的中国，清室复辟活动自民国建立后就一直存在，在革命浪潮冲击下失去中央权势的清朝旧贵族官僚，在思想深处怀有深厚的眷恋清朝的意念，一直企图重新攫取权力。1917年，北洋军阀政府内部的政治纷争为他们提供了复辟时机，以张勋为首的旧贵族旧官僚集团利用"府院之争"所造成的缝隙，重建清王室的忠诚和效忠机制。

---

① 华中师范学院历史系编《英法资产阶级革命时期的复辟与反复辟斗争》，人民出版社，1975，第125页。
② 郭华榕：《法国政治制度史》，人民出版社，2005，第239页。

而制度复辟者要诉诸的是传统权威结构——君主政体的权力运作机制——的效能。因为，君主专制的政体架构曾提供了强化中央权威、抑制地方和臣下的权势的有效机制：在权力结构上以体现君臣高下尊卑的等级秩序作为合理性和合法性的基础；在君统传延上严格依照血缘宗法准则和等级原则实行君权世代相袭；在意识形态上，利用传统道德观念，给人们的行为以道德规定，使臣下对君主忠贞不贰。① 因而，制度复辟者将其独裁式的集权体系与帝制政体框架进行结合，试图通过恢复传统的权力运作机制来重建以君主政体为象征意义的传统政治秩序，并将这一政治秩序命名为帝国。虽然制度复辟者依照旧大厦的样子重建帝国秩序，但他们所构建的是一个对新王朝（自身家族）而非正统王朝的忠诚和效忠机制，因而制度复辟者摈弃了帝国秩序的旧主人并拒绝采取传统王朝的名称。袁世凯、克伦威尔和拿破仑都是军事独裁者，他们都试图建立新的帝国王朝，试图从君主制的神秘中获得合法性地位。这是一种把传统的合法来源与军事的合法来源联结在一起的举动。克伦威尔认为"建立一个带有某些王权性质的政府"将是最有效能的，他知道无论是维护和平还是进行战争，都需要一个强有力的行政权力，但对恢复到斯图亚特王朝的路线是否可能表示怀疑。② 于是，克伦威尔自任护国主而不采用斯图亚特王朝的称呼，并于1658年6月26日，在威斯敏斯特大厅议会内第二次授予他护国公的称号。袁世凯认为只有以自己为中心的君主制才代表了中国的"未来"，于是，他对中华帝国取"洪宪"为国号，而不采取像大清国那样的传统王朝的名称。同样，拿破仑于1804年5

---

① 〔加〕陈志让：《乱世奸雄袁世凯》，傅志明等译，湖南人民出版社，1988，第192页。
② 〔英〕查尔斯·弗思：《克伦威尔传》，王觉非、左宜译，商务印书馆，2002，第256页。

月18日通过"元老院组织法令"将终身的第一执政称谓改为"皇帝",并规定帝位可以继承,但他保证不是传统王朝家族的帝位继承而是波拿巴家族,并且他认为:"国王的名称已经过时。它掺有陈腐思想的痕迹,只会使我成为死人荣耀的继承人。我可不愿仰仗或依附任何前任。皇帝的称号比国王要伟大得多。其含义不易解释得清,因而引人入胜。"① 所以,拿破仑把其所打造的世袭君主称为"皇帝"而不是"国王"。

(三) 复辟运动的实现方式不同

王朝复辟运动的发起者在革命浪潮冲击下失去了中央权势而沦为共和体制下的地方势力,他们中大多数人流亡国外,即使暂时被糅合在共和政权内部的一小部分人也是处于无权地位,而且这一群体内心深处对曾经赋予其特权的帝国时代中央权威的象征——正统王朝——的效忠不曾消失。失去最高统治权的王朝复辟者以在野或地方势力的身份以非法的、搞政变的或借助外力的方式不断进行抵触中央政权的复辟的活动。在法国大革命中流亡国外的路易十八和流亡贵族"是乘着外国人的军用货车回来的",因为1789年爆发的法国大革命,使得欧洲各封建君主国家的统治者害怕这场烈火烧到自己的头上,为了"扑灭法国的革命火焰,恢复法国的旧制度,借以保证这些张皇失措的国王不至于在本国看到革命的传染病",反法联盟开始倾向于将倒台已经有20多年的波旁王朝送上法国王座。而波旁王朝这一举动的实质是对大革命的否定。1660年5月,流亡海外的英国斯图亚特王朝国王查理二世,在新贵族和资产阶级的邀请下回国登基,斯图亚特王朝复辟了。清室复辟活动自民国建立后就一直存在,在革命浪潮冲击下失去中央权势的清朝旧贵族官僚,一直企图重新攫取权力,1917

---

① 陈文海:《法国史》,人民出版社,2004,第286页。

年,北洋军阀政府内部的政治纷争为他们提供了复辟时机,以张勋为首的旧贵族旧官僚集团利用"府院之争"所造成的缝隙,以非法的、政变的方式发动了清王朝复辟运动。

制度复辟势力则处于权力中心并掌握着中央政权,并且其所构建的军人独裁政府体制也是形式"民主"、实质"专制"的混合形式。而制度复辟者"过渡人"的特性,更使他们所进行的复辟帝制的政治运作具有传统与现代的双重特质:一方面通过选举、修改宪法、征求"民意"等现代的"合法化"程序来粉饰"共和国"变更为"帝国"的合理性;另一方面则借助传统的制度和文化等政治符号来重塑和明示"差序格局"的观念和秩序。在以上双重运作机制下,制度复辟者以和平形式实现了从共和制外壳下的"军人独裁"到"帝国制度"的转变。

在民国初年的中国,掌握中央政权的袁世凯组织公民请愿团,向参政院请愿"改革国体"。1915年1月28日,国体投票开始,同时,参政院两次推戴或"公选"袁世凯为皇帝,并通过立宪活动对其独裁权力去除了"任期"限制,"有任期"的集团权力逐步滑向"永续"的个人专制权力,并以法律的形式确定下来。通过诉诸"民意",袁世凯获得了"应然"的"天下独占"权位,但还须重建与此相应的差序格局秩序。于是,袁世凯创设了直接处于其控制之下的、与官僚保持分离的"内廷"官员核心机构,以此机构控制、分割、架空甚至取代其他权力机构;1914年7月28日,袁世凯公布了《文官官秩令》,仿照前清文武官秩,进行官制改革,册封旧体制下的官衔,为文职人员制定新的等级制度。此外,袁世凯重构"爵秩等级",强化各省军阀间的等级分途,建立了一套与君主制相适应的等级制度。同时,袁世凯开始利用"祭天仪式""立国正名"等传统政治符号,来加强民众尤其是各地军阀对其个人的效忠,以扩充和巩固

第七章　合法性与有效性张力下的近代中西复辟现象比较

自己的帝制政权。在英国，议会代表按照古老的给王者授权的习俗，给克伦威尔披挂上一件以貂皮镶边的、紫红色的丝绒袍，赠予他一本《圣经》，给他佩带了一把宝剑，最后，将一根黄金制成的王杖递到他手中。克伦威尔宣誓后坐到王位上，接着口号四起，群众高呼："上帝拯救护国公，"于是，司仪官按古代国王加冕仪式宣布举行授礼。①

同样，致力于构筑一个以波拿巴家族为核心的皇朝体系的拿破仑也通过公民投票成为"合法化"的皇帝，又效仿封建时代的等级官衔制创立帝国贵族制度。1804年5月18日，元老院以法令形式颁布"共和十二年宪法"，意欲通过公民投票表决下述内容：人民是否需要拿破仑·波拿巴直接的、正常的、合法的与收养的后代，以及约瑟夫·波拿巴和路易·波拿巴的直接的、正常的与合法的后代，来继承皇帝的头衔？为了表明自己的权力基础，拿破仑以公民投票的方式向全国人民"征求意见"，希望通过公民投票让人民将权力授予皇帝，使之合法化，并再一次确认"皇帝和民众之间的神秘联系"。② 1804年11月6日，官方公布新的公民投票结果：3572359人赞成，2579人反对。波拿巴家族帝位的"继承性"由此获得批准，获得合法性。同时，拿破仑仿照封建时代的等级官衔制对各部大臣、元老、议员、大主教等实行分封，他所分封的30个公爵、288个伯爵、1090个男爵等1000多个贵族头衔，加上荣誉军团，形成了帝国新的贵族集团。之后，拿破仑又恢复了大革命前按地位高低而定的宫廷等级制度，它"是由所坐的圈椅、凳子以及马车的马数、朝服、行礼、观见时列队

---

① 〔英〕查尔斯·弗思：《克伦威尔传》，王觉非、左宜译，商务印书馆，2002，第257~258页。
② 〔英〕罗杰·普赖斯：《拿破仑三世和第二帝国》，素朴译，上海译文出版社，2003，第15~16页。

先后等待遇标明的"①。

(四) 复辟政权的终结方式不同

面对敌国外患和政治秩序混乱，以及中央行政不能有所作为的"内政不良"的困难局面，初生的共和国需要集中权力、统一行动，以应付艰难时局。军事独裁者以及随后复辟的旧王朝都试图通过传统集权政治模式的"恢复"，力求自己在政治博弈中获取最大的政治权力，进而建构以自己为中心的政治秩序。但这种"复辟解决"未能奏效，制度复辟政权被王朝复辟政权所取代，而王朝复辟却被革命或者政变所终结。

在英国，护国主政体的倒台导致了斯图亚特王朝的复辟，查理二世登上了王位。克伦威尔死后，高级军官争夺权力，人民群众运动高涨，这时革命队伍中的王党分子蒙克将军利用武力控制政权，通过国会的合法形式与封建势力达成妥协，斯图亚特王朝复辟。斯图亚特王朝复辟后，查理二世推翻原先的承诺，恢复国教教会，杀害"弑君者"，并力图将英国社会恢复到内战开始前的模样，查理二世的这种否定革命成果的举动引发了英国的第二次内战，在再一次的革命中斯图亚特王朝被推翻。在法国，拿破仑下台后，取代他的并不是他的嫡亲子嗣，而是波旁王朝的后代，后者体现了一种古代原则，而"皇帝的儿子"这一人格化的观念尚未在人们的心目中牢固确立。也就是说，人们此时还没有把拿破仑及其子孙当作"正统王朝"人士来接受。② 但查理十世推行的君主专制的强硬政策和白色恐怖激化了复辟时期政治制度下的社会矛盾，于是形形色色的反

---

① 〔法〕乔治·勒费弗尔：《拿破仑时代》（下卷），中山大学《拿破仑时代》翻译组译，商务印书馆，2009，第189页。
② 〔法〕古斯塔夫·勒庞：《革命心理学》，佟德志、刘训练译，吉林人民出版社，2004，第58、60页。

对派及各类反抗活动相继发生。1830年7月27日,巴黎起义爆发,在"自由万岁!打倒波旁"的高呼声中波旁家族的政权被推翻。民国初期,袁世凯死后,北洋军阀高级军官争夺权力出现"府院之争",以张勋为首的旧贵族旧官僚集团发动清王朝复辟运动终结了袁世凯政权。

二 制度复辟与王朝复辟的相同点

虽然这两种复辟运动在发动主体、运作过程、诉求对象以及终结方式等方面存在很大的差异,但由于二者同属于近代资本主义革命后所发生的集权政治现象,因此,它们从不同的侧面深刻揭示了自近代资本主义革命以来一直存在的中央权威危机不断加剧的趋势。袁世凯、克伦威尔和拿破仑等的帝制活动从中央政权的角度,揭示了资本主义革命后中央权威构建的危机;清王朝、斯图亚特王朝和波旁王朝等的王政复辟则从地方政权的角度,反映了资本主义革命后中央政权权威构建的政治困境。这两种类型的复辟相隔不久先后发生,也具有某种逻辑关联。正是由于袁世凯、克伦威尔和拿破仑政权权威构建的失败导致了统治集团本身的裂变,不同的统治集团又开始争夺构建中央权威的正统,但这种争夺本身具有强大的裂变能力,进一步加剧了中央权威的危机及之后的共和国危机,于是就有了清室复辟势力、斯图亚特王朝复辟势力以及波旁王朝复辟势力,重建传统中央权威的运动发生。在这一过程中,个人行为尤其是领导者的行为在复辟的发动和发生过程中固然起着主要的作用,但是从任何角度来看,置身于政治活动中心的中央政权才是各种政治势力诉诸的对象。可见,近代化进程中的复辟都与资本主义革命后政权的政治建设能力密切相关。有了这种逻辑关联,二者之间必然具有以下共同点。

（一）二者发生的原因相同，都是在中央政权合法性与有效性的张力加剧的情势下发生的

资产阶级革命后，新生的民主政权虽具有合法性但没有足够的有效性，因而它们没有能够以有效的方式处理威权遗产、秩序重建和控制军队等转型过程中的突出问题。民主制度框架下的内部政治斗争则很快被视作不道德的、日常性的和琐碎的，结果，民主的运作和新民主政府在解决该社会所特有问题上的失败引发并强化了人们对新兴民主政权冷漠、新兴政权遭遇挫折和幻灭的倾向[①]。随之而来的是，向民主转型期间的那种兴奋和创造性的热情逐渐消失殆尽，并且很快地让位于无边的挫折感和对民主化结果的失望以及"怀念"威权的情结，这种情结与人们对稳定政府和公共秩序的渴望交织发力，最终导致克伦威尔军事独裁政权、拿破仑军事独裁政权以及袁世凯军事独裁政权的形成。可见，在近代政治转型中，这三个国家经过痛苦挣扎和艰苦努力换来了"共和框架"下的军事独裁政权，而且，人们对其构建秩序和国家重建方面的有效性抱有极大的期望，也正是这种期望，使得独裁政权暂时获得了一种"预期"的合法性。在政治转型的特殊时期，武力仅仅是一种权力之源，那么以此为基础而建立的军事独裁政权只有在与合法性原则有机结合时，方能在较长的阶段内产生作用。但是，在实践过程中，无论是袁世凯的军事独裁政权，还是拿破仑的军事独裁政权，都无法获得足够的有效性来兑现这种"预期"，独裁政权的合法性与有效性的张力由此产生。这种张力使得独裁政权不具备强大的资源动员和支配社会资源的能力，无力实现对地方的有效性控制，更无法承担起对社会秩序的重新构建的历史重任。

[①] 〔美〕塞缪尔·亨廷顿：《第三波——20世纪后期民主化浪潮》，刘军宁译，上海三联书店，1998，第309页。

第七章 合法性与有效性张力下的近代中西复辟现象比较

在此情势下,面对自身集团及大众的不满、国外势力的施压,尤其是王政复辟的威胁,为了维系自己作为政治中心的地位,袁世凯、拿破仑、克伦威尔等军事独裁政权者认为"共和框架"不能实现政权的稳定并急切地寻求克服有效性危机的"新"的解决之道。在路径依赖的惯性制约下,他们不是选择"向前进"即在"共和"框架下提升中央政权的治国能力,而是选择"向后退"即通过复辟帝制来"维持其足以对付任何反对者的权力地位,保证为其需要而动员资源的可能性"[①],进而摆脱政权的有效性危机。

可见,制度复辟是独裁政权的统治者试图借用传统权力昔日之合法性来自动生成独裁政权今日之有效性,以追求政权稳定和延续的体制选择。但军事独裁者的集权重新转入传统权力体系的过程,将其独裁式的集权体系与帝制政体框架进行结合的举动,改变了政权利益的面向——由利益共享的"集体目标"裂变为追求专制者个人利益的"自然目标"。可见,"新朝"帝国对国家权力家族化的强调"直接削减了其他统治集团的利益,从而形成整个统治集团内部的利益冲突……而统治集团内部本身的利益冲突使最高统治者的最大化利益难以实现"[②]。利益容纳范围的急剧缩小强化了内部分利集团的不认同倾向,这种不认同倾向的加剧反映在行动上,是统治集团内部的不同势力开始了背离乃至抵制中央政府利益扩张的活动。这意味着,军事独裁者诉诸帝制政体框架以期再塑中央权威有效性的举动,不但没有实现帝制政权的稳定,反而加剧了帝制政府权威危机。这一悖论性的结果使得袁世凯、拿破仑、克伦威尔等均无法使自己的统治制度化,帝

---

① 〔美〕S.N. 艾森斯塔得:《帝国的政治体系》,阎步克译,贵州人民出版社,1992,第119页。
② 杨光斌:《制度变迁与国家治理——中国政治发展研究》,人民出版社,2006,第298页。

制政府丧失了构建政治社会秩序的价值和能力。正是由于袁世凯、克伦威尔和拿破仑等建构政权权威的失败导致了其统治集团的内在裂变,不同的派系集团又开始争夺构建中央权威的正统,加快了中央权威的危机及之后共和国危机到来的步伐。由此,清室复辟势力、斯图亚特王朝复辟势力以及波旁王朝复辟势力重建传统中央权威的运动发生。

(二) 二者终结的原因相同,无论是帝国政体还是王朝政体皆因合法性与有效性张力的加剧而被终结

虽然近代资产阶级革命后的英国、法国和中国,始终无法按照民主的路径来设计新制度,但就推翻旧制度来说,资产阶级革命是成功的,因为它不仅以宣言的形式否定了封建君主制继续存在的合理性和现实性,而且以暴力的手段直接斩断了封建君主制度的传统路径。自此之后,世界政治发展的价值和趋向发生了根本改变,君主制被越来越多的民族国家所否定。世界政治发展的价值和趋向则直接决定了革命后各政权的稳定和延续性,即任何一个政权的合法性和有效性都要符合当时社会的基本价值和趋向。然而,无论是制度复辟政权还是王朝复辟政权都难以达到保持稳定和延续的最基本要求,因为二者都是对世界政治发展的价值和趋向的反叛。

其中,军事独裁者对帝国等级秩序这一传统的合法性象征的追求,不但没有自动生成其政权在当时情势中的有效性,反而陷入合法性与有效性张力加剧的困境。因为帝国等级秩序昔日的合法性在资产阶级革命中已经被质疑和否定,它已经不具有合法性效能,因而也就无法生成独裁者欲求的有效性。更糟糕的是,帝国等级秩序的重建之举,在引发了社会不认同的同时,更加剧了统治集团内部的认同分化。社会认同的丧失导致复辟政权缺乏社会基础,进而导致其抵御外部危机、意识形态整合能力弱化或丧失;政权内部的认同分化致使复辟政权缺乏阶级基础,进而导致其渗透、整合、汲取能力不能延伸。在权力自身的

第七章 合法性与有效性张力下的近代中西复辟现象比较

矛盾和张力之下,政治权力的有效性逐步下降,紧接着将是"政府与社会,政府与公民的矛盾更为加剧,致使政府行为失当,政府行为得不到社会和公民的支持"①,那么政权的生存危机和终结也就成为必然。

帝国等级秩序的重建所导致的内部集团的分裂,促使主张建立君主立宪制的温和派与主张恢复君主制的保王派的联盟实现,并使旧王朝的复辟不可避免,但是王朝复辟政权的生存时日更加短暂,更不具有合法性。因为王朝复辟政权赖以生存的基础更为狭小:就经济基础而言,无论资产阶级革命彻底与否,革命后的英国、法国和中国的经济与社会生活都发生了重大的变化,资本主义经济的主体地位在逐步形成(如近代中国)或已经形成(如英国、法国),它不再承载封建君主制度;就上层建筑而言,王朝复辟政权是旧贵族领导的君主制,只有旧官僚尤其是旧贵族效忠于正统王朝,而旧贵族先前的荣耀和特权已经在轰轰烈烈的革命中被否定,旧贵族掌握政权是社会的退步;从王朝复辟政权的利益面向上看,无论是英国的斯图亚特王朝、法国的波旁王朝还是近代中国的清王朝,试图恢复的都是革命前的特权和利益,王政复辟政权的这一利益面向"使同样多的人真正被剥夺",并"使国家所有受压抑的力量突然反弹"②。在人们对王朝复辟将损害其利益的警觉中,王室不再拥有任何权威,更谈不上借助正统王朝在中世纪的合法性来自动生成其在近代的有效性。于是,在合法性与有效性的张力之下,王朝复辟政权"就像一个根基遭到破坏的建筑那样轰然坍塌了"③。

---

① 施雪华:《论政府权力的丧失及其预测和预防》,《学习与探索》1996年第2期。
② 〔法〕约瑟夫·德·迈斯特:《论法国》,鲁仁译,上海世纪出版集团,2005,第109、36页。
③ 〔法〕古斯塔夫·勒庞:《革命心理学》,佟德志、刘训练译,吉林人民出版社,2004,第110页。

第二节　清王朝、斯图亚特王朝、波旁王朝：
王朝复辟之比较

英国的斯图亚特王朝复辟（1660年）、法国的两次波旁王朝复辟（1810年、1814年）和中国的清王朝复辟（1917年）代表了传统统治者的复辟。这一类型的复辟运动是在帝国政权中央权威构建失败、垮台后发生的，由以血统世系为主要特征的特权阶级发起的，旨在恢复旧王朝及其效能的一种集权政治现象；同时，这一政治现象又都因合法性与有效性的张力而被终结。因而，三者的发生与终结的原因有相似之处，但三个国家在政治转型中所面临的国家政权情势、阶级结构以及国际环境的不同，则直接决定了三者各有自己的特点。

一　王朝复辟相同点之分析

（一）帝国政权合法性与有效性的张力：王政复辟发生之缘起

近代资本主义革命后，革命前一直稳居权势中枢的以血统世系为主要特征的特权阶级被具有"过渡人"特性的军阀官僚集团所取代而失去中央权势，或散落于各地，或"融入"共和政权内部，或流亡国外。受传统农业社会的价值理念支配，旧贵族官僚集团不但对特权地位和利益不甘放弃，对曾经赋予其特权的王权的效忠更不曾消失。在旧贵族官僚的内心深处，正统王朝复位是其重获在革命中失去的土地、特权尤其是重获权势中枢地位的希望，因此，他们时时刻刻寻找着重申正统主义的契机并由此构成王政复辟政权的阶级基础。而因无法扭转合法性与有效性的张力困局的袁世凯帝国政权、拿破仑第一帝国和克伦威尔护国主政权，为之后的王政复辟提供了契机。

一人及其家族独霸权力中心的态势导致袁世凯、拿破仑的帝国政权以及克伦威尔的护国主政权极其不稳。为求帝国政权的稳定，袁世凯、拿破仑以及克伦威尔寻求君主政体权力运作机制的效能，在权力结构、君统传延以及意识形态上进行了重建军事独裁式帝制政体框架的努力。其目的是抛弃正统王朝而从君主制的神秘中获得自身家族的合法性地位，如袁世凯摈弃传统王朝的称谓而取"洪宪"为帝国国号，改称"皇帝"的拿破仑摈弃传统王朝家族而确定了波拿巴家族的帝位继承地位，克伦威尔则以更隐蔽的方式自任"护国主"当无冕之王。袁世凯、拿破仑、克伦威尔等军事独裁者将集权重新转入传统权力体系的举动触动了具有"过渡人"特性的支持者的敏感神经，致使帝国政权支撑根基的坍塌和帝制政府权威危机的加剧。模糊的共和主义倾向与徘徊的正统主义情怀的交织，是军事集团特有的"过渡人"特性，并使帝国政权赖以存在的基础十分脆弱。在此特性的支配和影响下，军事集团追随的理由是能够共享政权利益和国家权力，而不是服从冠以国王或皇帝名号的一个人的统治，更不是对共和主义价值的认同。但是，在袁世凯、拿破仑、克伦威尔等将其独裁式的集权体系与传统的君臣尊卑、君权相袭进行结合，以试图构建对自身家族的效忠机制的过程中，帝国政权的利益由集体"共享"异化为专制者个人"独享"，"新朝"帝国的政权利益容纳范围急剧缩小。军事独裁者追求政权延续的这一体制选择，打破了其追随者的利益幻想，弱化了其追随者的"共和主义"情结，进而激发了其内部分利集团的不认同倾向。结果，统治集团内部的不同势力开始了背离甚或抵制中央政府利益扩张的活动，政权内部利益冲突加剧。与此同时，地方离心势力崛起，经济权力地方化趋势日益加强，致使袁世凯和拿破仑的帝国政权、克伦威尔的护国主政权的财政汲取能力和中央调控能力不断弱化。

这意味着袁世凯、拿破仑、克伦威尔等均无力使自己的统治制度化，帝制政府丧失了构建政治社会秩序的价值和能力。由此，中央政权再次成为各大政治势力诉诸的对象，不同的统治集团又开始争夺构建中央权威的正统，为传统王朝复辟提供了契机。当袁世凯帝国政权的内部政治纷争加剧之际，以张勋为首观望已久的旧贵族旧官僚集团以非法的形式发动了清王朝复辟运动。在英国，当克伦威尔建立"护国主"政治搞封建性世袭制时，曾处死一个国王的资产阶级和新贵族质问道："以前，我们受一个国王、上院和下院的统治；现在我们受到一个将军、军事法庭和下院的统治。请问，区别何在？"[①] 在对护国政治的失望中资产阶级和新贵族容忍了斯图亚特王朝的复辟，1660年查理二世归国，英国的"王政复辟"时期开始，孟德斯鸠在其《论法的精神》一书中曾这样形容当时英国的政局："在经历许多动乱、冲突、震荡之后，他们不能不重新回到他们所废止的那种政体之下去休息"[②]。在法国，当拿破仑将皇冠戴在自己头上时，幻想一个"自由、平等、博爱"的黄金天国的全国臣民都曾欢呼雀跃，跪地称臣。但是，在军人出身的皇帝的统治下，面对不断升级的暴力与流血冲突和滑铁卢战役失败的现实，渴求秩序理性的法国民众用"打倒暴君"的呼声和对昔日波旁王朝一统天下的美好时光的怀旧，取代了曾经对拿破仑的信任和拥戴，于是有了波旁王朝的两次复辟。

由以上分析可知，资产阶级革命后，在治理乱世、重建秩序政治诉求下，各大政治势力"都希望作垂危政权的继承者，……各党派都能凭借一种政治嗅觉，竞相争夺猎物"[③]，并以自己习惯的方式重建国家秩序。当帝国政权的合法性与有效性的张力出现并日益加剧时，军阀势力丧失了构建中央政治权威的能力和地位。而王权在混乱

---

① W. C. Abbett (ed), "Writings and Speeches of Oliver Cromwell", Vol.I, London, 1904, p. 564.
② 〔法〕孟德斯鸠：《论法的精神》，张雁深译，商务印书馆，1961，第20页。
③ 〔法〕米涅：《法国革命史》，北京编译社译，商务印书馆，1977，第325页。

中代表着秩序,"制度复辟"未能奏效为"王朝复辟"提供了契机,在王朝复辟势力重建中央权威的传统运作中,军事独裁者的制度复辟政权被旧贵族旧官僚的王政复辟政权取代。

(二)复辟政权合法性与有效性的张力:王政复辟终结之症结

取代了军事独裁者的帝国政权后,为了力求自己在政治博弈中获取最大的政治权力,在路径依赖的惯性支配下,英国、中国及法国的王政复辟势力纷纷进行了恢复传统集权政治模式、重建传统中央权威的一系列运作。

在英国,被渴望良好的统治秩序的新贵族和资产阶级"请回"的斯特亚特王朝复辟后,查理二世推翻了自己即位前所承诺的《布雷达宣言》,并在法国的支持下推行维护封建制度的反动政策,竭力恢复天主教的国教地位,杀害"弑君者",并力图将英国社会恢复到内战开始前的模样。这种将革命后的社会拉回旧秩序的复辟活动因缺少阶级基础、经济基础、社会基础以及意识形态的支撑而难以有效,王朝复辟政权由此陷入合法性与有效性相互销蚀的张力状态:(1)革命后英国社会经济结构发生了巨大变化,社会财富结构尤其是土地财富占有结构出现了剧烈的变革。"所有权的核心和灵魂就是支配权,它本身概括和赋予了所有人能够实际享有的占有、使用、收益和处分的权能"[1]。封建土地所有权是封建制度的基础,而英国资产阶级革命使有土地者的地产"从封建性的有条件的等级所有制转变成资本主义性质的无条件绝对私有制"[2],生产资料所有制性质的根本变革,摧毁了整个封建制度的根基,工商业占据了国民经济的重要地位,排除了土地所有权维护王权的政治效能;在农村,圈地运动

---

[1] 王利明:《国家所有权研究》,中国人民大学出版社,1991,第115页。
[2] 刘宗绪:《世界近代史》,北京师范大学出版社,1991,第68~69页。

以更大的规模进行，农民失去土地，土地的性质发生了改变，即由封建领主所有、实行封建生产方式变为由资产阶级或新贵族所有、实行资本主义生产方式，农村社会结构的资本主义变化意味着封建社会体系的根基业已崩溃。（2）随着社会财富结构的剧烈变革，英国社会的阶级结构及阶级关系发生了剧烈变化，主导阶级随之不断变换。从阶级力量的变化看，衰落的封建贵族丧失了政治上左右朝政的能力和军事控制地位；农民阶级在圈地运动中逐渐消亡变成雇佣工人；与此相对的是新生力量的产生，以金融贵族、商业资本家、手工业厂主为主体的资产阶级力量不断壮大，成为社会的主导阶级，同时在封建贵族中萌生了有资本主义倾向的新贵族。这些新生力量连同革命中的受益者，渴求通过强有力的政权来构建以私有财产为基础的稳定秩序，最大限度地维护其利益。在主导阶级的变迁和更替中，王朝复辟政权的阶级基础更为薄弱。（3）革命后，国家统治的"封建原则"被"国家原则"取代。封建原则是指国家形态是以一种个人的联合、上级与下级之间靠个人之间的效忠与保护关系维系着的一种私法而非公法关系；国家原则是指一种非个人的、政府与民众之间的公法关系。[①] 依据封建原则，在国家统治结构中，国王处于封建等级之首，不仅对全国的土地拥有支配权，而且位于政治权力的顶点，享有所有官吏对自己的绝对忠诚与服从。可见，封建原则是一种将"以私法取代公法""公共责任变为私人义务"[②] 并以私人的行为准则作为基础的国家统治规范，这一统治规范构建的是国王和封臣之间以"保护与效忠"为纽带的个人联合关系，其中，"我的附庸的附庸也是我的附庸"[③] 就是这一

[①] 马克垚：《英国封建社会研究》，北京大学出版社，1992，第68~69页。
[②] H. G. Wells, *Outline of History*, London: Garden City, 1931, p.640.
[③] F. W. Maitland, *The Constitutional History of England*, Cambridge: Cambridge University, 1926, p.161.

第七章 合法性与有效性张力下的近代中西复辟现象比较

统治原则的集中体现。而国家原则倡导的是一种"国家不再属于个人，它应该属于整个'民族'"①的非个人因素之上的、政府与民众的行为规范。英国资产阶级革命后，随着国家原则的扩张和对封建原则的消解，人们评判政权统治行为的标准发生了转变，即不再看掌权者对国王的态度，而是看他对国家的态度。这使依附于外部势力支持谋求国家权力与利益家族化的斯图亚特王朝遭到了全社会的强烈反对。(4) 自英国资产阶级革命用暴力的形式，将曾经把整个封建西欧联合成为一个巨大政治体系的天主教会的神圣光环拉了下来后，以依附关系为基础的"君权神授"之说不攻自破，从而使王朝复辟政权的合法性丧失了意识形态的有力支撑。况且，斯图亚特王朝复辟是建立在议会妥协的基础上，他是在议会决议和斯图亚特王室承诺宣言的前提下有条件地登上王位，这就意味着王政复辟政权下国王权力的来源不是来自上帝，而是来自议会。而其无视议会存在、极力推行维护封建制度的反动政策之举，不仅严重损害了新贵族和资产阶级的利益，超出了议会的容忍限度，也侵犯了既无权又无势的农民的传统经济权利。

在法国，波旁王朝复辟是保护战败的法国的利益的唯一途径，由此，法国成功地遏制了俄国和普鲁士对波兰和萨克森的领土扩张要求，并签订了不割地不赔款的和平协议，保留了1792年波旁王朝被推翻前的领土。但值得注意的是，同英国的斯图亚特王朝复辟一样，波旁王朝的复辟也不是自然继承王位，而是在许下"尊重民主宪政"诺言和颁布保留大量资产阶级革命成果的宪法（1814年宪章）的前提下有条件地复位。但是，复辟后的波旁王朝大量任用流亡贵族，公开复辟旧制度，实行绝对君主制，并采取了一系列压

---

① 钱乘旦主编《欧洲文明：民族的融合与冲突》，贵州人民出版社，1999，第10页。

制资本主义和报复革命者的措施：（1）为了摆脱议会的限制，幻想自由而全面地行使君主权力的波旁王朝对革命者进行大规模的报复活动，"合法"的白色恐怖铺天盖地。政权机构中的革命分子被清洗，留下了一个保王党人占绝大多数的"无双议会"，使全国只有0.3%的人有选举权；更极端的是，波旁王朝公开废黜限制绝对王权的"1814年宪章"，使旧制度下的"高级国务会议"和"争议处理会议"改头换面，使大臣成为同他个人联系的高级雇员，在资产阶级的极其失望中波旁王朝得以继承王位的合法性尽失。要知道，路易十八的复位是有条件的，"如果认为法国国王重新登上了他祖先的宝座，那就错了，他不过是重新登上了拿破仑的宝座"。① 因为，大革命已把封建的法国变为资本主义的法国，王位这个"宝座"只不过是革命留下的一个政治形式。（2）在极端保王党人的鼓动下，复辟的波旁王朝推行了将法国社会拉回革命前的反动政策：将把路易十六送上断头台的那一天（1月21日）定为国丧日；同时，路易十八政府不顾现实地恢复旧贵族的头衔，为被革命者枪杀的王党分子竖立纪念碑并追封其为贵族；用百合花旗来代替象征革命的三色旗；颁布"赔偿亡命者10亿法郎"的法令，夺走农民的土地"归还"给旧贵族和教会，并增加赋税和什一税，加重对工人的剥削和压迫；推行军队法，清洗原军队的军官并使保皇党贵族出身的军官处于领导及享有高薪和特权的地位，并恢复了1751年的法令，规定高级军职只能授予贵族，等等。这一系列复辟旧制度的反动之举激化了社会矛盾，王朝复辟政权赖以维系的社会基础日益萎缩。（3）尤为甚者，复辟的波旁王朝对外国势力的依附及对天主教国教地位的恢复，严重伤害了法国人民强烈的自尊心和民族情感。

---

① 转引自张芝联主编《法国通史》，北京大学出版社，2009，第242页。

第七章 合法性与有效性张力下的近代中西复辟现象比较

"作为意识形态，民族主义具有极强的倾向性、情绪性"①。民族主义在拿破仑时代有了更长足的发展，因而，当流亡国外的路易十八在欧洲封建君主国的刺刀保护下回到巴黎，并依附外来势力进行内部权力斗争时，法国人民强烈的自尊心和民族情感受到了严重伤害。(4) 复辟的波旁王朝又把天主教定为国教，免除教会学校的一切租税，并允许教会不受任何限制地继续向人民课征"综合消费税"，这使"人们顷刻间又感到了一种难以名状的愤怒"②。因为，启蒙大师掀起的启蒙运动开启了法国人民的心智，使民众认识到任何剥削都是非法的，其中，得以广泛传播的"自由、平等、博爱"口号反映了广大法国民众摆脱封建枷锁、渴求民主权利的迫切愿望。总之，大革命已将法国变成了一个"具有民族性、自由性、世俗性和理性的国家"③，并赋予"国家"新的含义：国家不再是"君权神授"的国王的私有财产，而是属于全体人民。这使王朝复辟政权企图重新获得人民对国王的合法性效忠的幻想破灭了，而波旁王朝为了这份幻想所采取的上述一系列专制行为再次使"旧制度原形毕露：条规强硬严峻，实行起来软弱松怠"④，并将一直担心贵族和教士要求归还财产的广大民众和军队推向了自己的对立面。于是，法兰西人民又开始了推翻复辟王朝、重建资产阶级政权的努力。

在民国初年的中国，清王室在张勋等旧官僚支持下复辟后，试图重建以正统王朝为核心的自上而下的一元集权的政治架构。(1) 解散国会，重新建构传统的垂直型的制度机制。1917 年 7 月 1

---

① 徐迅：《民族主义》，中国社会科学出版社，1998，第 45 页。
② 高毅：《法兰西风格：大革命的政治文化》，浙江人民出版社，1991，第 314 页。
③ Marvin, Perry, *Western Civilization*, Houghton Mifflin Company, 1981, p. 437.
④ 〔法〕托克维尔：《旧制度与大革命》，冯棠译，商务印书馆，1992，第 106 页。

日，12岁的溥仪复位后，打破共和体制下的平行型的权力架构，任命张勋为首席内阁议政大臣并独揽大权，颁布上谕封黎元洪为一等公爵、冯国璋为两江总督南洋大臣、陆荣廷为两广总督，各省督军为巡抚。复辟的清王朝试图通过恢复上述官职、官品、官吏权责的分划和官吏任用程序，重新强化尊君卑臣的纲纪，以确保王权在等级秩序中的至尊地位。但是，这一驱使一切权力重新向王权集中的举措不但没能实现清王朝对臣下的有效支配，反而加剧了各地方势力的离心势头。因为在西方列强侵略下，清王朝及其王权体制已丧失维护国家主权和民族利益的能力，并在辛亥革命中因皇冠落地而被终结了合法性。同样，面对各地方军阀割地自雄并且分利取向日益加剧这一袁世凯政权的最大政治遗产，清王朝复辟政权陷入更为严重的统治危机中。（2）恢复传统政治符号，重构君臣等级关系。运用立国正名的符号，改1917年为"宣统九年"，并改挂象征清王朝的龙旗，以此彰显政权拥有者的正统及连续性；清廷遗老遗少又穿起清朝袍褂、拖起真假发辫，通过改换服色来重新恢复传统的社会关系。这一举措使清王朝复辟政权赖以存在的阶级基础和社会基础更加狭窄，因为自科举制度废止后，四民社会解体，中国社会各阶层的耦合状态解体并发生裂变。其中，地主阶级裂变为传统地主和军阀等新的军阀地主阶层，工人阶级、资产阶级及工商阶层等新阶级或阶层出现，经过革命历练后的他们逐渐产生了新的认同。因而，当复辟的清王朝试图将中国社会重新拉回革命前的状态时，"全国民情，莫不反对复辟"[①]，上海商界全部悬挂中华民国国旗来表示拥护共和反对清王朝复辟的决心；北京十几家报纸一律停刊，表示抗议。（3）竭力恢复并维持等级制度的儒家纲常，企图利用其

[①] 《京报》1917年7月6日。

权威合法性进行广泛的社会动员,重建以清王朝为核心的大一统帝国,但这一举措使其面临着更加严重的认同危机。甲午战争后尤其是在辛亥革命中,儒学的伦理-政治一体化的人治主义模式因受到前所未有的冲击而丧失了现实效用,"天不变道亦不变"的观念开始土崩瓦解,儒家意识形态认同不断弱化。伴随儒家神圣光环的失色,革命后中国的意识形态呈现出保守主义、激进主义和自由主义的鼎足之势,中国传统大一统结构的合法性丧失了充足的意识形态资源的支持。其中,辛亥革命对帝王符号的否定和摈弃,成为革命后中国政治改制的限度。因此,清王室复辟政权试图将初建的民国拉回到千年循环的传统轨道,并使国家主权回归皇帝一人之手的反动之举,触犯了革命后政治改革的非帝制限度,致使其在革命民主派和全国人民的斗争以及各地军阀的讨逆运动中顷刻瓦解。

综上分析可知,由于突破了资本主义革命后政治改制的限度,三个国家的王朝复辟政权陷入一种困局:由于缺少合法性而不能变得有效能,又因缺少效能而不能培养合法性。这一困局产生的根本原因是,正统王朝的传统效忠机制的合法性和有效性早已在资本主义革命中丧失殆尽。由此,王朝复辟政权赖以存在的基础愈加薄弱:(1)就经济基础而言,无论资产阶级革命彻底与否,革命后的英国、法国和中国的经济与社会生活都发生了重大的变化,资本主义经济的主体地位在逐步形成(如近代中国)或已经形成(如英国、法国),它不再承载封建君主制度。(2)从政权的支撑阶级来看,王朝复辟后仍实行旧贵族领导的君主制,只有旧官僚尤其是旧贵族效忠于正统王朝,而旧贵族先前的荣耀和特权已经在轰轰烈烈的革命中被否定,复辟政权赖以生存的阶级基础丧失。(3)就王朝复辟政权的利益面向而言,无论是英国的斯图亚特王朝、法国的波旁王朝还是近代中国的清王朝,都试图恢复革命前的封建特权和利益，致使更多人的利益被剥夺，加剧了国家与社会间的紧张关系：一方面刺激了地方势力的分利取向，引发了地方势力对抗性的挑战；另一方面恶化了广大民众的生存境地，打破了对王权保护其利益的期待和幻想，王政复辟政权赖以存在的社会基础日益萎缩。(4)最根本的是王朝复辟政权权力的性质对其有效性的制约。一般来讲，政权权力可分为专制权力和基本权力两类，专制权力指政权统治精英无须同国民社会群体进行正常的商量就可以实施的权力，它规定了政权的性质并以强制程度和广泛性为衡量指标；基本权力是指政府实际上能够深入国民社会、在整个管辖领域内合理地实施其政治决定的能力，它制约着政权的能力和有效性[1]，但"国家权力结构危机本身不足以动摇政权，动摇政权的是政权本身的性质"[2]。可见，基本权力的积累是一个政权赖以存在、延续的基本条件，而英国斯图亚特王朝、民国初年的清王朝及法国的波旁王朝等王政复辟政权为了追求政治统治的存续，不顾革命后社会的客观情势，一味地积累专制权力的举动使其更难以变得有效能。

由此，面对难以克服的层层危机，英国的斯图亚特王朝、民国初年的清王朝以及法国的波旁王朝复辟政权，难以达到政权稳定和延续的最基本要求。在人们对王朝复辟将损害其利益的警觉中，王室不再拥有任何权威，更谈不上借助正统王朝在中世纪的合法性来自动生成其在近代的有效性。封建势力的"王朝复辟"没能根除国家主权所属问题这一资产阶级革命后政治社会冲突的根源。在"王政复辟解决"未能奏效的情势下，"革命解决"由此获得良机，王朝复辟政权

---

[1] 胡鞍钢等主编《第二次转型：国家制度建设》，清华大学出版社，2003，第319~320页。

[2] 杨光斌：《制度变迁与国家治理——中国政治发展研究》，人民出版社，2006，第281页。

的终结成为必然。

二 王朝复辟不同点之分析

三个国家王朝复辟的发生都源于帝国政权合法性与有效性的张力,其终结也皆因自身政权合法性和有效性的张力。同时,由于各自所面临的社会经济结构、民族心理意识、结构性关系以及国际形势的不同,三个国家王朝复辟的方式和存续时间差异明显。

(一)"武力"或"和平":中、英、法三国王朝复辟方式之不同

在民国初年的清王室、英国的斯图亚特王朝、法国的波旁王朝争夺正统地位、重建传统中央权威的过程中,王朝复辟呈现出"武力"和"和平"两种方式。其中,英国的斯图亚特王朝及法国的波旁王朝都以"合法"的"和平"方式进行,而清王室的复辟则以一种"非法"的"武力"方式进行。在英国,被渴望良好的统治秩序的新贵族和资产阶级"请回"的斯特亚特王朝,不是像革命前的国王那样自然地继承王位,而是在议会决议和斯图亚特王室承诺遵守《布雷达宣言》①的前提下有条件地登上王位;同英国的斯图亚特王朝复辟一样,波旁王朝的复辟也不是自然继承王位,而是在许下"尊重民主宪政"诺言及颁布保留大量资产阶级革命成果的宪法(1814年宪章)②的前提下有条件的复位。这意味着英、法两国的王朝复辟是

---

① 此宣言声称新君一旦即位,除"弑君者"外一概免罪,并应允宗教自由,补发军队欠饷和尊重现有的产权关系。英国多数资产阶级热烈欢迎,人民群众也没有起来捍卫共和国。

② 这是由以塔列朗为核心的临时政府以极快的速度拟定出的一份简明的宪法大纲,其中明确规定法国将实行世袭君主制,并由波旁家族成员担任国王。此宪法虽具有比较明显的"正统主义"倾向,但在很大程度上保留了1789年的革命原则和大革命以来所取得的成果。法国人在接受旧王朝复辟时虽谈不上充满热情,但至少在当时是很少有公开的反对行动的。

建立在议会妥协基础上的"合法"①复辟。与之不同，清王室复辟则由地方军阀张勋利用帝国主义和各派军阀之间的矛盾，以武力为要挟迫使国会解散、进驻北京促成的，复辟消息传出后，全社会竭力反对，各派军阀以"护法"的名义通电全国武力讨伐张勋。

王朝复辟方式差异的根源，在于各国国情、现代化生发逻辑、各国结构性关系以及所面临国际形势等因素的影响和制约。就笔者看来，各国结构性关系尤其是资产阶级革命后国家政权与支配阶级之间的关系的影响作用更为凸显。在此，支配阶级指的是政体中拥有权力的集团或联盟和那些被排挤到体制之外的挑战者。作为一种依赖从社会中提取资源并进行分配的组织，国家如果"能够顺利而有效地应对它所声称的任务，那么正当性——无论是道德认同意义上的正当性，还是更为经常使用的完全接受现状的正当性——都很可能是社会中的大多数群体对国家的形式和统治者的妥协与谅解"，但"在任何情况下，最为重要的都不是社会大多数人的支持与默认，而是在政治上最有权力而且是被动员起来的集团，而且常常是特定政权自己的干部的支持与默认"。②这意味着，合法性不仅包括广大民众的认同，还包括统治集团内部即支配阶级本身的认同，而后者对国家政权认同的程度直接限定和影响着既定的国家结构和国家政权的自主性。尤其是，阶级关系与社会价值和国家结构与功能发生改变的近代政治转型期，支配阶级与国家政权之间的关系对政局的影响更加凸显。

在法国，拿破仑帝制政权与支配阶级之间的紧张关系，直接促成

---

① 需要说明的是，此处的"合法"并不等于值得肯定，只是表示旧王朝的复辟是获得依法产生的议会认可的。
② 〔美〕西达·斯考切波：《国家与社会革命：对法国、俄国和中国的比较分析》，何俊志等译，上海人民出版社，2007，第32页。

了建立在议会"妥协"基础上的波旁王朝复辟。拿破仑将其独裁式的集权体系与帝制政治框架进行结合，依照旧大厦的样子"竭力重塑国家的秩序、巩固自下而上的阶级剧变所引发的社会经济转型，并提升国家的权力，加强国家自主权以抗争国际竞争者"。[①] 他摈弃了帝国秩序的旧主人并拒绝采取传统王朝的名称，将终身的第一执政称谓改为"皇帝"，且规定帝位可以继承。为了维护个人的独裁专制统治，拿破仑极力将自己打扮成君权神授的正统皇帝，构建一个对新王朝（波拿巴家族）而非正统王朝（波旁王朝）的忠诚和效忠机制。这一举动不但因违背资产阶级的愿望且触动了地方军事精英最敏感的利益神经，致使拿破仑政权与国内支配阶级的关系更加紧张，而且也不可能为欧洲那些真正的君主所容忍。在此情势下，拿破仑陷入"用战争侵犯了各国的独立……招来了全欧洲的敌意，在国内也陷入众叛亲离的"境地[②]。于是，忠于三色旗回忆的"新法国"渐渐试着与"旧法国"——流亡者及一切惋惜旧制度并因带百合花徽的白旗成为法国国旗而高兴的人们的法国——和解。[③] 1814 年，以塔列朗为核心的临时政府以极快的速度拟定出一份简明的宪法大纲，其中规定法国将实行世袭君主制，由波旁家族成员担任国王，于是，在许下"尊重民主宪政"诺言及颁布保留大量资产阶级革命成果的宪法的前提下，路易十八（及其波旁王朝）（取代拿破仑）（及其波拿巴王朝）加冕为王。在此巨变中，掌握立法大权并控制法兰西社会生活的帝国的元老院与立法团，也流露出对拿破仑皇帝的失望，主动地迎合波旁王朝重返法国与重登王位的愿望；法国人民也很少

---

① 〔美〕西达·斯考切波：《国家与社会革命：对法国、俄国和中国的比较分析》，何俊志等译，上海人民出版社，2007，第 203 页。
② 〔法〕米涅：《法国革命史》，北京编译社译，商务印书馆，1977，第 380 页。
③ 〔法〕让·马蒂耶：《法国史》，郑德弟译，上海译文出版社，2002，第 145 页。

公开反对旧王朝的复辟。于是，在议会妥协的基础上波旁王朝以"和平"的方式重新登上了国王的宝座，政治权力重新落入波旁家族的手中。

在英国，护国政体下的国家政权与支配阶级之间的紧张关系同样促成了斯图亚特王朝的"合法"复辟。为了回应其苦于应对的有效性危机，克伦威尔认为建立一个带有某些王权性质的政府，对国家秩序的生成将是最有效能的。于是，他试图通过把传统的合法来源与军事的合法来源联结在一起，自任护国主而不采用斯图亚特王朝的传统称号。在英国人看来，议会政治及其完善是政治民主的典型，驱散议会意味着转向专制。作为共和政权支配阶级的金融贵族、农业贵族、商人连同革命中的受益者和军政要员们，需要强有力的政权来保卫其既得利益，稳定社会秩序。然而，克伦威尔改共和制为护国公制并自任护国主的举动，直接威胁这些支配阶级的政治特权和经济利益。在此情势下，长老派大资产阶级公开向旧势力谋求妥协，对保护既得利益的看重甚于发展共和国民主成分的独立派也宁愿同封建势力达成妥协，容忍斯图亚特王朝在英国复辟。1660年5月29日，在议会决议和承诺遵守《布雷达宣言》的前提下，斯图亚特王室的查理二世带领2万骑兵和步兵举行了凯旋仪式，重新进入伦敦，士兵们挥舞着手中的武器，欢呼雀跃；道路两旁撒满鲜花，钟声齐鸣，街上挂满锦绣，喷泉喷出美酒。[①] 令人诧异的是，曾在内战时期反对封建特权的多数资产阶级竟也热烈欢迎王政复辟。同样，曾在内战中作为反封建主力军并经过革命锻炼的广大民众更没有奋起捍卫共和国，因为共和国没有给他们带来切实的好处。

---

① 〔英〕查尔斯·弗思：《克伦威尔》，王觉非、左宜译，商务印书馆，2002，第377页。

第七章 合法性与有效性张力下的近代中西复辟现象比较

清末民初的国家政权与其支配阶级的关系塑造了与英法不同的王朝复辟方式。作为现代化的先发国家,英法两国拥有充足的国家生存空间,个人自由和个人理性是其内部社会现代化的原动力,并成为两国建构民族国家秩序的逻辑起点。与之不同,在外部生存空间急剧缩小的危势下,近代中国迫切需要的是国家独立,国家生存"呼吁"有效中央政权的建立,而有效的中央政权又急切"寻求"强有力的政治重心来建立。可是,在应对外来势力挑战和内部动荡危机的过程中,无力实现国内统一和无力阻止外国在华势力渗透和控制的晚清当局被革命终结。革命政权长期以来很艰难地维持着一种较低水平的有效性,无法兑现革命前对民众的承诺,更无力填补晚清政府垮台后的中央权力和权威的真空。同样,为扭转地方军阀"功高震主""尾大不掉"的局势,袁世凯采用传统集权方式控制地方精英的举动,触动了地方军事精英最敏感的利益神经,加剧了帝制政权与支配阶级北洋军事精英之间的矛盾和紧张,从而引发了地方军事精英"背离"中央政府甚至公开"分赃"国家的活动。在此间隙,地方军阀张勋利用各派军阀之间的矛盾,以武力要挟迫使国会解散、进驻北京并宣布清王朝复辟。可见,清末民初时期国家政权与支配阶级之间的刚性关系,不仅是清王朝复辟方式的武力"非法"性形成的原因,也是全国各派军阀能够采取武力"合法"方式讨伐张勋的症结。

综上分析,英国、法国和中国的资产阶级革命不仅改变了原有的阶级关系、社会价值和社会制度,还改变了国家的结构与功能。在此客观情势下,在控制和剥削被支配阶级方面,政权组织与支配阶级之间是伙伴关系,而在资源利益分配上二者的竞争却异常激烈,追求自身利益最大化和自主性的政权组织的任何集权举动,必然威胁到支配阶级的既定利益,导致"特定政权的正当性在其干部和其他在政治上有权势的集团心目中的衰退"①。国家政权与被支配阶级之间关系的紧张程度，直接影响和左右着王朝复辟方式的最终选择。

(二)"短"或"长"：中、英、法三国王朝复辟政权存续时间之不同

从总体上看，英国、法国的复辟王朝在位的时间比较长，英国的斯图亚特复辟王朝的历史有 28 年（1660~1688），先后有查理二世和詹姆士二世登上王位；从 1814 年第一次复辟算起，波旁复辟王朝的历史也有 16 年（1814 年 5 月 3 日~1815 年 3 月 20 日；1815 年 7 月 8 日~1830 年 8 月 2 日），先后有路易十八和路易十世登上王位。而复辟的清王室在位的时间却极其短暂，仅仅 12 天（1917 年 7 月 1 日~7 月 12 日）。其中，不同的社会结构、民族心理、革命遗产或国际环境等，是影响和决定三个国家复辟王朝存续时间长短及其差异的主要因素。

1. 内忧外患的交叉压力、非帝制限度的革命遗产：影响和限制清王室复辟政权存续时间的关键因素

内忧外患的交叉压力限定和压缩了清王朝复辟政权的生存空间。辛亥革命后的中国外部生存空间急剧缩小，外部力量干预使得主权危机加剧。此时期的中国内部的分崩离析愈加严重，国家政权与地方支配阶级之间的有机联系不复存在，尤其是袁世凯去世后，"跨区域层面的政治控制就落在了拥有强制实力的军阀控制的区域性军事机构当中"②，全国到处都是独立的割据一方的军事政治集团，其权威"都依赖于一种互惠关系：下属对既定军阀的效忠，反过来，军阀也必须

---

① 〔美〕西达·斯考切波：《国家与社会革命：对法国、俄国和中国的比较分析》，何俊志等译，上海人民出版社，2007，第 33 页。
② 〔美〕西达·斯考切波：《国家与社会革命：对法国、俄国和中国的比较分析》，何俊志等译，上海人民出版社，2007，第 293、290 页。

第七章　合法性与有效性张力下的近代中西复辟现象比较

为下属官员提供金钱、武器以及支配部分地盘的权力等作为奖赏"。①由于内在的不稳定与本性的不足，处于独立甚至对立状态的各军阀政权之间彼此争夺地盘和物质资源，在竞相争夺国家政权建构机会的拉锯战中，国家结构四分五裂，而政治权力和私人利益集团交互融合并构成了清末民初的中国社会的结构性障碍，致使重建全国秩序的社会和组织基础非常有限。当张勋利用其竞争对手无法利用的特殊资源，以政变形式拥戴宣统复位，并重构一种使自己拥有大权独揽地位的复辟政权之时，不甘受到威胁的各路军阀纷纷以"武力"讨伐张勋，推翻清室复辟政权。

辛亥革命所设定的国家政权建设的非帝制限度，加快了清室复辟政权终结的步伐。在封建专制向民主共和转型的示范效应下，帝王符号的政治合法性逐渐被辛亥革命否定。张勋恢复君主制度符号以及解散宪政制度象征的议会的行为，是对辛亥革命设定的非帝制限度的公然蔑视，激怒了革命党人。于是，革命党人以暴力方式宣告了传统制度再造的失败，并将君主帝王符号甚至君主的影子密封在博物馆中，任何君主形式（帝制）秩序所凝聚的政治权力都再也不能扮演统治正当性的替身。同时，清王朝的复辟加剧了广大民众对重新遭受清王朝剥削的担忧，因而复辟消息传出后，立即遭到了全国人民的反对。最终，张勋通过重构一个以君权为中心的一元化、整体性权能结构来重建国家政治秩序的政治选择随之化为泡影。

2. 王权与自由平衡的传统、王权在法律之下的承诺：影响英国斯特亚特王朝复辟存续的关键因素

王权有限和人民自由，这两种相互冲突又相互融合的传统趋势已

---

① 〔美〕西达·斯考切波：《国家与社会革命：对法国、俄国和中国的比较分析》，何俊志等译，上海人民出版社，2007，第291页。

经沉淀为英国民众的心理意识并成为英国民族文化的一大特色，二者的平衡影响和决定着英国各种政体安排的存续。在英国王权发展过程中，王权始终受到无法摆脱的多种限制，先是贵族和教会的制约，即使到专制主义时期，手中掌握着绝对权力的国王不仅是新兴民族国家团结和统一的象征，而且是民族凝聚力的人格化体现，但国王权力的获得和行使在不同程度上受到习惯法、成文法以及贤人会议和议会的限制。① 与此同时，抗拒王权、限制王权的"自由"传统也在形成。"自由即权利"，这是英国人对"自由"的理解。在英国人心中，王权始终具有某种历史功能因而是必要的，但王权有暴政倾向因而也是高度"危险的"，所以对王权实施某种"宪法的制约"就是对"自由"的追求。② 其中，贵族与国王的抗衡可视为"自由"在英国的起源，在贵族与国王的长期抗争中，王权应该受到限制（尤其是法律限制）的思想逐渐形成，特别是自"大宪章"③ 以来，英国已牢固确立了"国王在法律之下"的传统。受制约的国王被视为人民自由和财产的保护神以及维系大英帝国完整的精神支柱，并带给英国民众一种在国王统治下的安全感："当王在白金汉宫时，全国人民睡得更安静，更和平。"④ 在法治传统和忠君思想的冲突和融合中，王权与自由的平衡态势形成。然而，成为无冕之王的克伦威尔解散议会、实

---

① 钱乘旦、陈晓律：《英国文化模式溯源》，上海社会科学院出版社、四川人民出版社，2003，第3~20页。
② 钱乘旦、陈晓律：《英国文化模式溯源》，上海社会科学院出版社、四川人民出版社，2003，第21~36页。
③ 1215年6月15日，战败的国王约翰被迫签署了《自由大宪章》，它对国王在封建规范下能做什么不能做什么做了非常详尽的规定，并对贵族的权利做了全面的承认，是一个集封建权利与义务之大全的封建文件，但因为包含了以后被英国人视为自由的最高原则（武装反抗暴君的原则）的所有内容，而被奉为英国宪政之基础。
④ 张金鉴：《欧洲各国政府》，三民书局有限公司，1976，第19页。

第七章 合法性与有效性张力下的近代中西复辟现象比较

行赤裸裸的军事管制并使法律不起作用,致使王权压倒了自由。克伦威尔的统治明显违背了英国人所习惯的古老的宪政传统,国王重新登位成为英国民众的愿望。于是,当允诺"尊重议会和先例"的查理二世返回伦敦时,他受到民众的热烈欢迎。

对"国王在法律之下"的承诺,也拓展了复辟王朝存续的空间。面对王权与自由失衡后日益加剧的国家动荡局势,"土地阶级认识到他们之间的共性大于分歧并再度团结造成了复辟的基础"[①],并与反革命阵营联合起来推动了斯图亚特王朝的复辟和存续。但是,这个复辟是有条件的。查理二世是在承认了国民的"自由"和议会的宪法地位以及重申"国王在议会"的条件下登上了王位,从议会手中接过了王冠。与法国革命不同的是,英国通过革命革新了政治结构,废除了国王干预地方政治、经济和宗教事务的制度性权力,确立了议会在非官僚机构化的君主制中的支配地位,并且总体上迫使国王只有在得到议会的信任和立法支持的情况下,才能实施统治。[②] 对议会原则(王权在法律之下)的承认,使复辟初期的国王与议会再次处于"国王不可以立法,却可以否决议会的法案"的平衡状态。在此平衡状态下,查理二世"不再是一个纯粹的封建主义的国王,而是一身二任,同时是'克伦威尔和查理一世的继承人'"[③]。由此,此时期的"英国政治制度同时具有资本主义和封建主义的特点,其发展趋势也绝非只有倒退,而是在某些方面和在某种程度上具有'退一步、进两步'的特征"[④],因而查理二世在位的时间达25年之久。但必须指

---

① 钱乘旦、许洁明:《英国通史》,上海社会科学院出版社,2002,第178页。
② 〔美〕西达·斯考切波:《国家与社会革命:对法国、俄国和中国的比较分析》,何俊志等译,上海人民出版社,2007,第171页。
③ J. K. 琼斯:《复辟时期的君主制(1660~1688年)》,转引自阎照祥《英国政治制度史》,人民出版社,1999,第176页。
④ 阎照祥:《英国政治制度史》,人民出版社,1999,第176页。

出的是,作为权宜之计的"妥协"并没有解决最高主权的归属问题,因而,当另一位斯图亚特君主再次确立不受限制的专制权力、实行无议会的个人统治时,最高主权的争夺与冲突重新爆发,为了恢复国家的宪政传统,英国人毫不犹豫地抛弃了这个膨胀的王权,并以一个愿意服从议会、尊重自由的新国王来取代他。

3. 激进与保守兼具的民族性格、复辟王朝的妥协、外部力量的支持:影响法国王朝复辟政权存续的关键因素

近代法兰西民族是一个把理想的革命、最现实的生活乃至最保守的怀旧情绪集于一身的民族。经历了轰轰烈烈的启蒙思想滋润的法兰西人民向往自由平等,始终幻想构建一个"自由、平等、博爱"的天国。在这种浪漫理想主义情怀的支配下,"如果认为正义的公社理想公然遭到侵害,他们就会参与暴动和叛乱"[1]。而当新秩序无法保障最基本的生活秩序时,法国民众便会从浪漫理想的巅峰跌落到现实世界的低谷。在现实与理想的矛盾交织下,法国民众的心态摇摆不定:当"他们所崇拜的偶像之权力是虚幻的时候,对君主绝对权力的这种神秘主义信仰就会土崩瓦解,他的威望自然就会化为乌有。一旦君主失去了威望,……群众就会寻找新的偶像来替代他"[2]。法兰西民族不仅是一个关心政治的民族,而且是一个注重传统的民族,这使其在革命斗争中表现出浓郁的分裂性、激进性和二元对抗性色彩的同时,也保留着潜在的怀旧情绪[3]。为了理想,他们应该选择共和民主,但面对现实,他们只能怀旧。备受革命的恐怖与反革命的恐怖、

---

[1] 〔美〕西达·斯考切波:《国家与社会革命:对法国、俄国和中国的比较分析》,何俊志等译,上海人民出版社,2007,第71页。

[2] 〔法〕古斯塔夫·勒庞:《革命心理学》,佟德志、刘训练译,吉林人民出版社,2004,第115页。

[3] 高毅:《法兰西风格:大革命的政治文化》,浙江人民出版社,1991,第1~4页。

第七章　合法性与有效性张力下的近代中西复辟现象比较

内战与外战、征服外国与投降外国等煎熬的法国人，急切盼望国家快速做出反应。"在大革命期间，在巴黎对国王的忠诚已经消失殆尽，因为国王的虚弱在那里表现得再明显不过了；但在外省，王权仍然被视为上帝在尘世的代表，享有无上的权威。对君主制的这种情感是大革命所无法压制的。"① 面对眼前的血腥，法国人对昔日的波旁王朝一统天下的美好记忆被唤起，因此，当路易十八取代拿破仑加冕为王时，法国人民很少进行公开的反对活动。

流亡国外的波旁王朝的"妥协"也营造了王政复辟政权的生存空间。法兰西曾经是欧洲大陆最为典型的具有中央集权传统的封建专制国家。相对于中世纪就有法治传统的英国而言，法国实行的是绝对的专制君主制，法国国王极其藐视革命力量且不肯妥协。面对不肯妥协的强有力王权，法国革命势力也越发不肯让步，由此，法国大革命愈加激进，并最终形成了你死我活、不可调和、尖锐对抗的"内战式风格"。而失去权势并流亡国外的旧王朝有了"妥协"倾向，路易十八一再发表声明表达重返王位的愿望：将对一切参加大革命的法国人实行大赦，将对一切国有财产购买者的所有权表示认可，将保持全体官员和军官的级别和头衔。在许下"尊重民主宪政"诺言及颁布保留大量资产阶级革命成果的宪法的前提下，对拿破仑失望的、掌握立法大权的元老院与立法团，主动迎合波旁王朝重返法国、重登王位的诉求。1814~1830年的王朝复辟是法国社会政治生活的一种倒退，但从整体上看，此时期的王朝复辟有其无法突破的限度：在政治层面上，元老院法令改变了复辟时期国王权力的来源，即不再是君权神授而是议会授权，元老院和立法团继续掌握立法大权；在经济领域，波

---

① 〔法〕古斯塔夫·勒庞：《革命心理学》，佟德志、刘训练译，吉林人民出版社，2004，第116页。

旁复辟王朝不得不接受大革命主要的经济成果，承认资本主义所有制；此外，复辟王朝时期思想文化生活的兴盛引人注目，尤其是被压抑多年的浪漫主义、空想社会主义更是异彩夺目。因为路易十八认识到，在法国任何复辟旧制度的企图都将激起一场普遍的叛乱，于是他认可了大革命的一切成果并按照既定原则继续自己的统治。然而，作为旧制度的狂热信徒的路易十世，则一直坚持恢复传统的社会政治秩序，当其重建君主专制权力并以强硬政策对抗日益增长的社会要求时，自由派进行强烈反对，巴黎人民也再次发动起义以"捍卫自由"。结果，波旁王朝又一次被打败，实行君主立宪的新王朝建立起来。

通过对三个国家王朝复辟政权生存空间的比较分析，我们不难看出，无论是建立在"妥协"基础上的英法复辟王朝，还是建立在"军事政变"基础上的英王室复辟，都是被作为一种解决冲突、构建秩序的"功能性存在"。但必须注意的是，封建军阀张勋利用军阀集团内部的权益之争，试图通过清王朝的复辟构建一个有利于自身利益最大化的政治安排，这突破了革命后中国政治社会的限度，致使其存续空间极其狭小。但英国复辟时期的"查理二世不再是一个纯粹的封建主义的国王"①，英国政治制度同时具有资本主义和封建主义的特点。同样，法国复辟时期的波旁王朝是"在向资产阶级君主制转变的道路上又迈了一步"②。建立在"妥协"基础上的英法两国的王政复辟政权，在更大程度上是被资产者用来作为构建社会秩序、推动资本主义发展的工具，并且他们也都承认并保留了本国的资本主义财产所有制和诸如自由权利等民主制度的若干原则，这使其生存的空间

---

① J.K.琼斯：《复辟时期的君主制（1660~1688年）》，转引自阎照祥《英国政治制度史》，人民出版社，1999，第176页。
② 《列宁全集》第17卷，人民出版社，1988，第333页。

有所扩大。

有一点必须明确的是，虽然英法两国王政复辟政权的经济基础是资本主义所有制，但其上层建筑依旧是旧贵族领导的君主制。两国王朝复辟政权的张力由此产生，并使其终结成为必然。

第三节　洪宪帝制与拿破仑帝国：制度复辟之比较

洪宪帝制和拿破仑帝国代表了传统权力结构及制度运行机制的复辟。这一类型的复辟是在共和框架下军事独裁政权的中央权威构建失败后发生的，由具有"过渡人"特性的军事独裁者发起，是旨在恢复传统君主政体的权力运作机制及其效能的一种集权政治现象。作为一种从"阶级独裁"到"个人独裁"的体制选择，袁世凯、拿破仑的帝国政权追求其家族对最高权力的永久垄断，突破了近代社会的"合法性"限度，无法实现合法性与有效性的有机结合，由此丧失了构建政治社会秩序的价值和能力。因而，二者的发生与终结的原因有相似之处。但由于二者帝制政权的制度属性与制度机制以及社会导向的不同，二者又存在本质区别。

一　制度复辟相同点之分析

（一）独裁政权合法性与有效性的张力：袁世凯与拿破仑重建帝制之缘起

源于革命政权内部的纷争和有效性不足，袁世凯与拿破仑的军事独裁政权得以在共和制框架内建立。建立稳定的政治秩序是资本主义革命后的首要任务，然而，两国的革命阵营内部纷争不断，围绕建立何种政治体制争论不休，革命营垒内部的派系纷争与冲突导致政局动荡。而当时的中国和法国需要的是一个维持秩序和保护财产的政府，但资产阶级的革命政权不但没有结束革命以来的动荡局面反而使国家陷入新的社会危机，即由革命营垒内掌权资产者集团的分歧和政策所造成的危机。面对地方割据势力恶性膨胀、经济依然萧条、民众处境艰难、人心惶惶的现实，对共和制政权的治国能力失望的广大民众将解决问题的希望寄托在拥有赫赫战功和声誉以及强大军事实力的袁世凯和拿破仑等军人领袖身上，希望他们能够成为治理乱世、稳定国内秩序以及有力抗拒外敌入侵的一把利剑。由此，袁世凯和拿破仑也就成为当时各自国家执政的合适人选，在人们对秩序的渴望和期待下，袁世凯通过《中华民国约法》建立了军政独裁政权，拿破仑通过1799年宪法成为掌握全部行政权、部分立法权和司法权的第一执政。

这是一种"共和"框架下的独裁政权。在这两位军事领袖做出和平、秩序和繁荣的许诺的情势下，人们对其构建秩序的有效性抱有极大的期待，使得独裁政权暂时获得了一种"预期"的合法性。但是，在此前所未有的乱局下，民众认同政权的标准不是政体的构建模式是否具有"普世价值"，而是当权者是否具有维持其生存所依托的实力和能力，这决定了政权的合法性愈来愈取决于其政府的实际作为。而"许诺"和"预期"仅是一种极其虚弱的合法性基础，使得建立在此基础上的军事独裁政权时时刻刻有成为"秋千政府"的危险。事实上，在依凭自己所控制的官僚政治资源、军事资源等政治资源进行构建强有力中央权威的实践中，袁世凯和拿破仑都面临着内忧外患的双重挑战，其中，与外部威胁相比，政权内部反对势力和地方离心势力对军事独裁者建立和维护社会秩序的能力的质疑，更具威胁性。

就拿破仑军事独裁政权来说，虽然拿破仑的军事独裁统治"用一种组织得极为完善的个人专制代替了无秩序的集体专制，使每一个人都能从中获益"①，并通过制度和法典巩固了大革命的成果，从而结束了共和国10年之久的无政府状态，但是，身为第一执政的拿破仑仍然面临着十分棘手的双重挑战。就外部挑战而言，拿破仑独裁统治下的法兰西共和国不可能有真正的同盟国，甚至被各国政府视为仇敌，"由于它试图摧毁一切，因而所有国家的一致愿望便是摧毁它"②。于是，一直仇视大革命的法兰西的欧洲君主们，在第二次反法联盟败北后立即组建了第三反法联盟，这使新兴法兰西时时刻刻面临着外敌对本国主权侵犯的危险。就国内挑战来看，拿破仑以政变的形式登上了历史舞台，以其独裁专制为主要特征的中央集权体制代替了《人权宣言》中所倡导的资产阶级民主自由原则，掌控中央大权；在全国实行郡、县、市的行政建制，取消大革命时期的地方自治制度，掌握任命和罢免地方各级政府、军队、法院等部门所有官吏的实际权力；强化中央集权国家机器，建立了一支直属于自己的近卫军和巴黎警察总监，在全国布置了一套组织严密的警察系统和与之并存的宪兵队，严格控制从中央到地方的各级行政机构，军队、官僚、警察是他实行专政的三个主要支柱，他们的密探遍布全国，到处监视人民；大力加强对人们的思想控制，对已经失去财产的教会增加开支，使其成为个人专政的工具以宣扬自己为上帝在人间的化身。拿破仑的独裁专制统治使"法国国家比以往更加直接地侵入到所有公民的生活中去，而根本不必考虑到公民的意志"。③ 即使在这样的独裁统治下，拿破仑仍然面临着其他派别的严峻挑战：（1）封建王党复辟势

---

① 〔法〕古斯塔夫·勒庞：《革命心理学》，佟德志、刘训练译，吉林人民出版社，2004，第220页。
② 〔法〕约瑟夫·德·迈斯特：《论法国》，鲁仁译，上海世纪出版集团，2005，第113页。
③ 〔美〕西达·斯考切波：《国家与社会革命：对法国、俄国和中国的比较分析》，何俊志等译，上海人民出版社，2007，第244页。

力依旧蠢蠢欲动，王党分子对发誓不与波旁家族合作的拿破仑恨之入骨，并多次图谋将之暗杀；（2）共和主义者和自由派人士对拿破仑的以治军方式治理国政的独揽大权行为极为不满，常常质疑和批评拿破仑的举措；（3）更为致命的是，为了争夺权位，曾经和拿破仑共进退的将军们也试图合谋反对他；（4）地方割据情形依然严重，许多地方爆发叛乱，等等。这种情形使拿破仑进行国家整合的努力遭遇更大阻力，其独裁政权也由此陷入"软政权"的境地。

同样，共和制框架下的袁世凯军事独裁政权也面临着合法性与有效性双重流失的政治困境。对外面临的领土和主权危机依然严重，外国势力对袁世凯地位的制约和挑战尤为棘手。在国内，袁世凯虽然拥有皇帝般的权力，但时刻面临着中央内部势力和地方分权势力的挑战：（1）以俄、德、日帝国主义为靠山的清室复辟势力，策划了多次武装复辟阴谋，顽固地伸张正统王朝的合法性；（2）袁世凯无限制地伸张一己行政权力和树立其权威的普遍性地位的过程中，革命党人运用更激进的方式伸张近代权威的普遍性，并用双重分权的制度建构来限制袁世凯，进步党也成为体制外的挑战力量；（3）更为尴尬的是，袁世凯在各北洋军阀势力的支持下取缔了国民党的地方势力之后，却面临着北洋军阀这一新的分利集团的威胁和挑战，这一新的分利集团凭借自身在二次革命中所获得的资源优势，要求独立于中央政府的权力和威望，中央不能控制地方和法律不能控制派系的双重分离之势已成定局。在应对外来势力挑战和内部动荡危机的过程中，袁世凯着力追求有效性的努力不但没有遏制各省军阀的地方分权趋势，反而进一步弱化了原本就十分脆弱的中央权力，而统治联盟内部的分裂使袁世凯政府的地位有着逐渐被边缘化甚至趋向"秋千政府"的危险。

在外部危险和内部解体的双重挑战下，无论是袁世凯的还是拿破

第七章　合法性与有效性张力下的近代中西复辟现象比较

仑的军事独裁政权，都无法获得足够的有效性来兑现广大民众的秩序期许，同时其以军事征战弱化地方权威和以个人独裁强化政府权威的努力，反而加剧了中央权威的流失，独裁政权的合法性与有效性的张力由此产生。在此张力制约下，这两个军事独裁政权实质上都是始终没能实现真正统一的形统实分的政权体系，致使其无力达成对地方的有效性控制，更无法实现重建政治社会秩序的历史重任。困境中的袁世凯、拿破仑开始质疑共和政体，认为共和政治框架不但无助于这种危险和威胁的政治解决，反而阻碍了其中央权威的建立。为了维系自己的政治中心地位，二人都急切地寻求克服有效性危机的"新"的解决之道。在路径依赖的惯性制约下，他们不是选择"向前进"即在"共和"框架下提升中央政权的治国能力，而是选择"向后退"即通过诉诸传统的君主制度体系，妄图从君主制的神秘中获得合法性地位，并借用这一制度符号曾具有的提升统治正当性的功能以"维持其足以对付任何反对者的权力地位，保证为其需要而动员资源的可能性"[①]，以求摆脱中央权威有效性危机的困厄。因为在传统君主制度体系中君主掌握神授的权力，上帝的意志赋予他一种超自然权威，臣民在这片国土的每一个角落里仰望着他，而君主的这种巨大权力是经过若干世纪凝聚起来的传统[②]。若依据此传统，身为皇帝的拿破仑和袁世凯就是一切立法、司法和行政权力的本源，且其权力具有一元性和神圣性，最关键的是君主制度可以使地方精英的"本分"具体而明确。然而，在名存实亡的共和框架下拿破仑和袁世凯虽然是法定的国家元首，但由于国家元首的最高权力具有不明确性，他们的最高

[①] 〔美〕S.N.艾森斯塔得：《帝国的政治体系》，阎步克译，贵州人民出版社，1992，第119页。

[②] 〔法〕古斯塔夫·勒庞：《革命心理学》，佟德志等译，吉林人民出版社，2004，第115、110页。

权位经常受到觊觎者的挑战和威胁。基于此，袁世凯和拿破仑都开始了将其独裁式的集权体系与帝制政体进行结合的政治行动，确立的是一个对新王朝（袁世凯家族、波拿巴家族）而非正统王室（清王朝、波旁王朝）的忠诚和效忠机制，他们都期望这种解决之道使自己能够垄断决策而不受任何政治势力的束缚和威胁。

（二）"民主"程序与"传统"通道并存：袁世凯与拿破仑复辟帝制之运作

资产阶级革命前的中国和法国，分别是亚洲大陆和欧洲大陆最为典型的封建专制统治国家，都拥有中央集权的单一制的国家结构。相比自中世纪就有法治传统的英国而言，中国和法国的君主制度带有浓厚的专制主义特征，由此，在此种君主专制政体下生活了大半辈子的袁世凯和拿破仑，对君主专制政体的制度功能再熟悉不过了。在他们看来，君主专制的政体框架曾提供了强化中央权威、抑制地方和臣下的权势的有效机制：在权力结构上以体现君臣高下尊卑的等级秩序作为合理性和合法性的基础；在君统传延上要严格依照血缘宗法准则和等级原则实行君权世代相袭；在意识形态上，利用传统道德观念，给人们的行为以道德规定，使臣下对君主忠贞不贰。① 君主专制政治形态所具有的上述"有效"机制和政治功能，正符合袁世凯和拿破仑重塑有效性的企求。由于处于近代社会政治转型中的袁世凯和拿破仑兼具保守与进步的"过渡人"特性，其在复辟政治运作中能够同时"操纵传统和非传统性的支持以维持其基本是传统型的合法性"②。由此，"民主"程序与"传统"通道的并存也就构成了二人重建帝制的

---

① 〔加〕陈志让：《乱世奸雄袁世凯》，傅志明等译，湖南人民出版社，1988，第192页。
② 〔美〕S.N. 艾森斯塔得：《帝国的政治体系》，阎步克译，贵州人民出版社，1992，第28页。

第七章 合法性与有效性张力下的近代中西复辟现象比较

双重逻辑：通过借用"民主"程序来粉饰"民国"到"帝国"的连续性，以获得应然的"天下独占"权位；通过恢复传统的制度形式及文化符号来重塑等级差序格局，以有效维护至高权位。

1."民主"程序的借用：袁世凯和拿破仑重建帝制的现代逻辑

资产阶级革命尤其是法国大革命以来，主权在民已经成为近代世界的"普世价值"，对"民意"的遵从和对"民权"的维护成为政体设计遵从的主流原则，更成为革命后国家政治建设的最低限度，其中民主程序是体现这一原则和限度的重要载体。在此客观情势下，无论主观意愿如何，有意建立公共秩序、获取合法权位的任何政治势力，都不得不借助"民主"程序。同样，对"民主"程序的借用也是拿破仑、袁世凯建构帝国制度不可缺少的步骤。在具体实践中，二人都诉诸"民意"投票、"立宪"活动等"民主"程序，以获取"共和制"向"帝国制"变更的民意和合法性。

首先，他们都曾运用表达"民意"的投票方式，来表明新"皇帝"顺从的是"民意"而不是"天意"。而代表"民意"的投票不仅是大众的授权行为，更是统治者积极争取获得政治权力的行为，是"对国家权力机构合法性的最有力确认"[①]。

以"民意"为逻辑起点，袁世凯开始了变更政体的"合法"性活动：袁世凯首先要做的是对"民意"的塑造，由具有"公民资格"的各省代表构成的公民请愿团和请愿联合会，向参政院连续表达要"袁世凯登基做皇帝"的"请求"；参政院就根据请愿团体的"请求"制定国民代表大会组织法，并向袁世凯建议召开国民大会，由各省国民代表进行变更国体的投票。1915年1月28日国体投票开始，11月20日全国各区国体投票全部结束，在全体代表1993人中，

[①] 王玉明：《选举论》，中国政法大学出版社，1992，第58页。

赞成君主立宪的1993人，无一人反对，无一张废票。① 之后，参政院两次推戴或"公选"袁世凯为皇帝。至此，袁世凯变更国体、登上帝位的"民意"水到渠成。

经由1804年的元老院组织法令而成为帝国皇帝的拿破仑，也以公民投票的方式向全国人民"征求意见"，要求选民同意建立世袭帝国。在这位未来的皇帝做出了和平、秩序和繁荣等许诺的前提下，"十几年前曾狂热参加革命、狂热要求处死君主、狂欢欢呼君主制垮台的法国民众又以毫不逊色的狂热精神投身到君主制的大旗之下，在全国公民中，投反对票的只有2000多人"②。在法国官方于1804年11月6日公布的新的公民投票结果中，3572359人赞成拿破仑称帝，2579人反对。通过投票，人民将权力授予皇帝，并使之合法化。在绝大多数人的赞成声中，成为"合法"皇帝的拿破仑自负地认为："只有波拿巴王朝才能有效地代表秩序与民主这一对密切相关的原则"③。

其次，二人都曾诉诸"立法"这一现代形式，来彰显和固化其对政治形态的追求和设计，由此，一部具有"装饰性"或"实质性"特点的宪法产生。

袁世凯通过一系列具有现代形式的"立法"活动，追求国家元首权力的一元化，并以法律的形式肯定个人专制权力的世袭性和永续性。1912年8月，袁世凯利用资产阶级所热衷的"立宪"程序，颁布了《中华民国国会组织法》、《参议院议员选举法》和《众议院议员选举法》，并组织宪法起草委员会，通过了《中华民国宪法草案》。

---

① 谢本书：《袁世凯与北洋军阀》，上海人民出版社，1984，第73页。
② 陈文海：《法国史》，人民出版社，2004，第286页。
③ 〔英〕罗杰·普赖斯：《拿破仑三世和第二帝国》，素朴译，上海译文出版社，2003，第16页。

第七章 合法性与有效性张力下的近代中西复辟现象比较

1914年，袁世凯通过设立约法会议，拟定出《中华民国约法》，并于同年的12月通过由约法会议议决的《修正大总统选举法》。至此，袁世凯的个人专制权力通过具有"装饰性"的宪法得以确定，但这一宪法的程序和内容并不能真正体现当时的民众意愿，甚至未取得统治者内部集团的认可，因此是一种建立在压迫基础上的非自愿产物，"通过这种程序和方式产生的政治权力主体并不具备真正的政治合法性"。[①]

1804年5月18日，元老院以法令的形式颁布"共和十二年宪法"，宣布法兰西为帝国，规定"现任共和国第一执政拿破仑·波拿巴为'法国人的皇帝'"；"皇帝的头衔由拿破仑·波拿巴的直系的、正常的与合法的后代继承、由男性即长子继承，而妇女及其后代永远排除在外"，如无直系的、合法的男性，则改由约瑟夫·波拿巴继承；如约瑟夫也无直系合法男性，改由路易·波拿巴继承。至此，拿破仑成为宪法规定下的"法国人的皇帝"。

2."差序"格局的恢复：袁世凯和拿破仑重建帝制的传统逻辑

通过对"民主"程序的借用，袁世凯和拿破仑都获得了"应然"的"天下独占"权位，即获得了"法律"层面的至大至尊之权位，成为一个大权独揽的君主（或皇帝），并且有权指定自己的继承人。但是，要真正实现和维护这种应然的权力独操、地位独尊的绝对地位，袁世凯和拿破仑还必须借助传统逻辑构建与此国体相适应的运行机制。因为"政治上的正统性显然是建立在源远流长这一概念上的一种权利，人们都喜欢将时间方面的优先作为这个权力的根源，作为权力的正统性的证据"[②]。与皇帝有关的制度机制和传统政治符号已

[①] 马宝成：《政治合法性研究》，中国社会出版社，2003，第88页。
[②] 〔法〕基佐：《欧洲文明史》，程洪逵、沅芷译，商务印书馆，1998，第43页。

经深嵌在封建官僚甚至广大民众的意识中，构筑并维护着政治权力的一元化及地方对中央的绝对效忠，这对于非正统王室出身的拿破仑和袁世凯的皇位稳固来说，形势更为严峻。于是，熟悉君主政体功能的袁世凯和拿破仑，努力通过恢复传统制度形式及文化符号来重塑等级差序格局，重新明示君臣权力和地位之别的观念和秩序，从而抑制地方和臣下的权势扩张。

首先，为了保证君主统治的正常运转，袁世凯和拿破仑都致力于重新构建一套与君主制度相适应的自上而下的垂直集权体制，其中，附属性的权力机构和官制体系的确立尤为重要。因为作为君主政治最重要的运作系统，附属性的权力结构彰显了君主个人对国家权力和社会资源的独占性和排他性，确立官职、分划官吏权责、规定官吏任用程序的官制体系，体现了帝王的意志。前者是传统社会秩序的外在体现，后者是历代王朝维持等级制度存在与发展的内在支撑。

作为一位刚刚登基的非正统的国君，袁世凯深知一个尊卑有序、阶级分明的等级结构对其帝国政权的重要性，并开始了建构独立于官僚机器和官僚集团之外的私人顾问圈子的政治行动。（1）下令撤销国务院，仿照前清军机处在总统府设政事堂以作为帝制政体中的最高行政机构，并规定一切军国大事皆由政事堂议决施行，而政事堂具有对最高权力者的附属性、服务性。同时，袁世凯仿照前清的体制，创设了直接处于其控制之下的、与官僚保持分离的内廷官员核心机构——内史监。正是通过这两个附属性机构，袁世凯规定了各地军阀的权力运动范围，并有效地把行政权力集中在自己手里。（2）进行官制改革，试图通过重建旧体制下的官品等级，例如，将辛亥革命以来各省都督改为将军，在北京设立将军府，各省民政长改为巡按使，各地区观察使改为道尹等，以确立各级官吏的不同政治地位和俸禄，明示君主在此等级制度中的至尊地位以及各级官吏对其的附属性，进而实现袁世凯个人对人事任命权的控制。(3) 重构爵秩等级,恢复旧体制下的显贵头衔,用以加封杰出的官员和将军,还特别制定了"封典"即王、候、公、伯、子、男以及卿、大夫、士,后者又分为上、中、下三个等级。通过对身份头衔的控制与名誉的封赠,袁世凯创造了更直接地依附于他的新贵族,改变了民国官制下各省将军地位平等的局面。总之,袁世凯进行的对制度机制的传统建构,驱动一切权力向王权集中。

为了巩固自己的帝国,拿破仑也利用君主政体的各种制度符号来将自己打扮成君权神授的正统皇帝。(1) 着手建立一套与君主制相适应的贵族等级制度,恢复了大革命前按照地位高低而定的宫廷等级制度,这种等级制度"是由所坐的圈椅、凳子以及马车的马数、朝服、行礼、观见时列队先后等待遇标明的"[1]。又仿照波旁王朝的旧制,制定了长达800多页的宫廷朝仪规章,一整套繁缛的宫廷礼仪和豪华排场在拿破仑的宫中堂而皇之地登台亮相。(2) 为了炫耀崇高地位和笼络社会上层集团,拿破仑召回逃亡贵族,并效仿封建时代的等级官衔制,对各部大臣、元老、议员、大主教等加大爵秩封赐力度,把"许多真正的、有利可图的、甚至是世袭的荣誉称号,重新赋予那些短暂、而共和国不给头衔的职位"[2]。他册封了18个元帅,赋予他们"阁下""先生"的旧式称呼,而由他分封的30个公爵、10位亲王、288个伯爵、1090个男爵等贵族头衔,加上荣誉军团,形成了帝国的新贵族集团,这是"保持政治效忠的最重要手段"[3]。

---

[1] 〔法〕乔治·勒费弗尔:《拿破仑时代》(下卷),中山大学《拿破仑时代》翻译组译,商务印书馆,2009,第189页。

[2] 〔法〕约瑟夫·德·迈斯特:《论法国》,鲁仁译,上海世纪出版集团,2005,第113页。

[3] 〔英〕科林·琼斯:《剑桥插图法国史》,杨保筠等译,世界知识出版社,2004,第192页。

(3)为了构筑一个以波拿巴家族为核心的皇朝体系,拿破仑大行家天下式的分封,册封自己的兄弟姐妹等亲族为亲王、公主,并令这些皇亲国戚们统治法国的殖民区域。

通过垂直体制的建构,袁世凯和拿破仑强调臣下"安分守己"的重要性,力图营造一个有利于建设新王朝统治秩序的环境,确保和维护帝制政权的政治自主性和有效性。

政治符号是一种动员政治力量的工具,具有引导形成政治态度、产生政治认同甚至支配政治行为的政治功能。其中,祭天仪式、登基之礼、立国正名或服饰等传统政治符号,曾成为历代王朝统治者彰显和维护其统治权威的重要手段。因此,袁世凯和拿破仑也试图利用传统政治符号,加强民众尤其是各地军阀对其权力主体的效忠,以扩充和巩固自己的帝制政权。

政治符号在不同时期有不同的表象。在帝制时代,服制、国旗、国号、仪式与典礼等都是很重要的政治象征符号。其中,最能明示君王权威的政治符号是"礼",它不仅体现着尊卑等级的政治社会关系,强化着民众对君主的敬畏之心,还有效维护着君主的特权地位。因此,袁世凯试图通过恢复这些习之已久的传统政治符号,加强民众尤其是各地军阀对袁氏家族的帝制政权的效忠。(1)恢复古代只有天子才能主持的祭天仪式,并率领百官前往位于北京南郊的天坛进行祭奠。在古代中国,祭天是权力的昭示和统治者身份的象征,谁掌握了主祭权,谁就拥有了国家的统治权,袁世凯借助一系列的祭天礼仪,强化自己作为上天之子人选的合理性,同时也把相应的君臣之分的角色强加给社会各精英阶层。(2)国号、国旗等立国正名符号不仅代表了一个政权立国的精神,而且彰显了政权拥有者的正统。为了追求"新朝"(袁氏王朝)的正统,袁世凯仿造古代中国的帝王纪年,改民国纪年为帝王年号"洪宪",以此表明中华帝国实行的是一

第七章 合法性与有效性张力下的近代中西复辟现象比较

个拥有"宪法"的君主制而非过去的君主制,之后要以洪宪王朝记录历史。同时,五色旗被定为"新朝"国旗,以彰显袁氏王朝深受五族的拥戴。(3)通过恢复登基典礼和更换朝服,来强化自己帝位及"洪宪"王朝的正统性。此外,袁世凯又恢复了附属于帝制的种种制度,如世袭制度、太监制度、宫女制度、包衣制度,等等。

为了凸显以波拿巴家族为核心的皇朝体系的正统性,拿破仑诉诸遗留下来的一些传统惯例、礼仪和规则。(1)加冕仪式在法国具有重要象征意义,拿破仑试图通过加冕仪式达到广而告之的效果,加深王权在臣民心目中的神圣性。为此,他刻意追求加冕典礼的隆重豪华的气派,"凡是金钱与艺术能做到的事都做到了"[①]:拿破仑及其皇后的皇冠由2000余颗钻石、翡翠和珍珠组成,价值上百万法郎;两人的黄袍皆是金丝刺绣、金色蜜蜂装饰、宝珠镶嵌,耗资112.3万法郎。(2)政治权力的神圣性,一般是借助神的意志和神法的规则获得,通过某些宗教礼仪来授予政治权力以合法性[②]。"从中世纪开始,教会通过加冕仪式,负责君主的合法性。法国君主制的历史特征就是国王从选举制度变成了由教会认可的世袭制"[③]。因此,拿破仑也借助教会的传统宗教仪式及教皇这位天主教世界的扬声器,增强帝制权力的合法性。但由于拿破仑认为自己权位的获得依靠的不是上帝的恩赐,而是自己的军事实力和胜战,因此他采取了不同于传统的加冕程序:当教皇在拿破仑的头上和双手敷上三次圣油,并诵念祝词时,他不但没有向教皇下跪,反而背靠教皇与祭坛,昂首挺胸地举手宣誓

[①] 〔英〕约翰·霍兰·罗斯:《拿破仑一世传》(上卷),北京外国语学院英语系《拿破仑一世传》翻译组译,商务印书馆,1977,第469页。
[②] 马宝成:《政治合法性研究》,中国社会出版社,2003,第68页。
[③] 〔法〕让-马里·科特雷等:《选举制度》,张新木译,商务印书馆,1996,第2页。

"终身任职为法国皇帝,而且皇帝还可世袭"①后,由自己将"皇冠"(一个金色的桂花花环)戴到头上,自我加冕。(3)拿破仑讨厌像卡佩国王那样手持权杖,象征着国家主权和战时状态的长矛被帝国的雄鹰所取代②,而且用以雄鹰和金色蜜蜂作为标志的鹰旗替换了共和国的军旗,以壮大帝国声威。

通过以上差序格局秩序的重建,袁世凯和拿破仑都重新厘定了主权的归属,以一元主权(君主主权)重新取代分权体制和多元主权,建立了一个名副其实的帝国制度,并把自己及其家族幻化为君主世袭的唯一载体。

(三)复辟政权合法性与有效性的张力:洪宪帝制与拿破仑帝国终结之症结

在袁世凯、拿破仑将其独裁式的集权体系与传统的君臣尊卑、君权相袭进行结合而形成的帝国制度下,一元集权、军事专制取代了多元分权、议会制度成为主要的统治手段,一个人及其家族独霸权力中心成为帝国政权的最大特点。在资产阶级革命已经宣布了国家权力公共性的客观情势下,将国家政权重新放在一个人手中、强调国家权力家族化的帝国政权,无疑是一种比较落后的政治统治形式。"一种制度发挥作用的范围在于它吸收和排斥与它相关的一系列潜在的参与者的程度的大小"③,而拿破仑和袁世凯的帝国政权坚持对国家和臣民拥有无限权力,并追求其家族对最高权力的永久垄断的举动,触动了同样具有"过渡人"特性的支持者的敏感神经,体制内外的精英及

---

① 孙哲:《权威政治》,复旦大学出版社,2005,第77页。
② 〔英〕科林·琼斯:《剑桥插图法国史》,杨保筠、刘雪红译,世界知识出版社,2004,第192页。
③ 基尔摩·奥唐奈:《论委任制民主》,见刘军宁编《民主与民主化》,李柏光等译,商务印书馆,1999,第50页。

社会底层的疏离倾向由此产生。结果，本想利用传统皇权的辐射威力实现有效政治整合的袁世凯、拿破仑的帝国政权，再次陷入合法性与有效性的张力冲突中，并最终走向崩溃。

无视辛亥革命后国家权力的公共性取向，袁世凯不断推行和强化袁氏家族的权力及其个人专制，突破了其得以"合法"当政的三重限度：（1）袁世凯追求自身利益最大化的行为，突破了军阀地主追随和支持袁世凯当政的利益共享限度，北洋集团的体制内反叛活动开始公开化。在幕僚和部属对洪宪帝制的反对中，袁世凯的帝制政权丧失了政治支持基础。（2）洪宪帝制突破了革命政治改制的"非帝制"限度，致使革命党人、进步党人的体制外挑战更趋于暴力化。革命党人心目中共和主义的理想建构容不得一丝君主的气息，而袁世凯将旧君主换掉、推出新君主的帝制行为一次又一次地激起革命党人的反感和失望，于是，将袁世凯视为继清廷之后的不共戴天的对手的民权派人士，又重新沿袭同盟会的革命精神，组建新的革命政党，开始了体制外的军事夺权活动；稳定的秩序始终是进步党人进行政体设计的落脚点，袁世凯的帝制行为使近代中国的社会秩序更加混乱，从而使得进步党人的秩序理想彻底破灭，一贯坚持和平改革道路的进步党抛弃了"开明专制"的渐进变革的政治路线，转而采取公开战争的"激进"方式。（3）袁世凯的帝制行为突破了民众对其政权的有效性期求的限度。丧失汲取能力的袁世凯政府不但没有为民众提供正常的社会稳定和生存保障机制，反而导致社会秩序和经济秩序更加混乱，民不聊生，使为求安稳而对中央政府抱有有效性期求的广大民众彻底绝望了，他们以积极的抗争发泄着自己的不满，最终终结了袁世凯刚建立起的"泡沫王朝"。至此，丧失政权得以维系所有资源——军事上的胜利、人心与情感——的洪宪帝制政权的终结成为必然。

无视法律牵制的拿破仑，在社会、经济、行政等领域实施空前的集权以及无休止的对外征战，使帝国政权一直面临崩溃的危险。（1）帝国时期，集权统治进一步发展，独裁特征越发明显。一般而言，一个政府"不仅必须立即保持住那些帮他取得政权的集团，而且要把那些过去一直反对他的人争取到自己这方面来，或者至少也要尽可能让这些人安于新的秩序"①。因为"政府首脑权力的自由，将因这些精英接受其统治地位的意愿而发生相当大的变化。……因此，与这些政治精英达成一定程度的协议（实质上的联合），将成为政府行为有效的前提条件"②。而拿破仑帝国在排斥异己力量的同时，也把自己的心腹拒之门外：皇帝个人的权力达到巅峰，任何议事日程都由皇帝拟定并做出决定；取消"形同虚设"的保民院，进一步削弱"有权举手无权说话"的立法院的作用，并规定新的法律以政令形式由元老院直接颁布，由此，大臣对议会负责的传统被废止。此做法促使公开背离帝国政权的派别势力不断壮大：被排斥在外的共和主义分子将其看作"自私的变节者"，进行愤怒的指责；离心离德的内部集团派别也将其看作"篡夺王位者"，并拒绝向拿破仑提供资源或支持；对拿破仑皇帝失望的元老院通过法令，宣布废黜拿破仑的帝位以及他的家族的继承权，法国人民和军队也收回对拿破仑·波拿巴效忠的誓言。（2）为了巩固帝国，拿破仑陆续赐予波拿巴家族的主要成员及姻亲以王室之类的头衔和世袭地产，建构帝国的骨干力量。但是，1812年前后，拿破仑与其家族成员的关系几乎陷入僵局，其姻亲也放弃了对拿破仑的支持而加入反法同盟。（3）拿破仑对内实行专制，重建并强化了秘密警察制度，遍布各地的警察密探只听命于参政院，不经任何审讯程序就可以直接拘捕并关押各种政治嫌疑犯以及

---

① 《马克思恩格斯选集》（第1卷），人民出版社，1972，第712页。
② 〔英〕罗杰·普赖斯：《拿破仑三世和第二帝国》，素朴译，上海译文出版社，2003，第6页。

第七章　合法性与有效性张力下的近代中西复辟现象比较

各类不满分子；建立苛刻的书报检查制度，将全国各地不受政府控制的名目繁多的大报小刊一扫而光，封闭了当时73家报纸中的60家，只允许听命于帝国的报刊存在，最终巴黎只保留4种报纸，各省只保留1种报纸，而保留下的这些报纸，其实际功能就是充当政府的公报而已①。这种压制由于引发了强烈的普遍危机和广泛的社会恐惧，而带来了脱离臣民的危险。②（4）战争胜利是帝国享有威望的重要来源，但拿破仑对外持续的东征西讨，使劳民伤财的严重程度有增无减，民众开始厌倦这种虽辉煌无比却苦难无边的帝国生活。随着法国势力范围在欧洲大陆的不断扩大，拿破仑开始构筑一个以"饿垮"英国为目标的大陆封锁体系，这加速了其帝国政权的垮台，法国及其追随国的经济生活因这一关门闭户政策而陷入萧条和混乱之中。帝制初期的狂热过后，面对接踵而来的高税收和重兵役，越来越多的法国人渐渐产生了一种宁可少一些辉煌但求多一些安宁的厌战情绪，并将应征入伍称作缴纳"血税"。在境外，大陆封锁体系适得其反，各中立国蒙受重大损失，拿破仑也陷入四面楚歌的境地。欧洲各国对拿破仑的厌烦和敌视日益加剧，在第六次反法同盟的强大攻势下，拿破仑一败涂地。军事溃败足以摧毁帝制政权得以维系的军事胜利、人心与情感等所有合法性资源，致使其既不能赢得城市民众的支持又面临丧失农村大众忠心的危险。法国人民尤其是资产阶级可以容忍拿破仑拥有几乎与封建帝王一样的专制权力，但不能容忍复活帝制所招致的内乱与外患，更不能容忍其在损害他们利益的情况下当皇帝。面对滑铁卢失败后的"资本和人力资源遭到破坏；政治不稳定和社会的普遍

---

① 〔法〕乔治·勒费弗尔：《拿破仑时代》（下卷），中山大学《拿破仑时代》翻译组译，商务印书馆，2009，第93页。
② 〔英〕罗杰·普赖斯：《拿破仑三世和第二帝国》，素朴译，上海译文出版社，2003，第7页。

不安；富裕的实业家阶层大批消失，所有形式的贸易中断；通货急剧膨胀，币值极度不稳定"①的情形，资产阶级奋起反对帝国，使得拿破仑帝国逐渐走向崩溃。

综上分析，在秩序和民主两大发展目标引发的强大"交叉压力"下，建立一个强有力的中央权威是近代社会政治转型期政治、经济及各方面状况综合而形成的合乎逻辑的要求，而构成中央权威赖以存在的两个支点——合法性和有效性——之间的矛盾互动关系，直接影响并决定着政权及其代表者存在和延续的可能空间。为了追求政权的稳定和延续，受合法性与有效性的张力制约的拿破仑军事独裁政权和袁世凯军事独裁政权，都在寻求能把合法性与有效性有机结合起来的政治体制，帝国体制就是二人追求政权稳定和延续的一种体制选择。帝制作为一种追求一人掌权的制度安排，将国家最高权力完全集中在一人之手，且不受任何力量的制衡，在拒绝容纳新的社会力量的同时，把自己的心腹也拒之门外。但是，在"革命已在政治上破坏了等级之间、尤其是贵族的垂直性团结关系；在社会层面上，国家已经构建出了不同于封建时代的另一种贵族；在文化层面上，国家为统治集团提供了另外一套不同于荣誉的价值系统：祖国和国家"②的客观情势下，这一从"阶级独裁"到"个人独裁"的体制选择由于突破了近代社会"合法性"的限度，完全丧失了构建政治社会秩序的价值和能力，因而，合法性与有效性的张力同样成为袁世凯、拿破仑帝制政权终结的催命符。

---

① David S. Landes, *The Unbound Prometheus*, Cambridge: Cambridge University Press, 1969, pp. 142-143. 转引自〔美〕西达·斯考切波《国家与社会革命：对法国、俄国和中国的比较分析》，何俊志等译，上海人民出版社，2007，第218页。

② 〔美〕西达·斯考切波：《国家与社会革命：对法国、俄国和中国的比较分析》，何俊志等译，上海人民出版社，2007，第69页。

二 制度复辟不同点之分析

虽然拿破仑与袁世凯都自立为帝，且其发生与终结的原因有相似之处，但是二者在制度属性与价值和社会导向上存在本质区别。二者的本质差异，对两国的国家政权建设乃至世界政治转型产生了不同的影响。

（一）制度属性与制度价值的差异：洪宪帝制与拿破仑帝国政权性质之不同

制度属性与制度价值是衡量政权性质的主要维度。制度属性关乎政权利益的归属，并以制度建构的利益关系和统治关系为表征。制度价值主要指制度发生效用的结果是否促进了当时社会的发展，并通过利益主体或统治主体的行为来衡量。制度属性与制度价值的不同，直接决定着洪宪帝制与拿破仑帝国政权性质的本质区别。

1. 从制度属性上看，拿破仑只是复辟了旧政体却保存甚至发展了新国体，建立的是资产阶级的君主制；而袁世凯复辟了旧政体的同时，改变了新国体，建立的是封建君主专制

在拿破仑帝国统治时期，作为治国方式、权力分配方式的君主制的确是一种落后的统治形式，但拿破仑所做的一切奠定了现代国家的基础，所以仍是一种资本主义性质的政治制度。作为启蒙大师伏尔泰、卢梭、孟德斯鸠等的门徒，拿破仑努力捍卫资产阶级革命和新兴资产阶级政权，他曾声明说："不管作为第一执政或作为皇帝，我一直是人民的君主；我一直为民族及其利益进行统治……为了法国的利益，我准备作出任何牺牲，甚至我的生命。"[①] 例如，拿破仑打破当时的封建

---

① 王养冲、陈崇武选编《拿破仑书信文件集》，上海人民出版社，1986，第491页。

制度并保护了农民在革命期间所取得的土地,推行了有利于工商业发展的经济改革,尤其是其制定的《拿破仑法典》把资产阶级社会革命的成果推向前进,而且居于帝国要职的大臣多是曾属于国民公会的共和派人士。对此,法国著名史学家勒费弗尔把他列为"历史上最后一个开明专制君主,并且是开明专制最杰出的代表人物"。[①] 马克思也评价说拿破仑帝国"是法国革命的最后阶段",是大革命以来的资产阶级政权的延续。

与之不同,袁世凯的帝制政权不仅改变了政治体制的结构,也改变了政治体制的性质。帝国皇帝袁世凯是军阀地主阶级利益的代表者,其往往通过厚军饷、结团体等封建性手段来获取和维系各级封建军阀对其个人的效忠与依附,坚持认为"共和"的精义只在"集众思,广众益",否定对国家最高权力的牵掣和制约之意,并将"民主"理解为"民之主",强调一个人的专断统治。执政期间,袁世凯通过解散国会、取消内阁分别把国民党和进步党排斥在中央政权之外,居于洪宪帝国要职的大臣多是封建军阀;破坏辛亥革命所建立的经济、政治基本原则,推行封建专制。可见,袁世凯在复辟旧政体的同时,也改变了国体,由此也就有了之后的"国体"革命即护国运动。

2. 从制度价值来看,拿破仑帝国推行维护资本主义经济和社会发展的法律制度,促进了法国资本主义的发展;而袁世凯帝国援用清末法律,维护的依旧是封建主义性质的政治与经济利益,遏制了原本就虚弱的资本主义经济的发展

拿破仑制定了《商法典》(1807年)、《刑法典》(1810年)、

[①] 〔法〕乔治·勒费弗尔:《拿破仑时代》(上卷),中山大学《拿破仑时代》翻译组译,商务印书馆,2009,第72页。

第七章 合法性与有效性张力下的近代中西复辟现象比较

《刑事诉讼法典》（1808年）和《拿破仑法典》，从法律上维护和巩固了大革命初期在经济、社会和宗教等各个方面取得的基本成果，使法国的资本主义生产关系与社会制度获得了法律保护。其中，《拿破仑法典》继承了大革命的自由和平等原则、所有制原则、契约自由原则等主要原则，规定法律面前公民一律平等，废除封建特权，摆脱教会控制，倡导国家世俗化和信仰自由，强调私有财产神圣不可侵犯，并清除封建法规，确立资本主义社会的立法规范。作为资本主义国家中最早一部系统的成文民法典，它从法律上宣判封建制度的死亡，以资本主义绝对的私人财产所有制代替了人身依附和等级制度。可见，拿破仑"完成并巩固了大革命，而不是破坏了大革命"[①]。同时，拿破仑主动弱化皇权，并出台了《帝国宪法补充法令》，再次强调了自由平等原则、私有财产不可侵犯原则，承认"人民拥有最高权力"，并提出"帝国政府是共和政府的一种类型"。[②] 这一补充法令"事实上以自由主义与严格纳税的体制取代（原来的）帝国制度的专制原则"，[③] 是一份继续反对封建主义的文献。法国革命的政治后果，在拿破仑的统治下得到了完全强化。[④] 由此，帝国制度在数十年内牢固地保证了资本主义性质的政治与经济制度的延续。

袁世凯政权的性质决定了其推行的必定是维护军阀地主阶级利益以及确保军阀地主统治地位的法律制度。在袁世凯进行的一系列具有

[①] 〔法〕古斯塔夫·勒庞：《革命心理学》，佟德志等译，吉林人民出版社，2004，第218页。

[②] 王养冲、陈崇武选编《拿破仑书信文件集》，上海人民出版社，1986，第511、537页。

[③] André Jardin et André-Jean Tudesp: La France des nobabls, L'évolution, générale, Paris-1973, p.27. 转引自郭华榕《法国政治制度史》，人民出版社，2005，第233页。

[④] 〔美〕西达·斯考切波：《国家与社会革命：对法国、俄国和中国的比较分析》，何俊志等译，上海人民出版社，2007，第223页。

现代形式的"立法"活动中，资产阶级完全被排斥在政权之外，"民意"被官僚化，"分权"也被形式化。与此同时，清末的各种法律制度得以复归，资产阶级性质的各种法律制度更加虚化，在这一充斥着浓厚的封建精神和封建传统的法律制度下，袁世凯的独裁权力进一步内化。《中华民国约法》、《修正大总统选举法》的出台使袁世凯的个人专制权力得以合法化。之后，袁世凯政府援用清末法律，进行了具体的"立法"活动，仿照清政府的《公司例》和《商人通例》，颁行了《公司条例》和《商人通例》，并在清末民律草案的基础上进行了民法典的编纂，等等。这些极力恢复封建法制的举措不仅彻底清查、删修了辛亥革命以来所有资产阶级法律和法令，就连法律法令的原有外壳也被完全抛掉了。

综上分析，我们可以发现，与民主自由的共和制相比，拿破仑与袁世凯的帝制因束缚社会与民众的政治活力而不利于生产关系的迅速调整，都是一种落后的集权政治体制和统治形式。但是，拿破仑帝国、洪宪帝国的制度属性与制度价值有着根本区别：拿破仑帝国与共和制的制度属性和制度价值具有连续性，它不但没有改变大革命所建立的资本主义的经济所有制和政治所有制，反而巩固和继续强化了资本主义取代封建主义的前进方向，并在数十年内牢固地保证了资本主义性质的政治与经济制度的延续，所以说，拿破仑只是复辟了旧政体，却保存甚至发展了新国体。而袁世凯的洪宪帝国与辛亥革命后的共和制的制度属性和制度价值不具有连续性，它不但以法律的形式改变革命后所建立的虚弱的资本主义经济所有制和政治所有制，而且几乎摧毁了辛亥革命的所有成果，所以说，袁世凯复辟了旧的政体的同时，也改变了国体。

（二）社会导向的差异：洪宪帝制与拿破仑帝国社会影响之不同

拿破仑帝国与袁世凯帝国政权性质的不同，也直接决定了它们各

第七章 合法性与有效性张力下的近代中西复辟现象比较

自留下的政治遗产对其国家的政权建设乃至世界的政治转型存在差异性的影响。

具有资本主义性质的拿破仑帝国不仅对法国,而且对欧洲许多国家都有着重要的影响。在法国国内,它夯实了资产阶级现代国家的基础,强化了大革命的原则,有力地保证了资本主义性质的政治与经济制度的延续;在法国境外,极大地破坏了欧洲政治经济方面的各种封建的形式,较为广泛地传播了大革命诸原则,有力地影响甚至引领了近代世界政治社会的转型。具体而言,拿破仑运用包含契约自由和贸易自由原则的《商法典》这一法律武器,"奖励工商业的各项政策,使法国在相当长的时间内出现了安定、繁荣的局面,法国的经济有了相当快的发展"。① 而《拿破仑法典》的编纂是拿破仑对资产阶级的一项重大贡献。在大革命之前,法国的法律尤其是民法处于分裂的状态,革命后资产阶级政府面临的主要任务之一就是制定一部统一且适合新社会和新政府的法律体系,而这一任务最终由拿破仑完成。《拿破仑法典》"扫清了阻碍竞争性的、统一的国家市场经济形成的所有团体和地方性障碍。……意味着准封建社会的那种剩余价值占有方式的消失,代表着有利于资本主义占有方式与资本主义工业化的司法条件的确立"②,使法国的资本主义生产关系与社会制度获得了法律保护,之后,"'当然的'统治阶级已不再那么当然,在未来的半个世纪内,法国将生活在法统的各种替代形式的冲突与竞争中"③,即便在之后的王朝复辟时期,《拿破仑法典》仍然继续使用。可见,拿破

---

① 沈炼之主编《法国通史简编》,人民出版社,1990,第216页。
② 〔美〕西达·斯考切波:《国家与社会革命:对法国、俄国和中国的比较分析》,何俊志等译,上海人民出版社,2007,第221页。
③ 〔英〕科林·琼斯:《剑桥插图法国史》,杨保筠等译,世界知识出版社,2004,第196页。

仑通过法律和习俗赋予了大革命诸原则如此强大的力量,以至于复辟的君主根本不敢触动它们,财产权也没有恢复到旧制度下的状况[1]。借助拿破仑的威名登上总统宝座的路易·波拿巴在制宪会议上发表演说时也强调:"拿破仑,仅仅这个名字本身就是一整套纲领。对内是秩序、权威、宗教和人民福利,对外是民族尊严"[2],这更印证了拿破仑对法国社会的巨大影响。此外,拿破仑所颁布的宗教政策维护了法国人民的宗教信仰自由,有力地消除了国内的宗教纠纷,增强了民族的凝聚力,又使天主教从属于国家政权,强化了国家世俗化的取向。

同时,拿破仑的影响在对外征战中扩及欧洲、拉丁美洲、亚洲、非洲以及加拿大的魁北克、美国的路易斯安那等地。虽然拿破仑对外扩张的某些战争具有侵略的性质,但其征服欧洲封建君主国的过程中也推行了一些积极举措。例如,拿破仑在征服之地废除封建义务和封建特权,进行了资产阶级性质的改革,扶植了资产阶级政权;在各地积极推行《拿破仑法典》,将法国的社会和经济制度引入欧洲大陆。这些举措不但拓展了法国资产阶级社会在欧洲大陆上的发展空间,也更有力地摧毁了欧洲的封建秩序,促进了各国资本主义的发展。这一部已成为资本主义世界经典的法典强调法律面前人人平等,提倡自由贸易,维护私有财产,对促进资本主义发展、稳定社会秩序起到了积极的作用。正如列宁指出的:"在法国的历次革命战争中,法国人掠夺过和侵占过他国领土,但是这丝毫没有改变这些战争的根本历史意义,因为这些战争破坏和动摇了整个旧农奴制欧洲的封建制度和专制

---

[1] 〔法〕古斯塔夫·勒庞:《革命心理学》,佟德志等译,吉林人民出版社,2004,第220页。
[2] 转引自刘宗绪《世界近代史》,北京师范大学出版社,1991,第232页。

制度。"① 通过战争与改革，拿破仑在欧洲大陆推广了法国的革命原则及法国资本主义的政治经济制度，从而推动了近代欧洲政治社会的转型。

与之不同的是，具有封建主义倾向的袁世凯构建的法律制度严重阻碍了中国资本生产关系的发展。无力重建有效中央权威的袁世凯专制政权，不但没有力量给予资产阶级所欲求的工商业发展以权威扶持，反而施以专制性的政治干预，在社会、经济、行政等领域实施空前的集权，这些做法严重损害了资产阶级的实际利益。从一定意义上讲，辛亥革命只解决了中国从传统走向现代的制度形式与价值取向问题，并没有触动传统社会的土地所有制，从而使不断失地的农民成为保守力量。本来，农民的保守性是革命后君主制得以恢复的重要社会基础，而面临财政拮据窘境的袁氏政府对农村推行的涸泽而渔的剥削方式，激起了具有保守性的社会力量的激烈反抗。除此，袁世凯重新诉诸传统的行政集权方式来构建有效政治权威的政治选择，不但没能扭转自晚清以后就存在的地方（军阀）势力坐大、中央权威衰落的颓势，反而导致政治权力弥散化趋势的加剧和国家结构更加扭曲，将中国社会带入似乎更加绝望的境地。袁世凯帝国留给近代中国的这种畸形国家结构，致使内部分崩离析更加严重。在此种情势下，近代中国陷入国家主导力量缺失的政治困境，面对挽救民族危亡和重构国家政治社会秩序的危局，国人只好再次踏上寻求能够重建强有力中央权威的政治重心的漫长道路。

---

① 《列宁全集》（第21卷），人民出版社，1959，第280页。

结　语
合法性与有效性的张力：
复辟政权终结的症结

一

在近代历史发展进程中，为了实现从君主专制政治向民主政治的转型，政治革命成了各国进行政治转型的首要选择。政治革命作为推动"朝代国家"向"民主国家"转型的主要手段，以急速、暴烈的方式摧毁了旧的社会秩序以及旧的政治制度体系。作为一种暴力性的政治行动，近代政治革命不是一个普遍的范畴，它是现代化所特有的东西，是在特定的时间与空间发生的。同时，近代政治革命是传统社会现代化的一种手段，更是政治发展的一种非常规方式，正是由于近代革命的这种非常规性，革命后的政治社会陷入一种文化失范、权力真空、权威危机甚至是权威断裂的局面，政权建设能力成为新型政治体系生存的最低限度。在封建专制政治向资产阶级民主政治过渡的过程中，封建官僚与资产阶级竞相争夺对国家、社会的支配权，革命后的新生政权却往往由于政权建设能力的不足而陷入难以维系的政治困境。政治复辟作为一种阶段性的政治现象，在近代世界从封建君主专制向资产阶级民主政体转型过程中产生了，综观近代世界专制政治向民主政治转型的历程，我们发现，在各种政治力量围绕统治权的较量

结语 合法性与有效性的张力：复辟政权终结的症结

中，以帝国、王朝复辟为形式的专制集权政体与民主的、不稳定的民主共和政体相互排斥并交替出现：英国革命后斯图亚特王朝复辟、法国大革命后的两次波旁王朝复辟和拿破仑新王朝帝国的建立、中国辛亥革命后的洪宪帝制和清室复辟。存在的并非都是合理的，只是已经存在或已经发生的历史事实必定有其发生的内在依据和原因，冷静分析这一政治现象发生与发展的历史背景和文化原因，便不能不看到，复辟现象的发生绝非仅是某些人的异想天开或一厢情愿的结果，而是与近代世界政治转型的特殊逻辑所造成的客观历史情势密切关联的。

毫无疑问，近代语境下的"复辟"是一个不易于研究的对象，而且是一个容易引起是非的课题。所以，笔者有必要声明的是，本项研究绝非为复辟派的专制独裁和复辟言行厘清辩白，更非为复辟者翻案，因为，近代革命追求的是民主、共和、宪政等"普世价值"，而封建复辟运动所诉诸的是君主、专制、人治等传统的价值，恢复的是旧专制原则和专制秩序，这是对近代主流价值的颠覆和对新型政治秩序的反动。历史早有定论，在近代革命语境下的"复辟"是一种反现代化的行为。但是，笔者认为，将复辟现象作为近代世界早期现代化进程中的一个重要问题进行系统研究，对于揭示制约近代世界早期现代化进程的关键因素具有重要意义。因为历史的动向是相对的，有正反两面，二者互为消长，关系密切，政治现代化的研究不能仅注意其正面主流的动向，而忽略其反面逆流，有时从逆流着手，反而更能理解近代世界政治转型的艰辛。加之，复辟的本质在于其处于世界史上重大社会政治变革发生的转折点，这种重大变革即是以近代革命为主要手段的传统君主专制政体向民主政体的转型，在那个政治转型的时代，一直存在着民主与专制的斗争，政治复辟现象的发生恰恰构成了民主与专制斗争的重要内容，这种政治现象的发生不仅反映了近代世界现代化进程的曲折性，更凸显了近代世界从封建君主专制向资产阶级民主政体转型中政治建设的困境。因此，对复辟现象本身的系统分析就成为民主巩固问题的有机组成部分，而深入探究其背后蕴含的客观逻辑更是早期现代化研究的一个重要课题。本书认为，在这一过程中个人行为尤其是领导者的行为在复辟的发动和发生过程中固然起着主要作用，但是从任何角度来看，置身于政治活动中心的中央政权才是各种政治要求所诉诸的对象，因此，分析复辟的一个核心问题就是理解革命后中央政权的本质，以及中央政府是如何按照不同精英的政治目标组织起来的，但遗憾的是，这一点却一直被忽略。因而，本著作所要分析的问题就是从革命后中央政权建设和中央权威构建的角度，来重新审视近代世界政治转型中的帝制复辟现象，以探讨其背后蕴含的客观逻辑。

在此问题意识下，本书将近代中国政治转型中的复辟现象作为研究对象，进行政治学视角的系统研究，并试图从大历史观出发通过将其与近代英国、法国的复辟现象进行比较分析，深入探究制约近代政治转型的瓶颈。大历史观指出，"国家不定的情势引起很多不同的解决问题的方案，一般都有各走极端的趋向"，所以必须"注意问题症结在这个国家组织，不仅是权力的分配或执政者的个性"。[1] 而且，这种分析法提醒人们要避免仅仅从抽象的道德观念出发而形成对复辟政治现象的一套诸如"革命与反革命""进步与倒退"等特定的政治评判话语的危险，避免夸大个人在客观历史中的决定作用，而忽略对复辟政治成因的内在机制的揭示。正是在大历史观的启发和引导下，本书把理解复辟政治问题的视域定为近代中国的社会转型，以政权建设尤其是中央政权的建设为主线，力求从宏观整体上把握近代中国政治权威在逻辑和现实上的发展变化，并更多地从政权建设的客观逻辑

---

[1] 黄仁宇：《中国大历史》，生活·读书·新知三联书店，1997，第287~288页。

以及民初政权建设困境的角度审视帝制复辟政治的发生和终结。笔者相信，这将会提供一个阐释近代中国政治转型中复辟现象发生和终结的独特视角。

二

随着系统研究的深入，笔者发现：社会政治转型实际上是一个从有序到无序，再到新秩序的正反循环过程，在此过程中，只有强有力的政治权威才能在混乱中求得新的整合，任何现代化的变革都必须保证一定的政治权威尤其是中央权威的生存和维系；有效性与合法性是中央权威赖以存在的两个支点，二者之间的矛盾互动关系直接决定着政权及其代表者存在和延续的可能空间，而在传统形态向现代形态转换的过渡时期，在秩序和民主两大发展目标引发的强大"交叉压力"下，建立一个强有力的中央权威是当时各国政治、经济及各方面状况综合而形成的合乎逻辑的要求，而合法性与有效性之间的矛盾紧张关系又左右着政权的更迭。为了追求政权的稳定和延续，各当权者都在寻求能把合法性与有效性有机结合起来的政治体制。但是，一旦统治者追求有效性的模式选择突破合法性设定的限度，当权者就会被剥夺再次成为政治重心的可能空间，其构建的政治秩序及其核心原则也会随之被否定。

对于外部生存空间急剧缩小和内部分崩离析的民国而言，国家建设的最低层次是国家的生存，国家的生存急需一个强大的中央权威来挽救民族危亡和实现国家政治社会秩序的重构，因此，集权成为民国的基本政治诉求。于是，争夺对国家和社会的绝对支配权的各种政治势力，进行了不同形式的集权政治实践来获取统治秩序和政治权力的合法性。合法性是对治权的认可，对治权的认可是基于政治价值倾向上的共识，但在近代中国政治转型期，社会价值的"失范"使人们很难认同一个一致的规范体系，不同势力不同阶层在政治理念和程序上的认同程度很低，而对有效性的认同程度却很高，因而政权的合法性愈来愈取决于政府的实际作为。任何居于统治地位的执政者，只有能够在一定程度上实现合法性与有效性的有机结合，才能真正拥有日益增长的治理资源和治理能力，进而奠定治理国家和整合社会的现实基础。

然而，纵观19世纪末20世纪初的中国，政权的合法性与有效性较为普遍地出现了不同程度的张力，并主要体现为政权的合法性与政治制度的有效性之间的矛盾冲突。在此张力制约下，近代中国政治权威危机和体制选择冲突产生，并由此形成了一种共同体悖论：以维系现存共同体的生存为旨归的合法性和有效性，反而消解了共同体生存的合理性。具体分析如下。

随着传统集权政治的解体，资产阶级民主派试图充当新政治格局中整合的政治重心，在整个中国构建以自己为主导的现代集权政治，以填补晚清政府垮台后的中央权力和权威的真空。革命派建立了以"主权和民主"为价值取向、以民主共和制为形式并以总统为象征符号的民主政权，符合当时历史发展的潮流，因而是"值得认可"的。但是，建立民主政治和维护民主政治是两件不同的事情。由于依赖被统治者的同意，所以民主政治比任何其他政权形式更依赖普遍的合法性，而普遍的合法性需要时日方能成就，而且通常需要借助有效率的运作，除非民主政治能够有效地处理社会和经济问题，并实现适度的秩序和公正，否则它将不会被人们看作有价值的，假如民主不能起作用，人们则可能选择不经过同意的统治。[1] 换言之，民主制度的这种

---

[1] 拉里·戴蒙德（Larry Diamond）：《民主政治的三个悖论》，引自刘军宁编《民主与民主化》，李柏光等译，商务印书馆，1999，第121页。

结语　合法性与有效性的张力：复辟政权终结的症结

"值得认可"的价值，必须通过"事实上的被认可"才能巩固，这就要求民主政权及其政治制度必须比其取代的政权和制度更有效，如果"政治体系不能很快地提高满足要求的能力以适应来势快得多的政治抱负和期望的高涨，这样就使政治体系陷于困难"。① 然而，在民主政治制度确立后，南京临时政府在解决国内经济问题、改善民生以及实施有效管理和控制等方面长期软弱无力，这种有效性的长期亏空或不足的政权无法进一步得到人们的认同。而初建的民主政权往往是和具有超凡魅力的领袖的感召力紧密相连的，合法性更多地属于领袖个人而非政治制度。所以，当革命政权无法获得维持其生存所必需的有效性时，人们也就不再认为革命党人及其所依托的制度具有正当性。政治制度的最基本功能是营造和维护稳定的社会秩序。民国初期的民主制度不但无力维持政治秩序，反而导致社会分歧公开化、扩大化，由此丧失了存在的理由和资本。结果，革命政权的权威及其合法性因政府无法兑现革命前对国人抛出的种种承诺而一次次地流失。于是，渴望适度秩序的人们"对民主制度本身而不是某个领袖或者政党产生疑问"，并要求"回到以前的军事专制时代"②。合法性与有效性的张力使革命党人无力构建起有效的中央权威，这推动国家政权统治者发生更迭。

受益于民主政权失败的"负面合法性"，袁世凯在共和制的框架下建立了军人独裁政权。虽然这一独裁政治实行的是中央高度集权制，但至少在制度设计和象征符号上契合了当时的社会政治的需要，因而袁世凯的军事独裁政权具有合法律性，但要把其转化为普遍价值或人民内心的认同，同样有赖于袁世凯独裁政权对社会和经济问题的

---

① 〔美〕加布里埃尔·A. 阿尔蒙德、宾厄姆·鲍威尔：《比较政治学：体系、过程和政策》，曹沛霖等译，上海译文出版社，1987，第180页。
② 董建辉：《政治人类学》，厦门大学出版社，1999，第139页。

有效处理以及适度秩序的达成。更何况，这一政权得以存在的重要原因，是人们对其能够有效推动社会变革和塑造秩序的期待，而非制度本身具有合法性。可见，袁世凯军事独裁政权是一个合法性不足的政权，它必须以其有效性来获得真正的合法性，如果有效性长期得不到满足，只会使其本就不足的合法性更加弱化。所以说，有效性的获得对于袁世凯执政地位的维系有着非同一般的紧迫性。为了维系和强化自己执政的合法性和正当性，袁世凯采用了一定"民主形式"和"民主程序"。但是，体制内外挑战力量能量的积聚严重削弱了袁世凯政权的整合能力与治理能力，其中央政权面临被边缘化的危险。为了摆脱困局，独揽大权却无力进行有效整合的袁世凯，重建君主专制式的中央高度集权制，恢复旧专制原则和专制秩序，妄图通过政体的改变来实现合法性与有效性的有效结合。在皇权不再具有合法性和君主已丧失往日尊严的民初社会，袁世凯改共和制为帝制、重新强调国家权力个人化和家族继承的行为，使刚刚建立的民国又出现了由一个人绝对地统治的局面。

可见，洪宪帝制就是袁世凯试图借用帝制权威的传统合法性来自动生成其在近代社会的有效性，以实现政权稳定和延续的体制选择。但是，这种以"王朝与专制"为价值取向、以君主制为形式和以"皇帝"为象征符号的集权政治，突破了辛亥革命后政体选择的限度。虽然，现代化初期形成的权力集中有其内在的必然性与合理性，但在近代中国追求民主的过程中，民初的集权在价值取向、制度形式和象征符号等方面的选择有时代限度的制约。在中国近代化的进程中，传统的集权政治在晚清已经显露出无能，作为一个日渐衰微的旧王朝，清廷已经丧失了对现代化挑战做出有效反应的能力。传统政治秩序不但不再具有凝心聚力和推进现代化进程的能力，反而成为社会进步的最大障碍，而"帝制又是这种制度最直接

结语　合法性与有效性的张力：复辟政权终结的症结

的体现者"。① 在封建专制朝民主共和发展的世界潮流的示范效应下，资产阶级改良派的维新变法以和平渐进的方式否定了传统制度的合法性；革命派对旧制度的缺陷进行了广泛与尖锐的抨击，使得皇帝的形象渐渐变得灰暗，并以暴力激进方式铲除了帝制，彻底剥落了君主头上的神秘光环。中国已历史地进入民主共和时代。"在此后，帝王由人主、天子、君父变成了人民的公敌，'敢有帝制自为者天下人共击之'成为一种时代意识。"② 这是辛亥革命的政治基调与历史贡献。这一政治基调为民初的集权在价值取向、形式和象征符号上设定了"非帝制"的限度③。在此限度下，国人不能容忍传统的帝制及其任何符号及其变种的存在。这表明，民国初年需要的不再是传统帝制式的集权，而是至少保留共和制度形式的权威政治。在共和制度成为潮流的客观情势下，袁世凯逆潮流而动的政治选择突破了辛亥革命所设定的"非帝制"限度，这是对近代主流价值的颠覆和对新型政治秩序的反叛，正是这种反动导致帝制政权的阶级利益与社会大众利益之间的冲突难以调和。更主要的是，由于君主专制政体的合法性与有效性在外力挑战和辛亥革命的否定下早已丧失，所以袁世凯的帝制政权更不可能实现合法性与有效性的有机结合，二者的张力同样构成制约洪宪帝国维系的政治瓶颈。袁世凯个人军事权威的丧失和军阀割据的产生，不仅表明旧的军阀官僚无力有效推进政治整合，而且使民国政体选择的"非帝制"限度更加清晰。而重建传统中央权威的清室复辟运动的迅速失败，使得民国集权政体选择的"非帝制"限度更加凸显。

---

① 陈旭麓：《近代中国社会的新陈代谢》，上海人民出版社，1992，第287页。
② 陈旭麓：《近代中国社会的新陈代谢》，上海人民出版社，1992，第318页。
③ 马润凡：《"非帝制"权威——近代中国社会集权政治的合法性限度》，《云南行政学院学报》2011年第1期。

在非帝制限度的规约下，任何传统帝制及其变种都将成为革命的对象，这使之后上台的任一执政者都不敢明目张胆地废弃共和制，尽管各种政治集团成为执政者后都无一例外地走向民主政治的反面。但是，不仅革命集团挑战现政权的行为以民主共和为旗帜或符号，而且任何要走上历史前台的政治势力都不得不举起民主政治的旗帜，作为自己取得权力的合法性前提。这表明，中国现代化进程需要的是走向民主的集权，而不是走向专制的集权，更不是"帝制式"集权。

三

综观近代世界由专制政治向民主政治转型的历程，我们不难发现，近代中国、英国和法国的政治复辟现象最为典型。本书根据复辟主体的政治诉求及近代革命引发政治体系变革的内容，将政治复辟分为两种类型：王朝的复辟和专制制度的复辟，前者是指传统统治者的复辟，复辟的是君主专制政体及其象征；后者是指传统权力机制的复辟，复辟的是君主专制政体的制度运行机制。据此，英国的斯图亚特王朝复辟（1660年）、法国的两次波旁王朝复辟（1810年、1814年）和中国的清王室复辟（1917年）代表了传统统治者的复辟；拿破仑建立的新朝帝国和袁世凯的洪宪帝国则属于专制制度的复辟。通过对这两种形态的复辟现象的系统比较分析，笔者发现，它们的发生与终结具有共同的症结，而这一症结不仅集中彰显了三个国家在近代政治转型过程中政权建设的困境，而且揭示了制约近代世界由专制政治向民主政治顺利转型的瓶颈，更凸显了复辟政权终结的必然性。同时，通过比较分析，我们明晰了洪宪帝国与拿破仑帝国各自留下的政治遗产及其对本国国家政权建设乃至世界政治转型的影响的差异性，从而更能理解近代中国政治转型的艰辛。

作为政治不发达的产物，制度复辟与王朝复辟同属于近代资本主义革命后发生的集权政治事件，其诉诸的是君主、专制和人治的价值，要恢复的是旧专制原则和专制秩序，是一种逆政治发展的政治复辟运动。二者相隔不久发生，帝国政权垮台后是王朝复辟的发生，而且二者共同凸显了近代资本主义革命后政治社会的"断裂"与"危机"。但由于制度复辟渴求的是传统制度的运作机制的效能，而王朝复辟诉诸的是正统王朝（及其家族）的效能，所以，这两类政治复辟现象之间必然存在很多的不同之处：（1）复辟运动的主体不同。王朝复辟运动的主体是传统农业社会的价值理念支配下的旧贵族官僚集团，他们是以血统世系为主要特征的特权阶级；而制度复辟的发起者是军事独裁者，其阶级基础则是军阀官僚集团。（2）复辟运动的政治诉求不同。王朝复辟运动的倡导者力图恢复旧王朝（及其家族）的统治；而制度复辟者要诉诸的仅仅是传统权威结构即君主政体的权力运作机制的效能。（3）复辟运动的实现方式不同。王朝复辟者以非法的或政变的或借助外力的方式进行复辟活动；制度复辟势力凭借处于中央权力中心的优势，以和平形式实现了从共和制外壳下的"军人独裁"到"帝国制度"的转变。（4）复辟政权的终结方式不同。制度复辟政权被王朝复辟政权所取代，而王朝复辟政权却被革命或者政变所终结。

虽然这两种复辟运动在发动主体、运作过程、诉求对象以及终结方式等方面存在很大的差异，但由于二者同属于近代资本主义革命后发生的集权政治事件，它们从不同侧面深刻地反映了自近代资本主义革命以来一直存在的中央权威危机不断加剧的趋势。袁世凯、克伦威尔和拿破仑的帝制运动从中央政权的角度反映了资本主义革命后中央权威构建的危机，清王朝、斯图亚特王朝和波旁王朝的王政复辟则从地方政权的角度彰显了革命后中央政权权威构建的政治困境。可见，近代化进程中的复辟都与资本主义革命后政权建设能力密切相关，有了这种逻辑关联，二者之间必然具有下列共同点：二者发生的原因和终结的原因相同，都是在中央政权合法性与有效性的张力加剧的情势下发生，又因为合法性与有效性张力的加剧而被终结。英国的斯图亚特王朝复辟（1660年）、法国的两次波旁王朝复辟（1810年、1814年）和中国的清王朝复辟（1917年）代表了传统统治者的复辟。这一类型的复辟运动是在帝国政权中央权威构建失败的情况下发生的，由以血统世系为主要特征的特权阶级发起，是旨在恢复旧王朝（及其家族）原有效能的一种集权政治现象，但王朝复辟政权又都因无法借助旧王朝昔日的合法性来自动生成其在近代的有效性而被终结。洪宪帝制和拿破仑帝国是在军事独裁政权权威构建失败后发生的，由具有"过渡人"特性的军事独裁者发起，是旨在恢复君主权力运作机制的效能的一种集权政治现象。作为一种从"阶级独裁"到"个人独裁"的体制选择，袁世凯、拿破仑的帝国政权追求其家族对最高权力的永久垄断，这突破了近代社会的"合法性"限度，由此丧失了构建政治社会秩序的价值和能力。就此而言，合法性与有效性的张力同样成了袁世凯、拿破仑帝制政权终结的催命符。但是，拿破仑帝国与洪宪帝国的制度属性与制度价值有着本质区别。拿破仑帝国的制度属性和制度价值与共和制有内在的连续性，它不但没有改变法国大革命所建立的资本主义所有制，反而巩固和强化了资本主义取代封建主义的前进道路，并在数十年内有力地保证了资本主义性质的政治与经济制度的延续。所以说，拿破仑只是复辟了旧的政体，却保存甚至发展了新的国体，第一帝国的政治制度仍是一个资本主义性质的政治制度，是大革命以来资产阶级政权的延续。而洪宪帝国的制度属性和制度价值完全背离了民初共和制，它通过法律形式改变并削弱了民国初年虚弱的资本主义所有制，而且几乎摧毁了辛亥革命的所有成果。所以说，袁世凯复辟了旧政体的同时，也改变了国体，其为近代中国留下的更为扭曲的国家结构"不仅限制了现代社会在中国的发育和成长,而且限制了现代国家在中国的形成和发展,其结果就是导致整个国家陷入多重的危机之中"①,致使近代中国长期陷入国家主导力量缺失的政治困境。

总之,虽然近代资产阶级革命后的英国、法国和中国,始终无法按照民主的路径来设计新制度,但就推翻旧制度来说,资产阶级革命是成功的,因为它不仅以宣言的形式否定了封建君主制继续存在的合理性和现实性,而且以暴力手段斩断了封建君主制度的传统路径。自此之后,世界政治发展的价值和趋势发生了根本改变,君主制被越来越多的民族国家所否定。世界政治发展的价值和趋势则直接决定了革命后各政权的稳定性和延续性,即任何一个政权要获得合法性和有效性,都需要符合当时社会的基本价值和趋向。然而,无论是制度复辟政权还是王朝复辟政权都难以达到保持稳定和延续的最基本要求,不仅因为二者都是对世界政治发展的价值和趋势的反叛,而且由于合法性与有效性的张力依然限定着它们生存和延续的可能空间。

---

① 林尚立等:《制度创新与国家成长——中国的探索》,天津人民出版社,2005,第11页。

参考文献

一　文献典籍和史料汇编

1. 中国第二历史档案馆编《中华民国史档案资料汇编》（第2编），江苏人民出版社，1981。
2. 黄彦、李伯新编《孙中山藏档选编》，中华书局，1986。
3. 中国人民银行总行参事室：《中华民国货币史资料》，上海人民出版社，1986。
4. 中国科学院近代史研究所编《辛亥革命资料》，中华书局，1961。
5. 《英国蓝本书有关辛亥革命资料选辑》，胡滨译，中华书局，1984。
6. 汪敬虞编《中国近代工业史资料》，科学出版社，1957。
7. 千加驹编《旧中国公债史资料》，财政经济出版社，1955。
8. 徐义生编《中国近代外债史资料》，中华书局，1962。
9. 邹念之编译《日本外交文书选译：关于辛亥革命》，中国社科出版社，1980。
10. 中国人民政治协商会议全国委员会文史资料研究委员会编《辛亥革命回忆录》（第1集），中华书局，1961。

11. 沈云龙编《民国经世文编》卷39，文海出版社，1970。

12. 徐有明编《袁大总统书牍汇编》，广益书局，1936。

13. 孙曜编《中华民国史料》，文明书局，1929。

14. 杜春和、林斌生、丘权政编《北洋军阀史料选辑》（上），中国社会科学出版社，1981。

15. 中国人民政治协商会议全国委员会文史资料委员会编《文史资料选辑》第53辑（合订本），中国文史出版社，1989。

16. 中国史学会编《辛亥革命资料丛刊》，上海人民出版社，1957。

17. 钱实甫编著《北洋政府职官年表》，黄清根整理，华东师范大学出版社，1991。

18. 李希泌等编《护国运动资料选编》（上册），中华书局，1984。

19. 黄季陆编《革命文献》（第47辑），中央文物供应社，1969。

20. 张侠等编《北洋陆军史料（1912~1916）》，天津人民出版社，1984。

21. 陈真等编《中国近代农业史资料》（第一辑），生活·读书·新知三联书店，1957。

22. 章有义编《中国近代农业史资料》（第2辑），生活·读书·新知三联书店，1957。

23. 彭泽益编《中国近代手工业史资料》（第三卷），生活·读书·新知三联书店，1957。

24. 《民呼、民吁、民立报选辑》（1909.5~1910.12），河南人民出版社，1982。

25. 严中平编《中国近代经济史统计资料选辑》，科学出版社，1955。

26. 天津档案馆编《袁世凯天津档案史料选编》，天津古籍出版社，1990。

27.《袁世凯书信书刊手稿》，中华全国图书馆文献缩微复制中心，1998。

28. 戴逸、李育民《中国近代史通鉴：1840~1949》，红旗出版社，1997。

29. 中国第二历史档案馆《民国档案》，（南京）《民国档案》编辑部，1985。

30. 杜和春等《北洋军阀史料选辑》，中国社会科学出版社，1981。

31. 胡平生：《复辟运动史料》，正中书局，1992。

32. 许指严：《复辟半月记》，中华书局，2007。

二 报刊

《申报》《政府公报》《民立报》《东方杂志》《北京民国报》《时报》《民国丛报》《万国公报》

三 人物文集与传记

1. 毛注青：《黄兴年谱》，湖南人民出版社，1980。

2. 张怡祖编著《张季子九录·政闻录》，文海出版社（影印本），1983。

3. 广东省社科院：《孙中山全集》，中华书局，1982。

4.《马克思恩格斯选集》，人民出版社，1995。

5.《毛泽东选集》（四卷本），人民出版社，1991。

6. 康有为：《康南海文集》（第4册），文海出版社，1972。

7. 汤志钧编《康有为政论集》（下册），中华书局，1981。

8. 谭人凤：《谭人凤集》，湖南人民出版社，1985。

9. 夏晓虹编《〈饮冰室合集〉集外文》（下），北京大学出版社，2005。

10. 梁启超：《饮冰室合集》第一册（文集1~9），中华书局，1989。

11. 傅德华编《于右任辛亥文集》，复旦大学出版社，1986。

12. 陈旭麓主编《宋教仁集》，中华书局，1981。

13. 黄远庸：《远生遗著》（第三卷），商务印书馆，1920。

14. 丁文江编《梁任公先生年谱长编初稿》，世界书局，1972。

15. 刘晴波主编《杨度集》，湖南人民出版社，1986。

16. 〔美〕P. S. 芮恩施：《一个美国外交官使华记：1913~1919年美国驻华公使回忆录》，李抱宏、盛震溯译，商务印书馆，1982。

17. 吴相湘编《孙逸仙先生传》（上册），远东图书公司，1982。

18. 李宗一：《袁世凯传》，中华书局，1980。

19. 野史氏编《袁世凯轶事》，上海文艺编译社，1917。

20. 侯宜杰等：《袁世凯一生》，河南人民出版社，1982。

21. 陶菊隐等：《袁世凯演义》，中华书局，1979。

22. 林阔编著《袁世凯全传》，中国文史出版社，2001。

23. 寒波：《袁世凯》，上海人民出版社，2004。

24. 秋楠：《袁世凯》，中华书局，1962。

25. 青谷、林言椒编著《袁世凯》，生活·读书·新知三联书店，1963。

26. 朱传誉主编《袁世凯传记资料》，（影印本），天一出版社，1985。

27. 侯宜杰：《袁世凯全传》，群众出版社，2013。

28. 骆宝善、刘路生：《袁世凯全集》，河南大学出版社，2013。

29. 刘路生、骆宝善等：《辛亥时期袁世凯秘牍》，中华书局，2014。

30. 马平安：《大抉择：大变局中的袁世凯》，浙江大学出版社，2016。

31. 〔英〕查尔斯·弗思：《克伦威尔传》，王觉非、左宜译，商务印书馆，2002。

32. 〔法〕乔治·勒费弗尔：《拿破仑时代》（上、下卷），中山大学《拿破仑时代》翻译组译，商务印书馆，2009。

33. 〔英〕约翰·霍兰·罗斯：《拿破仑一世传》（上下卷），商务印书馆，北京外国语学院英语系《拿破仑一世》翻译组译，1977。

34. 〔法〕康斯坦：《回忆拿破仑》，时波译，世界知识出版社，1989。

35. 李元明：《拿破仑评传》，中国社会科学出版社，1984。

36. 王养冲、陈崇武：《拿破仑书信文件集》，上海人民出版社，1986。

37. 〔法〕拿破仑·波拿巴：《拿破仑日记：一代王者的心灵史》，〔美〕R.M.约翰斯顿英译，萧石忠、许永健汉译，中共党史出版社，2007。

38. 〔德〕埃米尔·路德维希：《拿破仑传》，梁锡江、石见穿、龚艳译，中华书局，2012。

39. 〔苏〕米·阿·巴尔格：《克伦威尔及其时代》，陈贤齐译，四川大学出版社，1986。

40. 〔英〕吉林厄姆：《克伦威尔》，李陈河译，中国人民大学出版社，1992。

41. 宋华：《克伦威尔传》，辽宁大学出版社，1987。

四　研究著述

1. 章开沅、林增平：《辛亥革命史》，人民出版社，1980。

2. 杨荫溥：《民国财政史》，中国财经出版社，1985。

3. 周伯棣：《中国财政史》，上海人民出版社，1981。

4. 中国财政史编写组：《中国财政史》，中国财政经济出版社，1986。

5. 贾士毅编著《民国财政史》，上海中华书局，1924。

6. 贾德怀编《民国财政简史》（下），商务印书馆，1946。

7. 朱斯煌主编《民国经济史》，银行学会，1948。

8. 黄逸平、虞宝棠主编《北洋政府时期经济》，上海社会科学院出版社，1995。

9. 黄逸平：《近代中国经济变迁》，上海人民出版社，1992。

10. 黄逸平、虞宝棠：《北洋政府时期经济》，上海社会科学院出版社，1995。

11. 谷钟秀：《中华民国开国史》，上海泰东图书局，1922。

12. 章伯锋、李宗一主编《北洋军阀：1912~1928》，武汉出版社，1990。

13. 李新等主编《中华民国史》，中华书局，1987。

14. 唐德刚：《袁氏当国》，广西师范大学出版社，2004。

15. 金冲及等：《辛亥革命史稿》，上海人民出版社，1985。

16. 中央研究院近代史研究所编《中华民国初期历史研究学会论文集》（1912~1927），上册，中央研究院近代史研究所，1985。

17. 〔澳〕骆惠敏编《清末民初政情内幕》（上卷），刘桂梁等译，知识出版社，1986。

18. 白蕉编著《袁世凯与中华民国》，人文月刊社，1936。

19. 陶菊隐：《北洋军阀统治时期史话》（3 册），生活·读书·新知三联书店，1957。

20. 来新夏等：《北洋军阀史》，南开大学出版社，2000。

21. 张国淦：《北洋述闻》，上海书店出版社，1998。

22. 张玉法主编《中国现代史论集·第三辑》，联经出版事业公司，1980。

23. 王忍之等编《辛亥革命前十年间时论选集》，三联书店，1960。

24. 《民国人物传》第 1~7 卷，中华书局，1978~1986。

25. 谢本书：《袁世凯与北洋军阀》，上海人民出版社，1984。

26. 孙克复等编《袁世凯尊孔复辟丑剧》，中华书局，1975。

27. 张学继：《袁世凯幕府》，中国广播电视台出版社，2005。

28. 胡柏立：《袁世凯称帝及其败亡》，河南人民出版社，1981。

29. 徐刚：《风雨琼楼：袁世凯沉浮》，中国青年出版社，1994。

30. 刘以芬：《民国政史拾遗》，上海书店出版社，1998。

31. 王建中：《洪宪惨史》，上海书店出版社，1998。

32. 黄毅：《袁氏盗国记》，国民书社，1916。

33. 王巍、王鹤晴：《1915：一代枭雄袁世凯的帝王梦》，新华出版社，2015。

34. 陈旭麓：《近代中国八十年》，上海人民出版社，1983。

35. 蒋廷黻：《中国近代史大纲》，东方出版社，1996。

36. 郑鹤声编《中华民国建国史》，正中书局，1943。

37. 陈荷夫编《中国宪法类编》，中国社会科学出版社，1980。

38. 陈茹玄：《中国宪法史》，世界书局，1933。

39. 中华民国开国五十年文献编纂委员会编《开国规模》，正中书局，1962。

40. 曾景忠：《中国民国史研究述略》，中国社会科学出版社，1992。

41. 李侃等：《中国近代史》，中华书局，2004。

42. 刘望龄：《辛亥革命后帝制复辟和反复辟斗争》，人民出版社，1975。

43. 张宪文等：《民国档案与民国史学术讨论会论文集》，北京档案出版社，1988。

44. 刘以芬：《民国政史拾遗》，上海书店出版社，1998。

45. 萨孟武：《政治学与比较宪法》，商务印书馆，1936。

46. 杨幼炯：《政治学纲要》，中华书局，1935。

47. 张慰慈：《政治学大纲》，商务印书馆，1930。

48. 陈之迈：《中国政府》（共三册），商务印书馆，1946。

49. 李景鹏：《权力政治学》，黑龙江教育出版社，1995。

50. 王世杰、钱端升：《比较宪法》，商务印书馆，2010。

51. 《中国大百科全书·政治学》，中国大百科全书出版社，1992。

52. 马起华：《政治社会学》，正中书局，1981。

53. 王沪宁：《比较政治分析》，上海人民出版社，1987。

54. 俞可平：《政治与政治学》，社会科学文献出版社，2003。

55. 陈秉章：《政治社会学》，台湾三民书局，1984。

56. 李元书：《政治发展导论》，商务印书馆，2001。

57. 施雪华主编《政治科学》，中山大学出版社，2001。

58. 李培华主编《发展中国家的政治》，光明日报出版社，1993。

59. 王绍光、胡鞍钢：《中国国家能力报告》，辽宁出版社，1993。

60. 钱乘旦、陈意新：《走向现代国家之路》，四川人民出版社，1983。

61. 罗荣渠主编《各国现代化比较研究》，陕西人民出版社，1993。

62. 孙立平：《传统与变迁：国外现代化及中国现代化问题研究》，黑龙江人民出版社，1992。

63. 王亚南：《中国官僚政治研究》，中国社会科学出版社，1987。

64. 钱承旦：《现代文明的起源与演进》，南京大学出版社，1991。

65. 刘军宁编《民主与民主化》，李柏光等译，商务印书馆，1999。

66. 高洪涛：《政治文化论》，中国广播电视出版社，1990。

67. 姜涌：《政治文化简论》，山东大学出版社，2002。

68. 潘一禾：《观念与体制：政治文化的比较研究》，学林出版社，2002。

69. 邓伟志：《变革社会中的政治稳定》，上海人民出版社，1997。

70. 渠敬东：《缺席与断裂：有关失范的社会学研究》，上海人民出版社，1999。

71. 金耀基：《从传统到现代》，中国人民大学出版社，1999。

72. 马建中：《政治稳定论：中国现代化进程中的政治稳定问题研究》，中国社会科学出版社，2003。

73. 河清：《民主的乌托邦》，中国社会科学出版社，2004。

74. 林尚立等：《制度创新与国家成长：中国的探索》，天津人民出版社，2005。

75. 何俊志：《结构、历史与行为：历史制度主义对政治科学的重构》，复旦大学出版社，2004。

76. 辛鸣：《制度论：关于制度哲学的理论建构》，人民出版社，2005。

77. 杨光斌：《制度变迁与国家治理：中国政治发展研究》，人民出版社，2006。

78. 胡鞍钢等主编《第二次转型：国家制度建设》，清华大学出版社，2003。

79. 孙哲：《权威政治》，复旦大学出版社，2005。

80. 马宝成：《政治合法性研究》，中国社会出版社，2003。

81. 宁骚：《民族与国家》，北京大学出版社，1995。

82. 复旦大学历史系、复旦大学中外现代化进程研究中心：《近代中国的国家形象与国家认同》（《现代中国研究集刊1》），上海古籍出版社，2003。

83. 胡福明：《中国现代化的历史证明》，安徽人民出版社，1994。

84. 张玉法：《中国现代政治史论》，台北东华书局股份有限公司，1988。

85. 张玉法编《军阀政治》，联经出版事业公司印行，1980。

86. 侯强：《社会转型与近代中国法制现代化：1840～1928》，中国社会科学出版社，2005。

87. 彭怀恩：《民国初年的政党政治》，洞察出版社，1989。

88. 张玉法：《民国初年的政党》，岳麓书社，2004年。

89. 萨孟武：《三民主义政治学》，新生命书局，1931。

90. 萧功秦：《危机中的变革：清末现代化中的激进与保守》，上海三联书店，1999。

91. 杨天宏：《中国的近代转型与传统制约》，贵州人民出版社，2000。

92. 陈恒明：《中华民国政治符号之研究》，台湾商务印书馆，1986。

93. 谢俊美：《政治制度与近代中国》，上海人民出版社，2000。

94. 钱端升等：《民国政制史》（上），上海书店，1989。

95. 曾友豪编《中华民国政府大纲》，商务印书馆，1926。

96. 黄仁宇：《万里十五年》，生活·读书·新知三联书店，1997。

97. 黄仁宇：《中国大历史》，生活·读书·新知三联书店，1997。

98. 胡春惠：《民国宪政运动》，正中书局，1978。

99. 李剑农：《中国近百年政治史》（1840—1926年），复旦大学出版社，2002。

100. 曹沛霖：《制度纵横谈》，人民出版社，2005。

101. 林尚立：《当代中国政治形态研究》，天津人民出版社，2000。

102. 陈明明：《所有的子弹都有归宿》，天津人民出版社，2003。

103. 王造时：《中国问题的分析》，商务印书馆，1935。

104. 黄宗智主编《中国研究的范式问题讨论》，社会科学文献出版社，2003。

105. 陈明明主编《革命后社会的政治与现代化》，上海辞书出版社，2002。

106. 罗荣渠：《现代化新论-世界与中国的现代化进程》，北京大学出版社，1993。

107. 罗荣渠主编《从西化到现代化》，北京大学出版社，1990。

108. 刘世军：《近代中国政治文明转型研究》，复旦大学出版社，2000。

109. 时和兴：《关系、限度、制度：政治发展过程中的政治与社会》，北京大学出版社，1996。

110. 章开沅、罗福明：《比较中的审视：中国早期现代化研究》，浙江人民出版社，1993。

111. 张晋藩：《中国法律的传统与近代转型》，法律出版社，1997。

112. 何晓明：《百年忧患》，东方出版社，1997。

113. 沈渭滨：《困厄中的近代化》，上海远东出版社，2001。

114. 邹谠：《二十世纪中国政治：从宏观历史与微观行动的角度看》，牛津大学出版社，1994。

115. 胡平生：《民国初期的复辟派》，台湾学生书局，1985。

116. 胡绳：《帝国主义与中国政治》，人民出版社，1952。

117. 陈德成：《中东政治现代化——理论与历史经验的探索》，社会科学文献出版社，2000。

118. 张涛：《中国的政治发展》，经济日报，1994。

119. 李进修：《中国近代政治制度史纲》，求实出版社，1988。

120. 李剑农：《戊戌以后三十年中国政治史》，中华书局，1965。

121. 左玉河：《失去的机遇——中国现代化历程的再认识》，云南人民出版社，2001年。

122. 瞿同祖：《中国封建社会》，上海世纪集团，2003。

123. 郭小聪：《中西古代政府制度及其近代转型路径约束比较》，中国社会科学出版社，2005。

124. 罗荣渠、牛大勇编《中国现代化历程的探索》，北京大学出版社，1992。

125. 张友渔：《中国宪政运动史的发展》，《张友渔学术论著自选集》，北京师范大学出版社，1992。

126. 王永祥：《戊戌以来的中国政治制度》，南开大学出版社，1991。

127. 王人博：《宪政文化与近代中国》，法律出版社，1997。

128. 胡绳武、金冲及：《论清末的立宪运动》，上海人民出版社，1959。

129. 谢庆奎：《中国政治两千年》，长江文艺出版社，2002。

130. 秦孝仪：《中华民国政治发展史》，台北近代中国出版社，1982。

131. 许纪霖、陈达凯主编《中国现代化史》，上海三联书店，1995。

132. 关海庭：《20世纪中国近现代政治发展史论》，北京大学出版社，2002。

133. 王海光：《从革命到改革》，法律出版社，2000。

134. 周积明、郭莹：《震荡与冲突：中国早期现代化进程中的思潮和社会》，商务印书馆，2003。

135. 陈勤等：《中国现代化史纲：无法告别的革命》（上卷），广西人民出版社，1998。

136. 许毅主编《北洋政府外债与封建复辟》，经济科学出版社，2000。

137. 徐宗勉等：《近代中国对民主的追求》，安徽人民出版社，1996。

138. 徐宗勉：《失败者的探索——近代中国民主化进程研究》，九州出版社，2004。

139. 张玉法：《清季的立宪团体》，台北中央研究院近代史研究所，1985。

140. 马勇：《超越革命与改良》，三联出版社，2001。

141. 马勇：《1894～1915：梦想与困惑》，云南人民出版社，2001。

142. 林毓生：《中国传统的创造性转化》，生活·读书·新知三联书店，1988。

143. 王健文：《奉天承运：古代中国的国家概念及其正当性基础》，台北东大图书股份有限公司，1995。

144. 陈志让：《军绅政权——近代中国的军阀时期》，生活·读书·新知三联书店，1980。

145. 张静如、刘志强：《北洋军阀统治时期中国社会之变迁》，中国人民大学出版社，1992。

146. 唐德刚：《袁氏当国》，广西师范大学出版社，2004。

147. 唐德刚：《晚清七十年》，岳麓书社，1999。

148. 杨齐福：《科举制度与近代文化》，人民出版社，2003。

149. 钱茂伟：《国家、科举与社会：以明代为中心的考察》，北京图书馆出版社，2004。

150. 何怀宏：《选举社会及其终结——秦汉至晚清历史的一种社会学阐释》，生活·读书·新知三联书店，1998。

151. 胡春惠：《民初的地方主义与联省自治》，中国社会科学出版社，2001。

152. 陈天海：《中国地方自治》，镜台书屋出版，1932。

153. 马小泉：《国家与社会：清末地方自治与宪政改革》，河南大学出版社，2001。

154. 张星久：《中国近现代政治思想述论》，湖北人民出版社，2000。

155. 熊月之：《中国近代民主思想史》，上海社会科学院出版社，2002。

156. 彭明等编《近代中国的思想历程（1840~1949）》，中国人民大学出版社，1999。

157. 高力克：《历史与价值的张力——中国现代化思想史论》，贵州人民出版社，1992。

158. 辜鸿铭：《中国人的精神》，黄兴涛等译，海南出版社，1996。

159. 刘桂生：《时代的错位与理论的选择——西方近代思潮与中国"五四"启蒙思想》，清华大学出版社，1989。

160. 许纪霖：《智者的尊严：知识分子与近代文化》，学林出版社，1991。

161. 张宝明：《自由神话的终结》，上海三联书店，2002。

162. 林毓生：《中国意识的危机》，贵州人民出版社，1986。

163. 余英时：《中国思想传统的现代诠释》，江苏人民出版社，1989。

164. 余英时：《中国知识分子论》，河南人民出版社，1997。

165. 邵德门：《中国近代政治思想史》，法律出版社，1983。

166. 李泽厚：《中国近代思想史论》，人民出版社，1979。

167. 吴剑杰编《中国近代思潮及其演进》，武汉大学出版社，1998。

168. 萧公权：《中国政治思想史》，辽宁教育出版社，1998。

169. 南开大学历史学院编《近代中国社会、政治与思潮》，天津人民出版社，2000。

170. 李华兴、张元隆、李海生：《索我理想之中华——中国近代国家观念的形成与发展》，安徽教育出版社，2005。

171. 谢晖：《价值重建与规范选择》，山东人民出版社，1998。

172. 唐宝林、郑师渠：《共和与专制的较量》，河南人民出版社，

1996。

173. 罗志田：《乱世潜流：民族主义与民国政治》，上海古籍出版社，2001。

174. 熊志勇：《从边缘走向中心：晚清社会变迁中的军人集团》，天津人民出版社，1998。

175. 罗志田：《权势转移：近代中国的思想、社会与学术》，湖北人民出版社，1999。

176. 刘泽华：《中国传统政治哲学与社会整合》，中国社会科学出版社，2000。

177. 赵轶峰、何宛英：《千秋功罪——君主与中国政治》，吉林教育出版社，1989。

178. 孙中山：《三民主义》，岳麓书社，2000。

179. 张仲礼：《中国绅士》，上海社科院出版社，1991。

180. 虞和平主编《中国现代化历程》（第一卷），江苏人民出版社，2001。

181. 陈永森：《告别臣民的尝试：清末民初的公民意识与公民行为》，中国人民大学出版社，2004。

182. 石毕凡：《近代中国自由主义宪政思潮研究》，山东人民出版社，2004。

183. 张分田：《中国帝王观念》，中国人民大学出版社，2004。

184. 陈义平：《政治人：模铸与发展——中国社会转型期的公民政治分析》，安徽大学出版社，2002。

185. 朱国华：《权力的逻辑》，上海三联书店，2004。

186. 张礼恒：《从西方到东方》，商务印书馆，2002。

187. 周怡：《解读社会文化与结构的路径》，社会科学出版社，2004。

188. 蒋云根：《政治人的心理世界》，学林出版社，2002。

189. 〔法〕古斯塔夫·勒庞：《革命心理学》，佟德志等译，吉林人民出版社，2004。

190. 〔美〕西摩·马丁·利普塞特：《一致与冲突》，张华青等译，上海人民出版社，1995。

191. 〔美〕刘易斯·科塞：《理念人》，郭方等译，中央编译出版社，2004。

192. 〔美〕阿尔孟德、鲍威尔：《比较政治学：体系、过程和政策》，曹沛霖等译，上海译文出版社，1987。

193. 〔美〕哈罗德·D.拉斯韦尔：《政治学：谁得到什么？何时和如何得到？》，杨昌裕译，商务印书馆，1992。

194. 〔法〕莫里斯·迪尔韦热：《政治社会学：政治学要素》，杨祖功等译，华夏出版社，1987。

195. 〔美〕安东尼·奥罗姆：《政治社会学》，张华青等译，上海人民出版社，1989。

196. 〔美〕戴维·伊斯顿：《政治生活的系统分析》，王浦劬等译，华夏出版社，1989。

197. 〔美〕巴林顿·摩尔：《民主与专制的社会起源》，张东东译，华夏出版社，1987。

198. 〔美〕艾森斯塔得：《帝国的政治体系》，阎步克译，贵州人民出版社，1992。

199. 〔美〕阿尔孟德、维巴：《公民文化：五个国家的政治态度和民主》，马殿君等译，浙江人民出版社，1989。

200. 〔日〕中野实：《革命：宏观政治学》，于小薇译，经济日报出版社，1991。

201. 〔美〕塞缪尔·亨廷顿：《现代化理论与历史经验的再探

计》，罗荣渠译，上海译文出版社，1993。

202. 〔美〕C. E. 布莱克：《现代化的动力》，段小光译，四川人民出版社，1988。

203. 〔美〕海尔布罗纳等：《现代化理论研究》，俞新天等译，华夏出版社，1989。

204. 〔美〕瓦尔马：《现代化问题探索》，周忠德等译，知识出版社，1983。

205. 〔美〕塞缪尔·亨廷顿：《变化社会中的政治秩序》，王冠华等译，生活·读书·新知三联书店，1989。

206. 〔美〕弗兰克·古德诺：《政治与行政》，杨百揆译，华夏出版社，1987。

207. 〔美〕罗伯特·达尔：《现代政治分析》，王沪宁等译，上海译文出版社，1987。

208. 〔美〕格林斯坦、波尔斯比编《政治学手册精选》（上下卷），竺乾威等译，商务印书馆，1996。

209. 〔英〕戴维·米勒、韦农·波格丹诺主编《布莱克维尔政治学百科全书》（修订版），邓正来等译，中国政法大学出版社，2002。

210. 〔美〕奥尔森：《集体行动的逻辑》，陈郁等译，上海人民出版社，1995。

211. 〔美〕奥尔森：《国家兴衰探源》，吕应中等译，商务印书馆，1993。

212. 〔美〕贾恩弗兰科·波齐：《近代国家的发展》，沈汉译，商务印书馆，1997。

213. 〔德〕马克斯·韦伯：《经济与社会》（上卷），林荣远译，商务印书馆，1997。

329

214. 〔美〕劳伦斯·迈耶等：《比较政治学——变化世界中的国家和理论》，胡泳浩、冯涛译，华夏出版社，2001。

215. 〔法〕让-马克·夸克：《合法性与政治》，佟心平译，中央编译局出版社，2002。

216. 〔美〕罗伯特·达尔：《多元民主的困境》，求实出版社，1989。

217. 〔以〕艾森斯塔特：《现代化：抗拒与变迁》，中国人民大学出版社，1988。

218. 〔美〕罗伯特·海希、罗纳等：《现代化理论研究》，华夏出版社，1989。

219. 〔美〕迈克尔·罗斯金：《政治科学》，林震等译，华夏出版社，2001。

220. 〔英〕安东尼·吉登斯：《民族—国家与暴力》，胡宗泽等译，三联书店，1998。

221. 〔德〕哈贝马斯：《合法性危机》，刘北成、曹卫东译，上海人民出版社，2000。

222. 〔美〕塞缪尔·亨廷顿：《第三波——20世纪后期民主化浪潮》，刘军宁译，上海三联书店，1998。

223. 〔法〕克罗齐：《民主的危机：就民主国家的统治能力写给三边委员会的报告》，马殿君译，求实出版社，1989。

224. 〔日〕深町英夫：《近代广东的政党·社会·国家：中国国民党及其党郭体制的形成过程》，中国社会科学文献出版社，2003。

225. 〔美〕兰比尔·沃拉：《中国：前现代化的阵痛》，廖七一等译，辽宁人民出版社，1989。

226. 〔美〕列文森：《儒教中国及其现代命运》，郑大华、任菁译，中国社会科学出版社，2000。

227. 〔美〕张灏:《危机中的中国知识分子:寻找秩序与意义》,高力克等译,山西人民出版社,1988。

228. 〔美〕易劳逸:《流产的革命:1927~1937年国民党统治下的中国》,陈谦平等译,中国青年出版社,1992。

229. 〔美〕斐鲁恂:《中国人的政治文化》,胡祖庆译,台北风云论坛出版社,1992。

230. 〔美〕V. 奥斯特罗姆等:《制度分析与发展的反思》,王诚等译,商务印书馆,1992。

231. 〔法〕谢和耐:《中国社会史》,耿昇译,江苏人民出版社,1995。

232. 〔美〕张信:《二十世纪初期中国社会之演变:国家与河南地方精英1900~1937》,岳谦厚、张玮译,中华书局,2004。

233. 〔法〕白吉尔:《中国资产阶级的黄金时代(1911—1937)》,张富强等译,上海人民出版社,1994。

234. 〔美〕詹姆斯·汤森、布兰特利·沃马克:《中国政治》,顾速等译,江苏人民出版社,2003。

235. 〔美〕张灏:《梁启超与中国思想的过渡(1890~1907)》,崔志海、葛夫平译,江苏人民出版社,1997。

236. 〔日〕沟口雄三:《中国前近代思想之曲折与展开》,陈耀文译,上海人民出版社,1997。

237. 〔美〕费正清:《美国与中国》,张理京译,商务印书馆,1987。

238. 〔美〕孔飞力:《中华帝国晚期的叛乱及其敌人》,谢亮生译,中国社会科学出版社,1990。

239. 〔美〕本杰明·史华慈:《寻求富强:严复与西方》,叶凤美译,江苏人民出版社,1989。

240. 〔美〕杜赞奇:《文化、权力与国家:1900~1942年的华北农村》,王福明译,江苏人民出版社,1995。

241. 〔英〕庄士敦:《紫禁城的黄昏》,秦仲和译,李敖出版社,1988。

242. 〔美〕史扶邻:《孙中山与中国革命的起源》,丘权政等译,中国社会科学出版社,1981。

243. 〔美〕石约翰:《中国革命的历史透视》,王国良译,东方出版中心,1998。

244. 〔美〕齐锡生:《中国的军阀政治(1916~1928)》,杨云若、萧延中译,中国人民大学出版社,1991。

245. 〔加〕陈志让:《乱世奸雄袁世凯》,傅志明、鲜于浩译,湖南人民出版社,1988。

246. 〔美〕费正清:《伟大的中国革命(1800~1985)》,刘尊祺译,世界知识出版社,2003。

247. 〔美〕杜赞奇:《从民族国家拯救历史——民族主义话语与中国现代史研究》,王宪明译,社会科学文献出版社,2003。

248. 〔美〕费正清:《中国:传统与变迁》,张沛译,世界知识出版社,2002。

249. 〔美〕费正清:《剑桥中华民国史》(1912—1949),杨品泉等译,中国社会科学出版社,1994。

250. 〔美〕吉尔伯特·罗兹曼主编《中国现代化》,国家社会科学基金"比较现代化"课题组译,江苏人民出版社,1988。

251. 〔美〕王国斌:《转变的中国-历史变迁与欧洲经验的局限》,李伯重译,江苏人民出版社,1998。

252. 〔美〕周锡瑞:《改良与革命:辛亥革命在两湖》,李慎之译,中华书局,1982。

253. 〔英〕彼得·卡尔佛特:《革命与反革命》,张长东等译,吉林人民出版社,2005。

254. 〔美〕西达·斯考切波:《国家与社会革命:对法国、俄国和中国的比较分析》,何俊志、王学东译,上海人民出版社,2007。

255. 〔意〕萨尔沃·马斯泰罗内:《欧洲民主史》,社会科学文献出版社,1998。

256. 〔英〕C. W. 克劳利编《新编剑桥世界近代史》,中国社会科学出版社,1992。

257. 〔英〕艾瑞克·霍布斯鲍姆:《革命的年代》,王章辉等译,江苏人民出版社,1999。

258. 〔法〕皮埃特·热尔贝:《欧洲统一的历史与现实》,中国社会科学出版社,1989。

259. 〔法〕皮埃尔·盖米尔:《法国史》,蔡鸿滨等译,商务印书馆,1985。

260. 〔法〕让·马蒂耶:《法国史》,郑德弟译,上海译文出版社,2002。

261. 〔法〕埃·戴而逊等:《"统一欧洲"的神话与现实自拿破仑至今日》,凌其翰译,世界知识出版社,1955。

262. 陈乐民、周弘:《欧洲文明扩张史》,东方出版中心,1999。

263. 许平:《法国农村社会转型研究(19~20世纪初)》,北京大学出版社,2001。

264. 郭华榕、徐天新主编《欧洲的分与合》,京华出版社,1999。

265. 钱乘旦:《欧洲文明:民族的融合与冲突》,贵州人民出版社,1999年。

266. 刘宗绪:《世界近代史》,北京师范大学出版社,1991。

267. 〔英〕科林·琼斯:《剑桥插图法国史》,杨保筠、刘雪红译,世界知识出版社,2004。

268. 郭华榕:《法国政治制度史》,人民出版社,2005。

269. 〔英〕罗杰·普赖斯:《拿破仑三世和第二帝国》,素朴译,上海译文出版社,2003。

270. 〔法〕约瑟夫·德·迈斯特:《论法国》,鲁仁译,上海世纪出版集团,2005。

271. 高毅:《法兰西风格:大革命的政治文化》,浙江人民出版社,1991。

272. 陈文海:《法国史》,人民出版社,2004。

273. 周明圣:《走向共和:近代法兰西共和制度确立研究》,中央编译出版社,2004。

274. 郭华榕:《法兰西文化的魅力》,三联书店,1992。

275. 洪波:《法国政治制度变迁:从大革命到第五共和国》,中国社会科学出版社,1993。

276. 阎照祥:《英国政治制度史》,人民出版社,1999。

277. 钱乘旦、许洁明:《英国通史》,上海社会科学院出版社,2002。

278. 钱乘旦、陈晓律:《英国文化模式溯源》,上海社会科学院出版社、四川人民出版社,2003。

279. 马克垚:《英国封建社会研究》,北京大学出版社,1992。

280. 舒小昀:《分化与整合:1688~1783年英国社会结构分析》,南京大学出版社,2003。

281. 〔英〕沃尔特·白哲特:《英国宪制》,李国庆译,北京大学出版社,2005。

282. 孟广林:《英国封建王权论稿》,人民出版社,2002。

283. 阎照祥：《英国近代贵族体制研究》，人民出版社，2006。

284. 胡康大：《英国的政治制度》，社会科学文献出版社，2001。

285. 张茗：《从美国民主到法国革命——托克维尔及其著作》，上海社会科学院出版社，2006。

286. 〔英〕勃里格斯：《英国社会史》，陈叔平等译，中国人民大学出版社，1991。

287. 〔美〕苏珊·邓恩：《姊妹革命：美国革命与法国革命启示录》，杨小刚译，上海文艺出版社，2003。

五　中文论文

1. 韩毓海：《一九一五：复辟时期的文化界》，《读书》1997 年第 5 期。

2. 罗志田：《民族主义与民国政治》，《开放时代》2000 年第 5 期。

3. 施雪华：《论传统君主专制政治向现代代议民主政治转变的过程、机理和动因》，《武汉大学报》（哲学社会科学版）2005 年第 7 期。

4. 潘伟杰：《论宪政与主权：权力的有限性与权力的合法性》，《复旦学报》（社会科学版）2001 年第 4 期。

5. 桑兵：《晚清民国的知识与制度体系转型》，《中山大学学报》（社会学科版）2004 年第 6 期。

6. 李铁映：《国体与政体问题》，《政治学研究》2004 年第 2 期。

7. 王俊拴：《古代中国的整体国家观及其价值分析》，《政治学研究》1998 年第 2 期。

8. 闾小波：《放大的公共领域与流产的政党营销：以"宋教仁案"为考察点》，《天津社会科学》2002 年第 2 期。

9. 郝延军：《简析宋教仁民初民主制度的设计》，《唐都学刊》2003年第4期。

10. 王毅：《洪宪复辟与民初社会心理》，《喀什师范学院学报》（社会科学版）2000年第3期。

11. 纪能文：《从共和总统到洪宪皇帝——袁世凯洪宪复辟的历史透视》，《天津师范大学学报》1996年第4期。

12. 夏斯文：《袁世凯接受共和原因新探》，《上海师范大学学报》1994年第1期。

13. 陈一荣：《孙中山民元"让位"问题再认识》，《西南师范大学学报》（人文社科版）2002年第3期。

14. 苏黎明：《"二十一条"与袁世凯称帝》，《泉州师范学院学报》（社会科学）2001年第9期。

15. 颜世欣：《从政治文化看民初宪政体制的失败》，《昆明大学学报》1997年第2期。

16. 苏全有：《对清末民初我国政治民主化进程的冷思考》，《河南师范大学学报》2000年第6期。

17. 郭剑林：《关于袁世凯评价的几个问题》，《河北学刊》1994年第6期。

18. 郑琼梅：《古德诺与"洪宪帝制"》，《武汉理工大学学报》（社科版）2002年第2期。

19. 王和生：《"京钞风潮"与袁世凯政权的覆灭》，《辽宁师范大学学报》（社科版）1998年第6期。

20. 潘宏：《军阀袁世凯的三次背叛行动》，《军事历史》1996年第5期。

21. 张艳国：《尊孔与袁世凯复辟》，《湖北大学学报》（哲学社会科学）2002年第1期。

22. 王岗峰：《辛亥革命与洪宪复辟的文化再反思》，《福建省社会主义学院学报》2003年第1期。

23. 夏兰：《袁世凯立宪活动的主观原因浅析》，《中华论坛》2002年第2期。

24. 马勇：《袁世凯帝制自为的心路历程》，《学术界》2004年第2期。

25. 王小鸽：《阎锡山拥袁称帝反对张勋复辟原因浅析》，《河南师范大学学报》2000年第1期。

26. 张艳国：《亡清皇室贵族复辟集团复辟与尊孔关系探讨》，《学术月刊》2002年第6期。

27. 邓亦武：《论袁世凯部属反对洪宪帝制》，《燕山大学学报》（哲社版）2001年第4期。

28. 江峰、汪全模：《康有为与袁世凯的帝制复辟新论》，《兰州教育学院学报》2002年第1期。

29. 王劲：《略论民国初年的反帝制复辟思潮》，《兰州铁道学院学报》（社科版）1999年第4期。

30. 邓亦武：《论列强对洪宪帝制的态度及影响》，《南都学坛》（人文社科）2002年第5期。

31. 郭剑波、曾美红：《略论梁启超从拥袁到反袁的转变》，《浙江师大学报》（社科版）2000年第1期。

32. 汪烈九：《总理、总统、皇帝——袁世凯的仕途揭秘》，《武汉文史资料》2000年第4期。

33. 张国平、吴佩林：《重论中日'二十一条'交涉与袁世凯帝制野心的关系》，《长春师范学院学报》2003年第6期。

34. 汪林茂：《辛亥革命：政治秩序和权威的重建》，《浙江大学学报》（人文社科）2002年第5期。

35. 谷小水：《商人与袁世凯政权》，《史学月刊》1999 年第 2 期。

36. 沈家五、任平：《民国元年袁世凯争夺江苏地方财政的经过》，《民国档案》1997 年第 3 期。

37. 娄胜华：《民初政治权威的危机与孙中山'党治'思想的形成》，《学海》2002 年第 2 期。

38. 王义全：《论袁世凯掌权的真正原因》，《黔南民族师范学院学报》2002 年第 2 期。

39. 马建标：《袁世凯与民初"党争"》，《近代史研究》2012 年第 3 期。

40. 马勇：《从君宪到共和：袁世凯的一段心路历程》，《安徽史学》2012 年第 3 期。

41. 马忠文：《从清帝退位到洪宪帝制——〈许宝蘅日记〉中的袁世凯》，《北京师范大学学报》（社会科学版）2012 年第 2 期。

42. 丁健：《辛亥武昌起义爆发后民众视野里的袁世凯》，《史学月刊》2012 年第 4 期。

43. 邓亦武：《论洪宪帝制前袁世凯的治国方略》，《史学月刊》2013 年第 4 期。

44. 顾亚欣：《"天命论"视野下的洪宪帝制》，《求索》2012 年第 2 期。

45. 张鸣：《袁世凯称帝：屁股决定脑袋》，《文史博览》2014 年第 5 期。

46. 马勇：《袁世凯复辟帝制前后》，《理论视野》2014 年第 9 期。

47. 刘耀：《袁世凯称帝的心理悲剧》，《南方论刊》2015 年第 9 期。

48. 唐德刚：《袁世凯帝制思想如何形成》，《领导文萃》2015年8月上。

49. 尚小明：《"宋案"中之袁世凯——何曾主谋刺宋》，《史学月刊》2016年第2期。

50. 袁伟时：《袁世凯与国民党：两极合力摧毁民初宪政》，《江淮文史》2011年第3期。

51. 李冬木、〔日〕佐藤亘、吉田富夫：《帝国共和：从"清皇"到"大圣皇"——关于"袁世凯加笔民国宪法草案"》，《文史哲》2016年第1期。

52. 章永乐：《国体、精英吸纳与荣典制度——以民国袁世凯时代为例》，《华东政法大学学报》2016年第1期。

53. 马勇：《洪宪王朝：袁世凯的"自毁游戏"》，2016年1月7日《社会科学报》，第8版。

54. 李永胜：《梁启超劝阻帝制与袁世凯之回应——以梁袁往来书信为中心的考察》，《民国档案》2016年第1期。

55. 王也扬：《再说袁世凯的"皇帝梦"》，2017年1月12日《社会科学报》，第8版。

56. 廖保平：《在帝制和共和之间徘徊的袁世凯》，《协商论坛》2011年第1期。

57. 张廷栖：《张謇反对袁世凯复辟帝制》，《档案建设》2016年第6期。

58. 王玉龙：《助袁世凯称帝的"六君子"》，《文史天地》2010年第11期。

59. 沈滟：《短命的张勋复辟》，《文史春秋》2005年第4期。

60. 胡晓：《段祺瑞与张勋复辟》，《江淮论坛》2003年第5期。

61. 萧功秦：《中国现代化进程中的四次政治选择》，《学习月刊》2004 年第 8 期。

62. 张亚泽：《发展中国家转型中的政治合法性危机探析》，《云南行政学院学报》2000 年第 5 期。

63. 章兴鸣：《合法性支持与政治权威模式的转换－清末民初的政治发展路径探析》，《江淮论坛》2003 年第 4 期。

64. 胡伟：《合法性问题的研究：政治学研究的新视角》，《政治学研究》1996 年第 1 期。

65. 孙立平：《科举制：一种精英再生产的机制》，《战略与管理》1996 年第 5 期。

66. 贺雄：《现代化进程中的权威支撑－解读亨廷顿的权威观》，《开放时代》1997 年第 6 期。

67. 戴长征：《国家权威碎裂化：成因、影响及对策分析》，《中国行政管理》2004 年第 6 期。

68. 孙明军：《对当前中国国家能力的若干思考》，《南京社会科学》2000 年第 5 期。

69. 黎静：《发展中国家的国家能力比较》，《政治学研究》1999 年第 3 期。

70. 〔韩〕朴炳光：《关于国家能力理论的探讨》，《南京社会科学》1998 年第 7 期。

71. 萧功秦：《从科举制度的废除看近代以来的文化断裂》，《战略与管理》1996 年第 4 期。

72. 江秀平：《国家能力与政治发展》，《厦门大学学报》（哲社版）2000 年第 4 期。

73. 商文成：《合法性问题与当代政府权威的重塑》，《中共成都市委党校学报》2004 年第 4 期。

74. 崔金云：《合法性与政府权威》，《北京大学学报》（哲学社会科学版）2003 年专刊。

75. 蓝华、布成良：《民主化进程中的国家能力》，《文史哲》1998 年第 5 期。

76. 刘军宁：《善恶：两种政治观与国家能力》，《交流》1994 年第 2 期。

77. 黄庆杰：《试论政府能力与有效性》，《宁夏社会科学》2003 年第 1 期。

78. 储建国：《中国政治现代化的模式演变》，《江汉论坛》1999 年第 7 期。

79. 马宝成：《有效性：现代政治合法性的政绩基础》，《天津社会科学》2002 年第 5 期。

80. 孙明军：《中国国家能力研究》，《上海社会科学院学术季刊》2000 年第 2 期。

81. 武中哲：《转型期的社会危机与政府能力建设》，《河南社会科学》2003 年第 5 期。

82. 马宝成：《有效性与传统政治权力的合法性》，《理论探索》2002 年第 5 期。

83. 冯天瑜：《"革命"、"共和"：清民之际政治中坚概念的形成》，《武汉大学学报》2002 年第 1 期。

84. 方维规：《"议会"、"民主"与"共和"概念在西方与中国的嬗变》，《二十一世纪》2000 年第 58 期。

85. 音正权：《中华民国临时约法的主要缺陷》，《中国政法大学学报》2000 年第 6 期。

86. 张学继：《论近代军阀幕府》，《浙江社会科学》2002 年第 1 期。

87. 邓亦武：《洪宪帝制前袁世凯与部属的关系——兼论袁世凯

的用人术》,《武汉理工大学学报》2004 年第 6 期。

88. 马勇:《梁启超辛亥前后思想变化的实质与表象》,《东岳论丛》1996 年第 3 期。

89. 袁伟时:《政治策略与民初宪政的历史经验》,《战略与管理》2000 年第 6 期。

90. 张健:《合法性与中国政治》,《战略管理》2000 年第 5 期。

91. 徐宗勉:《失败者的探索——1913~1915 年间关于中国如何实现民主政治的讨论》,《历史研究》1984 年第 4 期。

92. 张亦工:《第一届国会的建立及阶级结构》,《历史研究》1984 年第 6 期。

93. 端木正:《近年来国外拿破仑史学的一些动态》,《历史研究》1978 年第 6 期。

94. 王养冲:《拿破仑研究的演进》,《法国史通讯》1978 年第 1 期。

95. 郭华榕:《法兰西历史限度论》,《北大史学》1993 年第 1 期。

96. 陈崇武:《中国的法国史研究》,《历史研究》1998 年第 3 期。

97. 楼苏萍、陈磊:《浅析法国的国家与社会关系》,《欧洲研究》2005 年第 5 期。

98. 辛益:《塔列朗与法兰西近代民族国家的建立》,《史学月刊》2005 年第 11 期。

99. 肖玮:《法国波旁王朝二次复辟初期报刊发行状况管窥》,《贵州社会科学》2009 年第 5 期。

100. 张桂琴:《大革命之后法国作家的政治情结》,《社会科学论坛》2004 年第 9 期。

101. 孟广林：《中世纪英国宪政史研究的回顾——访问 M. 普里斯维奇教授》，《史学理论研究》2006 年第 4 期。

102. 杨世春、龙佳解：《马克思论"拿破仑效应"及其影响》，《社会主义研究》2016 年第 3 期。

103. 韩伟华：《拿破仑"百日王朝"〈帝国宪法补充条款〉论析》，《华东政法大学学报》2013 年第 1 期。

104. 李少明、胡永树：《拿破仑的君主专制和"世界帝国"思想》，《厦门大学学报》（哲社版）1988 年第 2 期。

105. 程汉大：《复辟时期的政治体制及其在英国宪政史上的地位》，《山东师大学报》（社会科学版）1988 年第 1 期。

106. 岳蓉：《英国民族国家形成的政治动因》，《史学月刊》2006 年第 9 期。

107. 阎照祥：《中英君主制的几点区别》，《河南大学学报》（社会科学版）1999 年第 1 期。

108. 杨昌沅：《论英国一六六〇年斯图亚特王朝复辟的社会基础》，《中南民族学院学报》1986 年第 1 期。

109. 李金亮、张美娟：《社会稳定：英国复辟时期经济繁荣的原因》，《南京师范大学学报》（社会科学版）1997 年第 4 期。

六　英文书目

1. Paul Seaward, *The Restoration*, Published by The Macmillan Press LTD, 1991.

2. Ernest P. Young, *The Presidency of Yuan Shih-K'ai: Liberalism and Dictatorship in Early Republican China*, The University of Michigan Press, 1977.

3. Donald S. Sutton, *Provincial Militarism and the Chinese Republic*,

The Yunnan Army, 1905-25, The University of Michigan Press, 1980.

4. David Bonavia, *China's Warlords*, Oxford University Press, 1995.

5. James E. Sheridan, *China in Disintegration, The Republican Era in Chinese History*, 1912-1949, The Free Press, 1975.

6. Lucian W. Pye, *The Spirit of Chinese Politics*, Harvard University Press, 1992.

7. Dittmer, Lowell and Kim, Samuel eds., *China's Quest for National Identity*, Cornell University Press, Ithaca, 1993.

8. Kung-chuan Hsiao, *Rural China: Imperial Control in the Nineteenth Century*, Seattle: Washington University Press, 1960.

9. Kung-chuan Hsiao, *A Modern China and a New World: K'ang Yu-wei, Reformer and Utopian*, 1958-1927, The University of Washington, 1975.

10. Thomas. T. Meadows, *The Chinese and Their rebellions*, London: Smith, Elder, 1856.

11. Crsn, *Modern China: An Encyclopedia of History, Culture & Nationalism*, Garland Pud, 1997.

12. Harrison, James, *Modern Chinese Nationalism*, Hunter College of the City of New York, 1969.

13. Ernest P. Young, *The Hung-hsien Emperor as a Modernizing Conservative*, The Limits of Change University Press, 1976.

14. B. L. Putnam Weale, *The Fight for the Republic in China*, New York, N.Y.: Dodd, Mead Company, 1917.

15. Mary Clabaugh Wright, *China in Revolution: The First Phase*, 1900-1913, New Haven: Yale University Press, 1968.

16. Stephen R. MacKinnon, Power and politics in late Imperial

China: Yuan Shi-kai in Beijing and Tianjin, 1901 – 1908 . Berkeley: Univ. of Calif. Pr. , 1980.

17. Jack Gray, *Rebellions and revolutions: China form the 1800s to 2000*, Oxford University Press, 2002.

18. Suzanne Ogden, *Inklings of Democracy in China*, Published by Harvard University Center and distributed Harvard University Press, 2002.

19. Eduard A. Ziegenhagen, *The Regulation of Political Conflict*, New York, A Division of Greenwood Press, 1986.

20. Chalmers Johnson, *Revolutionary Change*, Boston: Little Brown Co. , 1966.

21. Lucian W. Pye, *Aspects of Political Development*, Boston: little, Brown and Company, 1966.

22. Almond G. A. , Coleman J. S. , *The Politics of the Developing Areas*, Princeton University Press, 1960.

23. Muthiah Alaggapa, *Political Legitimacy in Southeast Asia-The Quest for Moral Authority*, Stanford University Press, 1995.

24. Lippingcott, Benjamin, *Democracy's Dilemma*, New York: Ronald Press, 1965.

25. John Kautsky, *The Political Consequences of Modernization*, New York: John Wiley & Sons, Inc. , 1980.

26. Monte Palmer, *Dilemmas of Political Development: Introduction to the Politics of the Development Areas*, Itasca, Illinois: F. E. Peacock Publication, Inc. , 1985

27. Arendt, Mass. , What is authority: In Between Past and Future, London: Faber; Cleveland, Ohio and New York: Viking, 1961.

28. Eckstein, H. and Gurr, T. R. , *Patterns of Authority: a*

structural basis for political inquiry, London: Wiley, 1975.

29. Friderich, C. J., *Tradition and Authority*, London: Pall Mall, 1972.

30. Friedrich, C. J. ed., *The Practice of political Authority: Authority and the Authoritative*, Chicago: University of Chicago Press, 1980.

后　记

　　本书是在我的博士论文的基础上修改增补而成的。2003年9月，带着对问题的困惑和对知识的渴求，我来到武汉大学，贪婪地汲取着这里的知识和智慧。在各位导师的谆谆教导下，我的读书生活如图轴一般渐次展开，心中的困惑也渐趋清晰。读博伊始，出于对近代世界政治转型的着迷，我打算以政治复辟现象为切入点、从政权建设的角度探究制约近代世界政治转型的瓶颈，但这是一个庞大的体系，加之政治复辟现象是一个不易于研究的对象，又是一个容易引起是非的题目，这非本人当时能力所能及。接下来的几年间，各位老师不但带领我进行严格而系统的学术训练，还教给我战胜困难的智慧和人生气度，这最终使我拥有了将这样一个问题作为博士论文研究课题的勇气和强大动力。导师们的督促、鼓励与支持使我最终选择以"袁世凯帝制复辟"为论题，以"合法性与有效性的张力"为文章的主线，并能够在苦重的写作中毅然前行。

　　2006年博士毕业以来，我对近代世界政治社会转型中政权建设困顿普遍性的追问愈加深切，将目光转向近代资产阶级革命后的英法复辟现象，于是，有了"合法性与有效性张力下的近代中西复辟现象比较"这一章节。我尝试通过对政治复辟现象的类型划分和系统比较，深入揭示制约近代世界由专制政治向民主政治转型的瓶颈，以及造成近代政治社会转型中中英法三国由"朝代国家"向"民主国家"转型存在差异的内在因素,以进一步揭示袁世凯帝制复辟必然终结的客观逻辑。无数个日夜,历经数轮增补删改,在书稿付梓出版之际,心中的感恩之情实难抑制。

首先,诚挚感谢我的博士生导师谭君久先生。在我读书的三年间,先生一方面以其渊博的学识和严谨的治学态度历练我的学术思维,另一方面又以其儒雅和宽宏的风度引导着我的成长,本课题从选题确定到写作成型,每一步都凝聚着先生的心血。从先生身上,我获益的不仅是学术方面的智识,更有学人的精神,这成为激励所有受过先生教诲的学子们的精神动力并影响着我们的治学路向。同时,在我工作、修改稿件及增补章节的过程中,先生不断给予我悉心的指导和无私的帮助,言近旨远,令我获益匪浅。

其次,感谢刘德厚教授、张星久教授、施雪华教授、虞崇胜教授,他们提出了许多启发性的建议,使我对本问题的理解更加深入;感谢储建国师兄、陈刚师兄和朱海英师姐,以及同窗好友们的鼓励和支持,他们给了我坚持下去的动力。

最后,感谢我的家人。感谢一直支持我上学的先后病故的父亲母亲,感谢他们赋予我生命和进取的毅力,感谢他们给予我无私的父爱母爱,特别是对我的理解和支持。感谢我的哥嫂和姐姐,他们悄悄地从父母手中接过了支持我的接力棒,对我一直尽着长辈般的责任,使我能够踏进武汉大学的大门。感谢我的公婆,他们总是无私地照顾女儿和我们的生活,分担了我们工作中的紧张和压力。感谢我的爱人李振谊先生,对他的情意岂是感谢两个字可以道尽……他总是在我人生困顿之际无畏地支持我,他那乐观豁达的性格和对生活的热爱总能感染我,在书稿写作和修改过程中他对我无尽的理解和鼓励是我精神上最大的慰藉,在工作和生活中他对我的包容和宠溺使我总能阳光前

后　记

行。感谢我的女儿李蓁妮，新增章节的撰写是在我怀孕期间完成的，感谢她在我修改书稿历程中的安静陪伴；感谢她成长过程中带给我的种种"奇葩"快乐和满满幸福。希望她能够接力妈妈的这份感恩与感谢！

　　感谢之余，心中却丝毫没有释然的轻松。本书是我从事学术研究以来独立完成的第一本专著，虽然始终本着严肃认真的态度进行学术研究，但由于资质愚钝，学识尚浅，书中可能会有不少悖谬、错误和不成熟的观点，这使我内心不由产生一种对出于自己之手文字的强迫性的恐惧和不安。诚恳希望专家及众师友不吝指正，以便我在今后的学习和研究中予以完善。

图书在版编目(CIP)数据

袁世凯帝制复辟的政治学阐释：基于合法性与有效性的视角 / 马润凡著. -- 北京：社会科学文献出版社，2018.9
（郑州大学政治学丛书）
ISBN 978-7-5201-2641-0

Ⅰ.①袁… Ⅱ.①马… Ⅲ.①洪宪帝制-政治学-研究 Ⅳ.①K258.307②D693

中国版本图书馆CIP数据核字（2018）第085923号

郑州大学政治学丛书
袁世凯帝制复辟的政治学阐释
——基于合法性与有效性的视角

著　者 / 马润凡

出 版 人 / 谢寿光
项目统筹 / 祝得彬　王小艳
责任编辑 / 王小艳

出　　版 / 社会科学文献出版社·当代世界出版分社（010）59367004
　　　　　 地址：北京市北三环中路甲29号院华龙大厦　邮编：100029
　　　　　 网址：www.ssap.com.cn
发　　行 / 市场营销中心（010）59367081　59367018
印　　装 / 三河市龙林印务有限公司
规　　格 / 开　本：787mm×1092mm　1/16
　　　　　 印　张：23.5　字　数：302千字
版　　次 / 2018年9月第1版　2018年9月第1次印刷
书　　号 / ISBN 978-7-5201-2641-0
定　　价 / 98.00元

本书如有印装质量问题，请与读者服务中心（010-59367028）联系

版权所有 翻印必究